ザ・フォーミュラ

科学が解き明かした「成功の普遍的法則」

アルバート＝ラズロ・バラバシ
江口泰子 訳

光文社

ザ・フォーミュラ

――科学が解き明かした「成功の普遍的法則」

THE FORMULA
The Universal Laws of Success
by
Albert-László Barabási

目次

成功の第五の法則
不屈の精神があれば、成功はいつでもやってくる。

はじめに
成功で重要なのはあなたではない。社会なのだ。

「あなたと恋に落ちたのは、あなたが太陽の温度を知っていたからよ」と妻は言う。彼女と出会ったコーヒーショップで、私は熱力学の基礎を教える講義の準備をしていた。「そんなこと、どうやってわかるの?」と妻は訊いた。あれほど遠くて、触ることもできず、激しく燃えさかる太陽の表面温度が五七七八ケルビンだと正確に答えられるなんて、まるで魔法みたいね、と。もし子どもに同じことを訊かれたら、どんな親もそんなふうに具体的に答えたいと思うだろう。ところが実際は「さあ、わからないね」とか、「太陽は熱い。ものすごく熱いんだ」と答えてごまかしてしまう。だが訊かれているのは、私たちの生活を照らし出し、生命の源泉である、あの太陽のことなのだ。あれほど大きな天体について大人がほとんど何も知らないことが、子どもの頃の私には不思議でならなかった。

私はよろず修繕屋の家系に生まれた。私の祖父はかつてルーマニアのトランシルヴァニア地方の小さな村で、トラックを何台も所有して商売をしていたが、共産主義政権によってトラックを奪われたあとは、近所の家庭のアイロンやラジオなどの電気器具を根気よく、手際よく修理して生計を立てた。私が生まれた頃には、その修理工場しか残っていなかったが、休暇で祖父の家を訪れると、私は毎日、その洞穴のような木造の小屋で過ごした。祖父の修理工場が大好きだったのだ。ある意味、私にとって最初の実験室であり、誰にも叱られずに何かを分解したり、念入りに歯車を調べたり、仕組みを観察したりできた。機械が動く仕組みを理解することが、私には面白くてたまらなかった。いまでもそれは変わらない。

家業を手伝い、わずか一〇歳でトラック運転手となった私の父は、おんぼろトラックの下に潜り込んであちこちいじっては、指を真っ黒に汚し、満足気な顔つきで出てきた。その後の父は学校や美術館を運営し、事業を営み、どの仕事にもよろず修繕屋の心構えで取り組んだ。どんな状況にあっても努力を怠らず、最善を尽くしたのである。

私が研究者になったのも、よろず修繕屋の好奇心のおかげかもしれない。そんな私が最初に選んだのは、宇宙の仕組みや人間の生命に影響を及ぼす力を探求する物理学の分野だった。次なる難問を求めて選んだのが、複雑なネットワークとデータの世界である。永遠の質問者である私は、ついに自分の居場所を見つけたように思った。それが数字に基づいた問いである限り、そして問いの数が多ければ多いほど私は嬉しくなってしまい、粘り強く答えを見つけ出そうとする。緊密につながった、いまのテクノロジー世界で手に入る膨大なデータの迷路を、かすかな手がかりを頼りに進んでいく。そして答えが見つかると、さらにたくさんの問いが待ち受けている。どんな研究テーマに取り組もうと、周辺に新たな可能性がブヨのように発生する。ブヨを追い払って目の前の研究に没頭しようとするが、私は子どもの頃とあまり変わらず、どんなことにも「なぜ？」と問い続けてしまうのだ。私が朝ベッドから起き上がるのも、夜遅くまで起きているのも、答えを探し出したいからにほかならない。

私は、ボストンにある複雑ネットワーク研究センターのセンター長を務めている。その仕事は、様々なテーマの背後にある「なぜ」を探ることだ。たとえば、人間や分子はどのように作用し合うのか。つながりは、どこでどのようにして生まれるのか。相互連結性は、社会や生物学的起源について何を教えてくれるのか。私たちの研究室では、ワールドワイドウェブ（WWW）のトポロジーを研究し、遺伝子ネットワークの小さな不都合が病気につながる仕組みを探り、人間の脳が莫大な数のニューロンを制御する仕組みや、食べ物の分子が人間の体のなかのタンパク質と結合して、健康を長く維持するプロセスを探求している。

そのような研究が私は好きだ。社会のメカニズムの裏には数学が隠れている。そして数字は、つながりの本質を理解する枠組みを与えてくれる。モデルやツールを使って、科学的分析とは無縁に思えるテーマを研究する時、枠組みは私たちの知識を深めてくれる。

そして、私たちは成功をテーマにそのような研究を行なった。数年の月日を費やして、まずは人間の功績にまつわる膨大な量のデータを集め、成功を構成要素に分解する方法を見つけ出し、人が成功する仕組みを分析した。私たちの目標は、成功を数学的な問題として「公式化」することだった。コンピュータサイエンティストや物理学者が、定量的科学の確立された手法を使って、数学的な問題に厳密な方法で取り組むのと同じだ。自転車を分解したり、熱力学を使って太陽の表面温度を突き止めたりすることとたいして変わらない。そして、成功を生み出すメカニズムが徐々にその姿を見せはじめたとたん、子どもの頃の私が両親を悩ませたような難しい問いの答えがわかってきた。

たとえばこんな問いである。ニューヨーク近代美術館の壁にかかっている、ちょっとピンぼけで、さして優れているとも思えない写真は、どのようにして傑作になったのか。

二〇世紀最高のミュージカルは、なぜ『キャッツ』ではなく『回転木馬』なのか。

授業料の高い学校にはそれだけの価値があるのか。

どの分野でも、スーパースターはなぜひと握りだけなのか。

成功、偉業、名声にまつわる問いはほかにもたくさんあり、どれも太陽の表面温度のように答えを突き止めるのが難しい。実力次第で人は出世の階段をのぼれるのか。歳を重ねるごとに創造力は衰えてしまうのか。スーパースターとは競い合ったほうがいいのか、それとも協力し合ったほうがいいのか。社会的なネットワークと仕事上のネットワークは、成功へと続く道にどんな影響を及ぼすのか。

にわかには信じられないかもしれないが、定量化できないように思えるこれらの問いにも、定量的な答えは見つかる。データのパターンを読み取り、成功を生み出すメカニズムを探し出せば、一つひとつの問いに真正面から取り組めるのだ。こうして個人の成功と失敗の背後で働く普遍的な力を理解しはじめると、興味をそそる発見が次々に続いた。

「災害の研究」がダメなら「成功の研究」は？

まずは災害の研究を始めたところ、それがまわりまわって思わぬ成功を生んだ。当時、私の研究室では、災害に見舞われた人たちの反応を理解するために、携帯電話のデータを分析していた。これはいい機会だと思って、中国出身の博士課程の学生である、社交的なダーシュン・ワンにプロジェクトの手伝いを頼んだ。すると、彼の努力が実って素晴らしい論文ができあがり、これはきっと世界中の災害救助活動に大きな影響を与えるに違いないと確信した。[1]

ところがそう思ったのは……私たちだけだったらしい。いくら熱心に売り込んでも、どの学術雑誌も取り上げてくれない。権威ある雑誌からさほど権威のない雑誌まで、どの編集部にも拒否されてしまったのだ。論文のタイトルに「災害《ディザスター》」という言葉がついていたのがマズかったんじゃないか、というジョークまで飛び出した。これでは、最初から大失敗《ディザスター》する運命にあったみたいだ、と。

少年時代からバスケットボール選手だったワンは、大失敗に終わった論文に対して、バスケの試合でシュートを入れ損ねたくらいの気持ちで肩をすくめた。ワンは皮肉な成り行きを面白がっていた。だがある晩、次の研究テーマについて話し合うために顔を合わせた時、ワンはもうすっかり新しいプロジェクトに気持ちを切り替えていた。

「どんなテーマでも構いませんが、大失敗《ディザスター》だけは勘弁してほしいですね」。笑いながらワンが言った。

「それなら、次のプロジェクトは成功させよう」。私は言った。「成功の科学はどうかな」

私はジョークのつもりだった。だがそう言ったあとすぐに、ふたりともそれは面白そうなテーマだと気づいた。いつもの方法を使って、成功について研究してみればいいのではないか。災害の研究では、膨大なデータを分析して気象モデルにインプットすれば、ハリケーンの進路を正確に予測できる。その予測は、災害時の対応計画を立てるために大いに役に立つ。ハリケーンの進路にあたる町や村では非常事態に備え、それ以外の地域でも雨に備えて傘を持ち歩く。いまでは天気予報の正当性を疑う者はいないが、ほんの百年ほど前は、大きな嵐を予報することは魔術のように思えたに違いない。成功についても同じようなことができるのではないだろうか。定量化できるとは思えない分野のデータを集めて、高度な数理モデルで分析することは、それこそちょっとした魔術ではないか。

私たちはまず、「科学分野の成功」という狭い範囲に絞った。デジタル化したいまの時代には、一世紀に及ぶ論文がいくらでも手に入る。そうであれば、科学分野の成功について詳しく分析してはどうだろう。私が知りたかったのは、最も不可解で根本的な問いの答えだった――成功はどうやって生まれるのか。どうすれば測定できるのか。私の人生を豊かにしてくれた、英雄とも呼べる偉大な研究者たちの一部はなぜ知名度が低く、グーグル検索でヒットしないのか。そして、その偉大な研究者の発見以上に素晴らしいとも、斬新だとも思えない研究者がもてはやされるのはなぜなのか。

データを分析するうち、私たちはすぐに一定のパターンを見つけ出し、その「公式」を使って自分たちや同僚、あるいはライバルの未来の研究成果を予測できるようになった。実際に、その科学者の経歴を早送りして、将来、科学界に及ぼす影響を予測できたのである――その科学者は果たして成功を掴むのか、それとも難解な分野のごくひと握りの研究者に理解されて終わりなのか。私たちは、ある研究成果にかかわったおおぜいの貢献者のなかから、手柄を独り占めにする者を正確に割り出すアルゴリズムを開発した。その人物が実のところ、その研究成果の最大の貢献者ではない〝略奪者〟である場合も多かった。

私たちによる最も残念な発見は？　なぜか二〇〇八年のノーベル化学賞の選考から漏れた男性が、アラバマ州にあるトヨタの販売店で送迎バンの運転手をしていたことだった。成功を科学する道のりで私たちが出会ったのは、彼だけではない。たった八分で一万ドルもの大金をクラウドファンディングで集めた男性がいた。ハーレーダビッドソンを乗りまわし、ブロードウェイミュージカルをテーマに「成功の科学」に取り組む有名な社会学者もいる。驚くような事実を発見し、私のワイン選びの基準を変えてしまった元海洋学者のワイン醸造家もいた。

「成功の科学」の最初のプロジェクトが二年をかけて完成すると、またもや新たな疑問が湧き、さらなる探求の機が熟した。ワンを筆頭著者とするこの初めての論文は、あろうことか、世界で最も権威ある学術雑誌『サイエンス』に掲載された。これにはワンも私も仰天した。大失敗《ディザスター》から期せずして生まれた成功だった。

あらゆる分野に普遍的に現れる「成功の法則」

この最初のプロジェクトの発見に私は強く興味をそそられるとともに、同じアプローチを使えば、科学以外の分野でも成功を分析できるかもしれないと気づいた。同じパターンはスポーツやアート、ビジネスの世界にも当てはまるのか。未来の研究成果を予測できたように、大ヒットするテレビ番組やベストセラー本も予測できるのか。科学者の成功を予測できたように、ビジネスの世界でも特定の人物の成功を予測できるのか。科学者に共通する成功と失敗のパターンや規則性が、誰にでも当てはまるとしたらどうだろうか。あらゆる分野の成功が同じ普遍的な法則に従うことを、私たちの数理的ツールが示していたらどうだろうか。

率直に言って、それは大胆な命題だった。私が足繁く通う書店の壁一面を埋め尽くす、いわゆる〝成功本〟は、そのほとんどが気持ちを鼓舞するようなメッセージ集か、ただ単にエピソードを積み重ねた事例集でしかない。科学書のように、動かしがたい定理や厳然たる実験データに基づいているわけではない。

だが、成功本が壁一面を埋めている光景は、成功を生む要因をみなが知りたがっているという証拠ではある。たくさんの人が成功に強い関心を抱いている。それも当然だろう。実社会においても存在論的な意味においても、成功だけが人間の経験の基本的な側面ではないにしろ、人は時として成功を基準に人生を評価する。自分が選んだ職業で出世するかしないか、あるいは趣味の世界で成功するかしないかでさえとても重要だ。新たな発見をした時、芸術作品を生み出す時、気の利いた製品をデザインする時、誰しも世界に大きな影響を与えたいと願う。自分の将来を思い描いたり、我が子の成長を見守ったりする時、成功と失敗とを分けるものは何かと誰もが頭を悩ませる。すべての分野に共通する成功のパターンを探し出せたら、成功を運のせいにするのもあながち間違いではないと納得するのではないか。

その可能性に励まされて、私は成功の定量的な法則を見つけ出すよう、研究室のメンバーに呼びかけた。どんな成功物語にも必ずデータの跡が残っている。その軌跡を捉えて、成功のパターンと、その背後にあってパターンをつくり出す要因とを見つけ出そうとしたのだ。そして実際に、科学からスポーツ、アート、ビジネスまでの幅広い分野で大規模なデータを集めた。ありとあらゆる研究論文を収めた膨大なデータベースを購入し、過去一世紀以上にさかのぼって、一人ひとりの研究者が発表した論文を分析した。アメリカで発売になる全書籍の週ごとの売上がわかるサービスに加入し、そのデータを使って、幅広いジャンルの著者の経済的成功も調べた。世界中の美術館やギャラリーの展示情報が手に入ったおかげで、おおぜいの現代美術家の経歴を分析して、成功を確実にする目に見えないネットワークの存在も確認した。スポーツ、ビジネス、イノベーション分野の成功に関係ある大規模なデータも徹底的に調べ上げた。そしてすべてのデータを、私たちやほかの研究室が二〇年かけて開発した定量的な方法で詳細に分析した。宇宙の神秘を解き明かし、遺伝子疾患を治療し、無数のウェブページから有益な情報を一〇〇〇分の一秒で見つけ出したいと願う、コンピュータサイエンティストや物理学者、数学者の数十年に及ぶ努力が生んだツールである。そのツールを数学的な厳密さで膨大なデータに応用して、人が成功を摑み取り、体験するパターンを捉えた。さらに、成功という新たな研究分野の可能性を探るために、二〇一三年五月にはハーバード大学で「成功の科学」をテーマにシンポジウムも開催している。[2] 社会学者から経営学部の教授まで一〇〇名を超える研究者が集い、意見を交換した。議論を重ねるにつれ、多くの分野において成功を促すパターンが、頻繁に現れていることが明らかになっていった。

あまりにも普遍的なそのパターンを、私たちは「成功の法則」と呼びはじめた。科学や物理学の法則は不変のものであるため、目の前に現れたパターンを私たちが法則と呼んだことを、外部の科学者たちはずいぶん軽率な行為と感じたに違いない。だが分析を繰り返すたびに、そのパターンはますます確実で普遍的な姿を現していった。重要なのは、万有引力の法則や運動の法則を書き換えられないのと同様に、個人のニーズや信念（たとえどれほど正しいか強く信じていても）に合わせて、「成功の法則」を書き換えることはできないという事実だ。その法則に抵抗したところで、両手をばたばた動かして空を飛ぼうとするのと同じくらい無駄である。だが、エンジニアが流体力学の知識を駆使して航空技術を改良するように、「成功の法則」をうまく活用すれば、誰でも未来を切り拓いていけるのだ。

本書では、「成功の法則」を裏づける幅広い科学的研究について考察していく。私たちの発見を紹介することで、読者のみなさんには成功を生み出す、複雑だが再現可能なメカニズムを理解していただきたい。そして、その知識をそれぞれの人生で活用できることを願っている。とはいえ、本書はセルフヘルプ（自己啓発）本ではない。私は本書を「サイエンスヘルプ本」と捉えたい。科学を使って理解を深め、成功をうまく生み出すための枠組みと捉えたいのだ。科学的な分析は、不合理に思える謎に光を当て、思い込みを覆す。言い換えれば、科学のおかげで、人間社会のランダムな現象も理解できる――それは、あなたが重要なプロジェクトのメンバーから外された時のメカニズムを明らかにする。一部のアーティストばかりが成功し、ほかのアーティストが日の目を見ない理由も教えてくれる。成功とそれ以外の結果とを分ける要因が、才能や実績のほかにもあるのではないか、という直感の正しさも裏づけてくれる。

最終章で詳しく述べるが、紛れもない天才だったアインシュタインですら、その成功は必然的なものではなかった。それどころか、その名声は〝物理学とは何の関係もないできごと〟から生まれた。何事においても、努力が評価され、成し遂げたことが認められ、後世に名を残したいと願っても、成功を掴みたいのなら、まったくの直感も優れたパフォーマンスも古い教訓も通用しないのだ。

成功の定義

本書において、私たちは成功を次のように定義した。「成功とは、あなたが属する社会から受け取る報酬である」。『タイム』誌が「二〇世紀の顔」に選んだアインシュタインの場合、その報酬とは名声である。共同研究者ならば承認かもしれない。ブランドであれば認知度。アーティストなら知名度。ミュージシャンならアルバムやコンサートチケットの売上。ビジネスやセールスの世界なら収益。銀行家なら所得。脚本家なら観客数。科学者なら論文の引用回数。アスリートならスポンサーの数。どんな分野であれ、変化を起こしたいのなら社会的な影響力だろう。これらの評価基準には共通点がひとつある。内部的ではなく外部的であり、個人的ではなく集団的だという点だ。

もちろん、成功を個人のものとして体験することはできない、と言いたいのではない。「自身の成長」「充足感」「深い体験」は素晴らしく、重要でもある。私たちの成功の枠組みでは、それらの評価基準を除外してはいない。私が定義する成功と相容れないものとして捉えられるべきでもない。個人的な成功と集団的な成功は密接に関連し、たとえば周囲に大きな影響をもたらすと、個人の充足感も高まる。だが科学者である私は、人の幸せに点数をつけられないように、その充足感も測定できない。成功の定義は人それぞれ違う。だから、ビッグデータを用いる現在のアプローチでは捉えられない。高く評価された演技であっても、完璧主義者の本人にとっては失敗かもしれず、自分自身の演技に純粋に満足しない限り、本当の成功とは呼べないと言うかもしれない。それは間違いではない。書き上げた小説をどこの出版社も採用してくれなかったとしても、その人にとっては成功かもしれない。なぜなら本人は、小説を書き上げるという個人的な目標を達成したからだ。それらは、自分が何者であり、毎朝、何のためにベッドから起き上がるのかという問いに対する重要な勝利である。私の人生にも、個人的な目標がたくさんある——いい父親でありたい。洞察力の鋭いメンターであり、優れた講義を行ないたい。そのような個人的レンズを通して成功を探る方法を探したいが、残念ながら未だ探し出せていない。私たちのアプローチでは、個人の目標は捉えきれないからだ。だからいまのところ、測定できない。

あなたが才能あるフィギュアスケートの選手で、膝の手術を受けたばかりだとしよう。毎日、理学療法士と一緒に苦しいリハビリに励んでいる。目標を定め、その目標に向かって少しずつ前進している。やがて、松葉杖なしで歩ける日が来た。三歩前へ進む。次は一〇歩。ついにスケート靴を履いて、リンクに戻る。あなたにとって勝利の瞬間だ。勝利のファンファーレが高らかに鳴り響く。この瞬間をハリウッドも映画化するべきだ。あなたの人生にとって素晴らしい成功だ。私も一〇〇パーセント同感である。

しかしながら、本書ではそれを「成功」とは呼ばない。その手の達成を軽んじるからではない。本書では、その勝利を「パフォーマンス」と呼ぶ。苦しいリハビリに耐えて、あなたは重要な目標を達成した。だがその報酬は内部的なもの、すなわち個人的な満足感や充足感だった。それらが大切なことは言うまでもない。あなたにとっても、その理学療法士やコーチ、あなたの家族にとっても非常に重要だ。あなたが企業で働いているのなら、仕事で大きな結果を出した瞬間は、あなたにとっても上司にとっても重要だろう。怪我のあと、あなたの演技にはいっそう磨きがかかったかもしれない。だが、成功とは「個人的なものではなく集団的なものであり、あなたが属する社会の反応を必要とする」と言う時、あなたの演技が人びとのあいだやあなたを取り巻く環境に、何らかの波及効果を生まなければならない。あなたの仕事の成果が、その社会にとって重要なものでなければならない。

言い古されたこんな哲学的な問いがある。「森のなかで一本の木が倒れ、その音を聞く者が誰もいないならば、果たして木は音を立てるのか?」成功の新しい定義に即して言えば、「木は音を立てない」。つまり、あなたの素晴らしい達成に拍手を送るためには、それが社会に及ぼす影響を目撃できなければならない。人間の行動をほぼ局所的な正確さで追跡できるいまの時代には、ビッグデータを使って個人のパフォーマンスに対する集団的な反応を測定することで、成功をマッピングできる。技術が発達し、デジタルで高度につながった現代では、成功が生まれる環境について調べられるだけでなく、ネットワークを通じて成功が広まり、遠く離れた社会に到達する様子までもが観察できる。

個人の充足感の重要性は認めるにしろ、それは科学者である私がこのプロジェクトで考慮する要素ではない。これまでは、なぜかその境界線を尊重してきた者はいなかった。成功の一般的な定義では、成功も愛情と同じくらい漠然とした概念と捉えている。そしてその曖昧さゆえ、科学者はこのテーマを避け、成功の研究は無理だと思い込んできた。だが、成功を集団的な現象と捉えれば、その思い込みも捨てられる。成功を外部的な現象と捉えると、まったく新しい可能性が開ける。科学的調査というツールを使って成功を測定し、定量化できる。そしてそうすることで、私たちは「成功の法則」を明らかにしたのである。

「成功の法則」は、ある本がベストセラーになるか、バーゲンコーナー行きかを決める。大金持ちになるか破産するかを分ける。国際音楽コンクールのルールが欠点だらけで、その多くが優勝者を抽選で決めているようなものだと教えてくれる。ワインやクラシック音楽やフィギュアスケートの〝専門家〟であるはずの審査員が、私やあなたとたいして変わらない素人同然であることもわかる。いつも遅刻するくせに内部打ち合わせでデカい顔をし、それ以外の場所ではろくに発言もしない同僚が、いつのまにか出世して上司になっている理由も教えてくれる。勝ち目の薄い相手に賭けると大きな影響を与え、クラウドファンディングでは最初の資金提供の約束がプロジェクトに弾みをつける理由も説明する。そしてまた、とんでもなくひどい歌――ここに、そう思う曲名を入れてほしい――が、なぜか大ヒットする現象も解き明かす。重力が厳然たる影響を及ぼしているように、「成功の法則」も何世紀にもわたって私たちの人生やキャリアを決定してきたというのに、誰もその存在に気づいてこなかった。

ビッグデータが登場して「成功の科学」が発見されるまで、成功に重要なのは運か努力か才能か、はたまたその三つの秘密の比率の組み合わせだと、おおぜいの人は思い込んでいた。私もそのひとりである。ルーマニアのトランシルヴァニア地方に生まれた私は、ハンガリーに亡命して大学に通い、努力こそが最善の戦略だと信じていた。そしてその決意を二倍にして、アメリカで成功を摑もうとした。物理学の分野で成功を摑むために私が取った唯一の作戦は、非凡な業績をあげ、半永久的に引用されるような優れた発見をして、誰も無視できないような画期的な研究を行なうことだった。数年前、研究室のメンバーが私のオフィスのドアに「エナジャイザー・バニー」［訳注　乾電池メーカーのエナジャイザー社のＣＭに登場して行進し、電池の寿命の長さを訴求するピンクのうさぎ］の写真を貼った。その膨らんだ頰には、私の顔写真が合成してあった。私はいまでも、歩みを止められない。つい仕事に夢中になり過ぎて、時には近しい人を激怒させてしまう。変えようと努力したが、私にも変えられない。子どもの頃に努力の大切さを学んだ私は、いまもその重要性を信じている。ところが「成功の法則」が徐々にその姿を現しはじめ、ランダムに見えた個々のケースの上に大きなパターンが浮かび上がった時には、私も自分のあまりの無知さ加減に呆然としたほどだった。

パフォーマンスはもちろん重要だが、それは「成功の公式」にとって変数のひとつに過ぎない。本書で紹介する、同じくらい重要な変数はほかにもある。成功を分解して、その構成要素を分析する時、あなたにコントロールできるものとコントロールできないものとが明らかになる。自然界の法則と同じように、「成功の法則」もそれが作用する特定の活動というものがある。飛行する時には航空力学が、運転する時には摩擦が、船に乗る時には流体動力学が重要だ。つまり移動手段によって、当てはまる法則と公式は変わる。「成功の法則」も同じである。チームを成功に導く法則が、ひとり黙々と制作に励む芸術家の成功の秘密を解き明かすことはない。

「成功の法則」は、成功を摑めるかどうかを分ける見えない要素について教えてくれる。それは、私にとってまさに天啓だった。子どもの頃、私は研究者というよりも芸術家タイプだった。ところが、高校に入って物理の授業が始まった数週間後のこと、抜き打ちテストで私は一〇問中八問に正解し、クラスでいちばんいい成績を取った。教師に褒められた時、驚くやら誇りに思うやらで思わず笑みがこぼれた。自分にさほど物理の才能があるとは思っておらず、当時はまだ特に熱心に勉強してもいなかったからだ。八問も正解できた理由はただひとつ、両親の友人のエンジニアがたまたま家に泊まりに来ていて、テストの前の晩に宿題を手伝ってくれたからだった。

成績が上がった要因に気づきもせず、私はその日、新たな自信を胸に教室を出た。あれが、理系の分野で私が初めて成功を体験した瞬間であり、高校を卒業したあとも長く、その自信を失うことはなかった。その後の私の人生はあの瞬間に決まった、と言ってもいいだろう。なぜなら、当時は気づきもしなかったが、その後の研究人生を決める複雑なメカニズムに、私が初めて遭遇したのがあの時だったからだ。その経験の根底にある要素と、その後の私の個人的な勝利をすべて説明してくれるもの——それこそが「成功の法則」である。

1　レッドバロンと忘れ去られたエースパイロット

一九一五年、ドイツ帝国陸軍司令部は、マンフレート・フォン・リヒトホーフェンという名前の若き騎兵隊員から、苦情の手紙を受け取った。[1]「私が戦争に参加したのは、チーズや卵を集めるためではなく、ほかの使命のためであります」。由緒正しいプロシア貴族の家系に生まれ、士官学校を卒業し、狩猟を楽しむフォン・リヒトホーフェンは、後方支援を任務とする補給部隊では飽き足らなかった。戦闘が見たかったのである。そして、その熱意が実ったのか高貴な生まれのせいか、願いは叶えられ、ついに陸軍航空隊への転属が認められた。

あのまま卵を集め続けていたら、フォン・リヒトホーフェンの才能は無駄になっていたに違いない。たった二四時間飛行訓練を受けただけで、最新のアルバトロス製複葉機を駆って初めての単独飛行に成功した。前面に風防をつけただけのオープンコックピットと、小さな車輪の上でバランスを取る華奢な機体は、現代の基準では考えられないほど不安定で危なっかしい。だがわずか一カ月で、フォン・リヒトホーフェンは連合軍の敵機を六機も撃ち落とした。恐れ知らずのこの男は、時には一日に四度も出撃して、焼け野原と化した占領地のフランス上空を飛んで敵機を急襲し、激しい空中戦を繰り広げた。一九一七年四月には二二機を撃ち落として連合軍に大打撃を与えたことから、航空史ではその月を「血の四月」と呼ぶ。ついには命を落とすまでの三年間で、八〇機も撃墜した。公式記録に従えば、第一次世界大戦で活躍したどのエースパイロット(撃墜王)をも上まわる数字である。

フォン・リヒトホーフェンはまた、敵方のレーダーに発見されにくい戦闘機の開発に巨費を投じる現代では、理解しがたい行動に出た。スズメバチのように飛びまわる自分の戦闘機を、まるで相手を挑発するかのように鮮やかな紅色に塗ったのである。紅の機体が空を駆けめぐる鮮烈なイメージから、「レッドバロン(赤い男爵)」という、かの有名な異名が生まれた。その異名は高貴な男の命知らずのスピリットを表し、彼は敵機を撃ち落とすたびにベルリンの高級宝飾店に、その功績を刻んだトロフィーを特注した。そして、トロフィーを六〇個集めたところでドイツ帝国の銀が底を打った。フォン・リヒトホーフェンは戦い続けたが、もはやトロフィーの蒐集をやめた。銀色に輝かないトロフィーなど、彼にとっては何の価値もないに等しかったからである。

レッドバロンの逸話は、一世紀が過ぎたいまでも、そしてドイツ以外の国でも語り継がれている。彼をテーマにした書籍は三〇冊を超える。一九一七年に頭部を負傷して野戦病院に入院していた時には、自叙伝も書いている。その生涯はハリウッド映画になり、グラフィックノベルやコミックにも登場した。[2] 彼の功績を畏敬の念を持って分析し、空中での偉業を再現したドキュメンタリー番組も多い。彼の名声は戦史マニアの書棚から、スーパーマーケットの冷凍食品売り場にまで及ぶ。フォン・リヒトホーフェン気分を満喫したいのなら、レッドバロンの冷凍ピザをつまみながら、レッドバロン3Dフライトシミュレーターのゲームで遊ぶこともできる。世界中で愛されているスヌーピーの映画にも登場して、空想の世界で不朽の名声を得た。スヌーピーと宿敵レッドバロンとの戦いにアメリカの子どもたちは熱中し、ロイヤルガーズメン〔訳注　アメリカの六人組ロックバンド〕の「スヌーピー対レッドバロン」〔訳注　邦題「暁の空中戦」〕は、一九六六年に全米二位のヒット曲になった。

とはいえ、スヌーピーの漫画とも映画とも無縁の東欧で子ども時代を過ごした私は、レッドバロンの名前を聞いたことがなく、その存在を初めて知ったのは、無名に近い雑誌に掲載された二〇〇三年の論文を見つけた時だった。論文は、第一次世界大戦中に五機以上の敵機を撃ち落とした、ドイツ人エースパイロットの功績を分析していた。[3] その論文は彼らのパフォーマンスを、月並みにも、撃墜した敵機の数というただひとつの数字で測定していた。そのトップを飾ったのが八〇機を撃墜したフォン・リヒトホーフェンであり、たとえば五機を撃墜したハンス＝ヘルムート・フォン・ボディエンは、リストの下位に名を連ねていた。

パイロットの功績を正確な記録にまとめることで、論文の著者はパフォーマンスと知名度との関係を探ろうとした。とはいえ、知名度は一般的に測定が難しい。また、任務によって授与された勲章や階級は使えない。なぜなら、彼らのほとんどが第一次世界大戦中に命を落としていたからである。

そこで、その研究者は知名度の測定のために、シンプルだが気の利いた方法を思いついた。グーグルの検索回数を使ったのである。インターネットユーザーが、そのエースパイロットを名前で検索した回数を調べたのだ。そして約一世紀後の現代に、世界がそれぞれのパイロットをどの程度覚えているかを測定した。もしドイツ人エースパイロットが、ロバート・ホールといったありふれた名前だったら、その方法もうまくいかなかったに違いない。連合軍にはロバート・ホールという名前のパイロットも実在したが、敵機を一度も撃墜したことのないロバート・ホールも、世の中にはたくさん存在するからだ。論文の著者が調査対象をドイツ人エースパイロットに絞った理由はまさに、彼らがオットー・フォン・ブライテン＝ランデンブルクだのゲロルド・ツシェンツシャーだの、独特な名前の持ち主だったからである。ありふれた名前のせいで、まったく関係のない対象を間違って選んでしまうというよくある問題を、ドイツ人パイロットに限定することで、その論文はうまく回避していた。

ドイツ人エースパイロット三九二人は、全部で五〇五〇機を撃墜していた。フォン・リヒトホーフェンひとりが撃ち落とした八〇機という記録は、確かに驚くような数字だ。とはいえ、全体の一・六パーセントに過ぎない。さほど大きな比率ではない。それにもかかわらず、グーグルの検索回数で見れば、フォン・リヒトホーフェンはひとりで、ドイツ人エースパイロット全体の二七パーセントを占めていた。つまり、レッドバロンは仲間のドイツ人エースパイロットの誰よりも、現代人の記憶に深く刻まれていることになる。

レッドバロンの伝説は、「優れたパフォーマンスが成功につながる」という一般的な考えを裏づけているように思える。すなわち、もし任務を完璧に遂行し、印象的な離れ業を披露して、容赦なく敵機を撃墜すれば――つまり、その分野でいちばんであれば――人びとの記憶に残り、何世紀にもわたって海を越えて英雄になれる、と。誰でも小学校の時から、「何かに熟達することが、抜きん出た存在になる最善の戦略だ」と教わってきた。世間が憧れるスポーツ選手や芸術家、作家、科学者、起業家など、誰をとってもその正しさを証明しているように思える。セルフヘルプの大物やサッカークラブの監督から教育者、教育熱心な親、叩き上げの政治家、さらにはドイツ人エースパイロットを分析した研究者までもが、成功を生むのはパフォーマンスだと考えている。

だが、もしそうなら、ルネ・フォンクはどうなのだ?[4]

それはいったい誰だと、あなたは思うに違いない。かく言う私も、誰も読まないような記事で彼の名前を知った時には驚いた。不可解なことに、ルネ・フォンクは忘れ去られていた。レッドバロンと同じ舞台で連合軍として戦った、このフランス人パイロットは、一二七機のドイツ戦闘機を撃墜したといわれる。そのうちの七五機は公認されており、少なくとも第一次世界大戦において、レッドバロンに次いで熟練したパイロットだったことは間違いない。フォンクが撃ち落とした可能性が高い未公認の記録もつけ加えるならば、その数は軽く一〇〇機を超える。どう見ても、レッドバロンと同等か、彼を上まわる実績の持ち主である。

実際、レッドバロンを凌ぐ腕利きの射手だったフォンクは、五発もあれば敵機を撃ち落とせた。しかも、戦闘機を優雅に操縦した。敵機の攻撃を受けたフォンクが戦闘機を操縦するさまを、捕食者を避けて上へ下へと華麗に身をかわす蝶に喩えたパイロットもいる。フォン・リヒトホーフェンが空中戦で三度負けを喫し、その三度目で二五歳にして命を失ったのに対して、フォンクとその機体はただの一度も、かすり傷ひとつ負わなかった。出撃部隊のなかで、ただひとり帰還したことも少なくない。つまり、防御に徹しながら敵機を撃ち落とし、確実に生き延びるよう慎重に計算して飛行していたことになる。その戦術は、レッドバロンが得意とした、敵機の上から攻撃する「雹攻撃《ヘイルストーム・アサルト》」という戦術を凌いでいた。ところが、私たちがフォンクについて知るのは希少な自叙伝のなかの情報だけであり、彼の名前もたまに見かける程度でしかない。時の流れとともに、その存在はほぼ忘れ去られてしまった。敵機を撃墜するたびに人びとの心に衝撃を与え、その成功を永久に地表に刻み込んだレッドバロンと違って、レッドバロンと同等か、それ以上の記録を持つフォンクが撃ち落とした戦闘機は、地面に激突しても〝ほとんど音も立てなかった〟のである。

だが、それはなぜだろうか。その謎に私は強く関心をそそられた。別の例をあげよう。一九五五年、アフリカ系アメリカ人である一五歳のクラウデット・コルヴィンは、アラバマ州モンゴメリーで白人の乗客にバスの席を譲らなかった。[5] のちに「公民権運動の母」と呼ばれるローザ・パークスが、やはり白人にバスの席を譲らずに逮捕されたのは、それから九カ月後のことである。同じ行為、同じ街、ほぼ同じ時期だというのに、公民権運動について学ぶ時、そこにコルヴィンの名前はない。レントゲン写真や映画、蓄音機、白熱電球について功績を認められるのは常にエジソンだが、実のところ、それらを発明したのはエジソン以外の科学者や発明家である。[6] ライト兄弟もそうだ。教科書によれば、動力飛行機を発明したのはライト兄弟だが、ふたりが有人動力飛行に成功した九カ月も前に、ニュージーランド人のリチャード・ピアースが、すでに飛行に成功していたという事実はただの一言も触れられていない。どうやら、重要なのは最初に発明した人ではないらしいのだ。

夢を実現できなかったように思える話は多い。あなたの行きつけのレストランは、経営が思わしくなく、真夏の稼ぎ時に閉店した。才能ある叔父の発明品は中途半端な試作品のまま、郊外の自宅の地下室で眠っている。我が子のピアノの先生は優れた才能を活かして表舞台に立てず、鍵盤を乱暴に叩く子どもたちを相手にしている……。そして、世間はそれを不運のせいにする。だが、あなたが私と同じような考えの持ち主なら、ただ単に〝持ち札が悪かった〟という答えでは納得しないだろう。どうにも腑に落ちないのだ。

ところが、データを見れば違いは歴然だ。レッドバロンとルネ・フォンクの「パフォーマンス」に大きな違いはない」にもかかわらず、一世紀後の「名声には天と地ほどの開きがある」。この事実は「成功の科学」の基本原理を表し、私の成功の定義を一歩前に進める。

あなたが成功するために重要なのは、あなたとあなたのパフォーマンスではない。重要なのは社会であり、社会があなたのパフォーマンスをどう捉えるかである。

簡単に言えば、あなたが成功するうえで重要なのはあなたではなく、社会なのだ。

この成功の定義の仕方は原理であり出発点であり、本書ではその基本前提に基づいて成功について述べていく。ロードレースの記録であれ、今月の自動車の販売台数であれ、マークシートテストの点数であれ、パフォーマンス――あなたが為すこと――はある程度、あなたにコントロールできる変数である。腕を磨き、練習に励み、準備を怠らず、戦略を練れば、パフォーマンスは上げられる。自分のパフォーマンスを周囲と比べて、そのレベルを確かめることもできる。

しかしながら、「成功」はまったく違うカテゴリーに属する。成功は集団的な評価であって、あなたのパフォーマンスに対する人びとの反応を指す。もしあなたが自分の成功の度合いを測定したければ、あるいは最終的にどんな報酬を受け取れるかを知りたければ、自分のパフォーマンスだけを見ていてはいけない。自分が属する社会について研究し、その社会があなたの貢献にどう反応するかを見極めなければならない。「成功」と「パフォーマンス」とのあいだには、そのような明確な違いが存在する。私の研究室が成功の普遍的パターンを突き止めて、「成功の法則」

として紹介できるのも、そのような明確な違いがあるからだ。

成功の集団的な特徴に注目すると、世界のルネ・フォンクたちが、その偉業にもかかわらず忘れ去られた理由がよくわかる。認められるかどうかは、もちろん仕事や作品の質に左右される。レッドバロンが平凡な射手であれば、後世に名を残せなかったに違いない。だが、それだけが要因ではない。何かをうまくこなせるからといって、必ずしも認められるとは限らないのだ。その不運な事実は、誰にでも経験があるはずだ。たいして仕事ができるとも思えないか明らかに劣っているのに、なぜか評価の高い同僚を、あなたはどれほど見てきただろうか。その非凡な才能を同時代の人間が見落としたせいで、歴史のなかに消えていった、独創的な芸術家や思想家がどれほどいただろうか。あなたは素晴らしいコードを書いたかもしれない。あなたのおかげで会社は多額の出費を免れたかもしれない。あなたの引き出しには、大ヒット間違いなしの原稿がしまい込んであるかもしれない。だが、社会がそれを知らなければ、功績を認めて高く評価することはできないのだ。あなたのパフォーマンスを社会が知って、受け入れて、報酬を与えなければ、もし世間が——この〝世間〟とは、孤立した少数の声という意味ではない——価値を見出さなければ、そのプロジェクトは行き詰まるか、失速するか、順調なスタートさえ切れない。

亡命した私と故国の秀才たち

本書では、「成功は個人的な現象ではなく、集団的な現象だ」という新たな定義に基づいて成功を考察していく。

もし成功を決めるのが社会だというのなら、社会的なネットワークと仕事上のネットワークが、個人のパフォーマンスに対して集団的な反応を引き起こす様子を観察する必要があるだろう。最初から大きな喝采を浴びる人はいない。最初はずっと小さな輪から始まる。まずは家族の一員か、同僚か、友だちか、ご近所さんか、協力者か、クライアントがその影響を目撃する。だが、たまにさざ波が起きて、小さな輪を超えて影響が外の世界へと広がり、より大きな社会の反応につながることがある。大きな成功を収めた者はネットワークを駆使する術を熟知して、そのネットワークを使って集団的な意識のなかに潜り込み、縁もゆかりもない人たちの記憶に残ったのだ。

成功を生み出すネットワークについて、まずは脳を例に考えてみるのも悪くないだろう。そして集団的な意識という考え方は、新たな成功の定義を評価する方法として悪くない。思考し、記憶し、知覚する単一の組織として捉えられがちな人間の脳は、もちろん複雑に密集してつながったニューロンのネットワークでできている。どんな思考や感情や知覚も、ニューロンが発火して、神経系のウェブを通じて他のニューロンに情報を伝達することで生じる。単一のニューロンだけでは何事も起こらない。

成功の特徴であるネットワークも同じくらい複雑だ。私たちが組み込まれているのは、フェイスブックのようなソーシャル・プラットフォームとは比べものにならない、密度の高い社会的ウェブである。親睦会で名刺を配るというネットワーキングの象徴的な行為は、同じ仕事社会のウェブを活用するごく初歩的な方法に過ぎない。

ネットワーク用語で言えば、あなたは相互に接続したウェブの節点《ノード》として、無数のノードとつながっている、ということになる。あなたが集団的な環境に与える影響を知りたければ、ネットワークのほかのノードを見て、あなたのパフォーマンスに対する彼らの反応を見極めなければならない。成功が集団的なものである限り、自分が属するネットワークについてよく研究し、将来の利益につなげるために、その活用方法を戦略的に練る必要がある。目標を実現するルートを教えてくれるのは、そのハイウェイや牛の通り道、荒地や峡谷などネットワークの地形なのだ。

具体的な例として、私の個人的な体験をお話ししよう。研究者である私のパフォーマンスは突き詰めれば「発見」にかかっている。ただし、そのパフォーマンスを発揮するためには機会も必要だ。私はルーマニアのトランシルヴァニア地方で、少数派のハンガリー人の子どもとして育った。当時、外部に閉ざされた共産主義国において、国境を越えられる先は同じ共産主義国に限られていた。国際会議への出席など望むべくもない。科学雑誌はほとんど手に入らなかった。ルーマニアを出る可能性は皆無に近いため、英語を学ぶ必要性さえ感じない。物理学者の卵としてどれほど有望だったとして、生命線といえる専門的なネットワークにアクセスできる機会は、著しく制限されていた。

一九八九年夏、私はルーマニアの首都ブカレストの大学に通っていた。ある日、一本の電話がかかってきて試験期間中の私を寮の部屋から引きずり出し、私は残りの試験も受けないまま、荷物をまとめてトランシルヴァニア地方の自宅に駆け戻った。その頃、多少は名の知られた博物館長だった父は、ルーマニアの政治体制でリーダー的な地位に就いていた、少数派のハンガリー人のひとりだった。当時、少数民族を社会の支配層から追放するという国粋主義者の運動の犠牲になり、ある日とつぜん父は職を奪われ、生計手段を失った。複数の博物館を運営していたにもかかわらず、その翌日からバスの検札の仕事に追いやられたのである。だが、このあからさまな左遷によって、父の失脚を画策した者の立場がかえって危なくなった。すると彼らはまたしても策略をめぐらせ、父を完全に抹殺しようとした。そのため、父と私はハンガリーに亡命した。私なら絶対にしないこの選択によって、母や妹と会えなくなってしまい、私はひどく孤独な日々を送った。だが、友だちはおろか、顔見知りさえいない土地で新たに生活を始めるという精神的ショックから立ち直ると、実のところ、あの了見の狭い役人たちのおかげで、私の願いが叶ったのだと知った。彼らが父と私を追い払ったために、私はその後、共産主義のルーマニアでは絶対にアクセスできない、物理学者のネットワークに加われたのだ。

事実、私は亡命からわずか三カ月後に、世界的な科学者のヴィチェク・タマーシュに師事していた。アメリカで長く研究生活を送ったタマーシュは、私と同じ研究分野の権威ともいうべきユージン・スタンレーを、ハンガリーで開かれたある学会に招待した。そしてタマーシュがブダペストの自宅で催した歓迎会の席で、私は主賓相手に怪しげな英語を披露する機会に恵まれた。私が博士号を取るためにスタンレーは私をボストンに招いてくれ、彼自身のネットワークを積極的に使って、私が無事にボストン大学に入学できるように取り計らってくれた。そのうえ、最終的に裏で手をまわしてくれた。というのも、入学の最低必要条件である英語の試験を、私が落としてしまったからだ。それでも私はどうにかボストンという、様々な機会に溢れた現代科学のアレクサンドリア［訳注　ヘレニズム時代の古代エジプトの都市。学術研究所や七〇万冊の蔵書を集めた図書館があり、当時、世界最大の学問と知の結集地だった］に残ることができた。

それもこれも、私が前途有望な物理学者の卵だったからであり、その後の成功はひとえに私のパフォーマンスによるものだと言いたくなる。だがここで思い出すのは、ブカレスト大学時代の友だちである。私には出場資格さえなかった物理の国際大会で、金メダルを取った秀才たちがいた。ダンは中学三年生の時に、国際物理オリンピックで金メダルを取った。その時の問題の解法を私が学ぶのは、それから三年後のことである。あるいは大柄で心優しきクリスチャン。その穏やかで快い声で、どんな難問でも教えてくれた。ふたりとも私よりはるかに優秀だったにもかかわらず、機会に恵まれず、物理では大成できなかった。だからこそ、私がどれほど有望だったとしても、ブダペストとボストンで発揮できた私のパフォーマンスも、ブカレストにいたのでは何の役にも立たなかったに違いない。ネットワークが孤立を招くとともに人を受け入れ、目に見えない方法で、その人の人生の可能性をかたちづくるという現象については、あとの章で詳しく紹介しよう。共産主義体制のルーマニアで私が体験した生活は個人的なケーススタディとなり、また私の成功において、ネットワークと社会とが重要な役割を果たしたことも教えてくれたが、当時は、その背後に潜む「成功の科学」にはまだまったく気づいていなかった。

あなたの功績はそのネットワークにとって有益か

撃墜した敵機の数という、明白で数えられる基準に沿って言えば、レッドバロンもルネ・フォンクも優秀だ。同じ大戦を戦ったほかの戦闘機パイロットと比べても、ふたりの存在は抜きん出ている。だが、現代においてはレッドバロンのほうが圧倒的に有名であり、その違いはふたりのパフォーマンスとは何の関係もない。その違いの原因は、成功の集団的性質にある。重要なのは、あなたの功績に気づき、その価値を認め、より広い世界に広めるネットワークなのだ。

レッドバロンは冷酷で情け容赦なく、無表情な、極めてうぬぼれの強い人物として描かれることが多い。彼の自叙伝は暴力行為を詳述した報告に過ぎず、読む者はその自画自賛の口調に強い嫌悪を覚えた。それでも、目の前の戦争の恐怖に取り憑かれた彼の仲間は、レッドバロンの威勢のいい手柄話や虚勢に慰めを見出し、勇気を奮い起こした。自分の戦闘機を鮮やかな紅に塗った時、彼はドイツ帝国のプロパガンダ組織にとって不可欠なシンボルとなった。そして、ドイツ国民の士気高揚の役目を担った。軍帽を粋に被り、庇《ひさし》で半分影になった誇らしげな顔は、トレーディングカードになった。新聞が報じるところによれば、当時の英国軍は、レッドバロンの撃墜だけを任務とする特別な出撃部隊を編成していたという。これらの理由で、レッドバロンは他に類を見ない英雄になった。その早過ぎる死――その状況は陰謀のなかに包み隠された――によって、むしろ彼の神話は永遠となり、戦場の外にも広がった。男爵として生まれ、戦士として死んだマンフレート・フォン・リヒトホーフェンは、こうしてドイツ帝国の〝愛国心と英雄的行為の不朽のシンボル〟として、祭り上げられたのである。

そうであるならば、対する連合軍側がルネ・フォンクを、もういっぽうのシンボルに祭り上げたとしてもおかしくはない。そしてその通り、フォンクはいろいろな意味で、もてはやされた――少なくとも最初のうちは。第一次世界大戦中には、エースパイロットとして望みうる栄誉をほしいままにした。その名声ゆえ、フランスの国会議員にも当選している。だがその後、大衆はフォンクに冷たい目を向けはじめる。最初の失敗として、彼は戦死しなかった。第一次世界大戦を生き延び、第二次世界大戦中にはナチス占領下のフランスにあって、ナチスとヴィシー政権［訳注　ドイツに降伏したフランスが中部のヴィシーに置いた政府］の協力者という疑いの目で見られた。一九二六年には、パリ―ニューヨーク間の無着陸大西洋横断飛行を目指す挑戦［訳注　オルティーグ賞。翌年にチャールズ・リンドバーグが達成した］で、デモンストレーションパイロットを務めた際に、離陸に失敗するという大失態も犯している。

詳細はさておき、ふたりの決定的な違いは、いっぽうが彼のネットワークにとって有益であり、もういっぽうはさして有益ではなかったという点にある。レッドバロンの成功において重要だったのは、彼が何機撃墜し、どれほどうぬぼれ、自分の偉業をどう考えていたかだけではなかった。そこには、当時の政治的意図や社会的状況が強く働いている。今日の私たちが彼の名前を覚えているのは、レッドバロンがかつてドイツ帝国のプロパガンダ組織にとって不可欠な存在だったからだ。ゲルマン魂を鼓舞するために、絶望的なまでに英雄の存在を必要としていた体制が、彼の評判に目をつけた。そして、レッドバロンの偉業に大喜びする大衆がつくり上げた神話は、その目的にかなった。言い換えれば、レッドバロンを利用できることに目をつけたネットワークが、彼の成功を増幅させたのである。

社会の利益を活性化させ、あなたのパフォーマンスをより広く反響させる方法を、「成功の法則」は教えてくれる。あなたの貢献が社会にとって重要なものでありたいと望むなら――そう望まない人はいないだろうが――こう理解しておく必要がある。あなたの貢献に含まれる集団的な利益は、あなたが属する複雑な網の目を通して生まれる。

レッドバロンの例で言えば、彼のネットワークがつくり上げた伝説があまりにも素晴らしかったために、それは戦場という文脈をなんなく飛び越えた。自分の犬小屋を戦闘機に見立てたスヌーピーは、煙をあげて墜落しながら宿敵レッドバロンに敬礼する。自分を撃墜した相手に敬意を表する、そのスポーツマン精神に則ったスヌーピーの態度はとりわけ多くを物語る。空中戦での高い評判ゆえ、空想の世界に遊ぶスヌーピーでさえ、レッドバロンが相手ならば、自分にはとても勝ち目がないと思うのだ。

成功の証拠としてスヌーピーを引用したが、レッドバロンはただ成功しただけではなかった。彼は名声を得てもいた。戦死して数十年後にスヌーピーの映画に登場したことが、何よりの証拠だろう。となると、ここで重要な疑問が湧く。成功と名声とは区別できるのだろうか。その必要はあるのだろうか。

歴史上最も名高い人物は？

これまでに見た最も大きな円卓は、ストックホルムのカロリンスカ研究所にあるノーベル・フォーラムの丸テーブルだった。ここは毎年、ノーベル生理学・医学賞の受賞者を決定するノーベル委員会が開かれる場所である。その部屋へと続く廊下には、過去の受賞者の写真が飾ってある。以前、フォーラムを訪れた際に、私は写真が並ぶ廊下をゆっくりと歩いて静謐《せいひつ》な雰囲気を味わっていた。医学の進歩に貢献した世俗の聖人を祀《まつ》った聖堂か礼拝堂を訪れた気分だった。どの受賞者も、傑出したパフォーマンスの持ち主である。そして、どの受賞者も類いまれな成功を収めた。彼らの仲間は、ノーベル賞という最高の栄誉を授けることで、科学者や医学者による発見の重要性を認め、その影響力を高く評価した。普段、科学や医学と名声とを結びつけることはあまりないにしろ、それらの世界にも名声があるとすれば、彼らはまさしく名声を手に入れたのである。

廊下を歩きながら、私は彼らの名前と写真を次々と確かめていった。研究に打ち込み、情熱に突き動かされたこれらの受賞者による発見は、一世紀以上にわたって文字通り数百万人もの命を救ってきた。ところが驚くことに、私は誰の顔にも見覚えがなかった。ただのひとりもわからない。

私はひどくうろたえた。しおらしい気持ちになり、恥ずかしくなった。というのも、明らかな事実に気づいていなかったからだ。

つまり、成功と名声とはまったく別ものなのだ。

たとえば、ウラジーミル・ナボコフは間違いなく成功した作家だ。『ロリータ』をはじめ、幅広いテーマの作品をたくさん世に送り出した。だが、英文学専攻の学生ならともかく、一般の人にナボコフについて訊くと、ぽかんとした顔をされるか、せいぜいこう言われるのがオチである。「あの小児愛者の本を書いた作家だっけ？」

アインシュタインは言うまでもなく、成功した物理学者だ。その名前が、狭くて孤立した物理学界を超えたことはまさに偉業である。街ゆく人に写真を見せると、誰でもこう答えるに違いない。「アインシュタインだよ、もちろん！」だが、彼が何で有名かと訊くと、たいてい口ごもった答えが質問のかたちで返ってくる。「天才だったから、だよね？」

世間には、ナボコフやアインシュタインがたくさんいる。彼らは、優れたパフォーマンスによって成功を積み重ねる。そしてそのおかげで知名度が高まり、やがてその知名度は専門家のネットワークを超えて広がる。いったん、その名前が業界のネットワークの外でも知られるようになって、将来のパフォーマンスよりも彼らに対する評価のほうが重要になると、世間は彼らに名声というマントを授ける。名声は、並外れた成功の稀有な副次的作用だ。名声について詳しく分析することは本書の目的ではないが、避けて通るわけにもいかない。

それでも、「名声性」という少々変わった領域を共有する人たちについて考察してみるのは面白い。イエス・キリストよりも名高い人物が誰かを知りたければ（ヒント：ビートルズではない）、セザー・ヒダルゴのパンテオン・プロジェクトで検索してみるといい。[7] ヒダルゴは私の元教え子であり、現在はマサチューセッツ工科大学（ＭＩＴ）メディアラボの才気溢れる教授である。ヒダルゴによれば、真の有名人とは特定の専門分野を超えて名前の知られた人物だという。エースパイロットの知名度を調べた時にはグーグルの検索回数を使ったが、ヒダルゴはウィキペディアを使った。具体的に言えば、その人物を紹介するウィキペディアの記事の言語数を調べたのである。名声というパンテオン（神殿）に加わるためには、その人物の名声は国境と言語の壁を越えなければならず、最低でも二五カ国語で紹介されていなければならない。この唯一の条件に従って絞り込むことで、二流の有名人や何となく名前を知られた人物を振るい落とすと、一万一三四一人の興味をそそる有名人が浮かび上がった。

ウィキペディアでは、様々な検索条件を使って伝説的な有名人を探し出すことができる。たとえば、世界で最も有名な一六四四年生まれの人物は？　松尾芭蕉である。それなら、世界一有名なバルセロナ生まれの人物は？　一七人の候補が挙がるが、いちばん有名なのは画家のジョアン・ミロだ。史上最も有名なミュージシャンは？　ジミ・ヘンドリックス。世界一悪名高き犯罪者はどうだろう。チャールズ・マンソン［訳注　アメリカのカルト集団の指導者。マンソンの指示で「ファミリー」と呼ばれる信者が七人を殺害した］が三位。切り裂きジャックが二位。そして一位は、我がトランシルヴァニア地方の連続殺人鬼エリザベート・バートリだ。最も有名なアメリカ人は？　ジョージ・ワシントンでもビル・ゲイツでもない。マーチン・ルーサー・キングJr.である。

レッドバロンも、もちろんパンテオン入りしている。最も有名な軍人の四四位につけ、一八九二年生まれでは五番目に、ポーランド生まれでは四番目に有名だ。ウィキペディアの記事は五三カ国語に及び、八〇〇万ビューを超えている。彼が駆った紅の複葉機は、物理の法則をものともせずに時空を超えたのだ。ルネ・フォンクは、名声というパンテオンには登場しない。偉業を達成したこの英雄は、ウィキペディアでもレッドバロンの後塵を拝し、無名の霧のかなたへと消えて行ったのである。

それでは歴史上最も名高い人物は？　パンテオン・プロジェクトによると、アリストテレスだという。レッドバロンのような華やかさには欠けるものの、多くの国や地域、言語、時代においていまでも重要な存在には違いない。不朽の名声も勝ち取ったこの哲学の巨人が、成功について数千年後にも当てはまる、次のような警句を発したことは偶然ではないだろう。「しかしながら、名声はあまりに皮相的で、私たちが求めるものではないように思える。なぜなら名声とは、与えられる側よりも与える側次第のように思えるからだ」[8]。言い換えれば、名声は幸せを摑むための当てにならない方法だ。なぜなら、「与えられる側よりも与える側の都合で決まる」からだ。これは、私の成功の定義を言い換える悪くない方法である。

アリストテレスは、素晴らしい貢献によってパンテオン入りした人物の典型的な例である。彼らを見れば、パフォーマンスこそ不朽の成功をもたらす重要な要素だ、という考えを強くする。だが、パンテオン・プロジェクトには「セレブリティ」というカテゴリーもあり、そこに名を連ねる二一人には実に興味深い顔ぶれが揃っている。その一位は、世界最年少で子どもを産んだリナ・メディナだ（その時、わずか五歳だったという。考えただけで恐ろしい）。ほかにも、美人コンテストの優勝者に社交界の名士《ソーシャライト》、女性遺産相続人が数人ずつ。その顔ぶれを見ると、私たちが功績や〝中身〟とみなすものと名声とはまったくの無縁だとわかる。

キム・カーダシアン［訳注　リアリティ番組で人気を博したお騒がせセレブ。夫はミュージシャンのカニエ・ウェスト］は、史上最も有名なセレブの一四位にランクインし、ウィキペディアには六六カ国語のページがある。非凡なパフォーマンスの持ち主でありながら、成功を摑めなかった代表格がルネ・フォンクだとすると、その反対がキム・カーダシアンだ。これといった実績もなく成功した有名人の、紛れもない代表格である。優れた功績から報酬を引き出すことさえ、いかに難しいかを、誰でも経験で知っているというのに、何もないところからどうやって報酬を引き出せるというのか。

その問いに私はずっと頭を悩ませてきた。子どもの頃から刷り込まれてきた、勤勉という労働倫理とはまったく相容れない。

これらのことを念頭に置いて、次章からいよいよ本書の核心へと進み、まずは重要な問いから始めよう。すなわち、「パフォーマンス」と「成功」とはどんな関係にあるのか。関係があることには違いないものの、キム・カーダシアンの例を考えると、どうやら対等な関係ではなさそうだ。

成功の第一の法則

パフォーマンスが成功を促す。パフォーマンスが測定できない時には、ネットワークが成功を促す。

テニスコートからギャラリーへと目を移すと、あなたが通う評判のいい学校のおかげで、あなたが成功するのではなく、あなたが成功するから学校の評判が高まる理由がよくわかる。さらに重要なことに、あなたの成功を決めるのは目に見えないネットワークである。

2 グランドスラムと大学の卒業証書
――なぜ努力は（時には）成功を生むのか

私と前妻は自分たちを運がいいと思っていた。息子のダニエルが、誰にでも好かれ、頭もよく、順調な高校生活を送っていたからだ。高校二年生にして、大学レベルの授業を四つも取っていた。学校新聞の創刊にかかわり、夜間と週末に編集作業を手伝っていた。水泳チームで活躍し、好奇心が強くて、いろいろなことに関心を持ち、成績も申し分ない。先生や友だちからの評判もよかった。息子は幸せそうだった。息子のまわりのみなが幸せなのを見た私たちも幸せだった。

ところが、ダニエルが大学入学を申し込む段階になってはじめて、息子の行く手を阻むとんでもない障害に気づいた。外国生まれで世間知らずの両親である。私も前妻も欧州で――私はルーマニアで、妻はスウェーデンで――教育を受けた。私たちは、成功はパフォーマンスというたったひとつの基準で決まると固く信じていた。つまり、成績さえよければいい大学に入れる、と思い込んでいたのだ。ルーマニアで私が通ったエリート高校の場合、合否は一三歳の時に受けるただ一度の試験で決まる。四人にひとりという狭き門である。高校一年の終わりに再び非情な試験を受け、クラスの半分が振り落とされる。大学入学もやはり、物理と数学の試験の点数だけで合否が決まった。それ以外は何も関係がない。部活も、彫刻家になるという夢を描いてアトリエに通った日々も。それどころか普段の成績や、ルーマニアの一流物理雑誌に載った私の研究論文さえも、まったく関係がない。私の運命を決めたのは、試験の点数に表れた成績だけのように思われた。だからこそ、アメリカの大学入学も同じだと信じて疑わなかったのである。

私はかつて、インディアナ州にあるノートルダム大学で物理学の教授を務めていた。そのため、息子のダニエルはその大学を第二の我が家のように思い、もう長いこと、ノートルダム大学を第一候補に考えていた。ところが一家でボストンに越したあと、息子には新たな世界が開けた。そしてある夏休みをＭＩＴで、その次の夏休みをハーバード大学で過ごした。カリフォルニア州のスタンフォード大学という選択肢もあった。私とふたりでサンフランシスコのベイエリアを訪れた時、ダニエルがスタンフォード大学をすっかり気に入ったのである。息子のＧＰＡ（成績評価平均値）を見れば、これらの大学も充分に狙えるはずだと、私たちは強く信じていた。

ところが、大学の出願書類に詳しく目を通して、私にもようやくアメリカの大学の審査基準がのみ込めてきた。個人の体験を綴った小論文。教師の推薦状。面接。幅広い課外活動。特定科目に秀でていること。そして、トップクラスの成績とＳＡＴ（大学進学適性試験）のスコア。だが、どの大学の書類を読んでも、この最後の測定可能な要素は、それ以外の測定不可能な要素よりも評価の比率が低いのだ。私はがっくりと肩を落とした。この二〇一〇年、あちこちの大学で教鞭を執ってきたというのに、目の前の学生がどんな基準をクリアして私の授業を受けていたかを、少しもわかっていなかったのだ。なぜ大学進学という重要なプロセスがこれほど曖昧で主観的で、つまりは予測不可能なのだろうか。

この時、私は人生で初めて次のような問いに直面した。パフォーマンスという明確な測定基準のない世界で我が子が成功するためには、いったい何が必要だろうか。その答えを探し出すために、まずはパフォーマンスの貴重なデータが手に入る、スポーツの分野を見てみる必要があるということで、まずは〝イジング・タトゥーの女性〟から始めよう。

テニスにおける戦績と成功との関係

映画『ドラゴン・タトゥーの女』が世界的に大ヒットしていた頃、ブルジュ・ユジェソイが私の研究室に応募してきた。ちょうど行く先々で、タトゥーを入れた人たちに気づくようになった頃だったが、ユジェソイの左腕のタトゥーを見た時にはさすがの私も驚いた。それは、彼女の博士課程の研究を支えた「イジング・ハミルトン関数」の黒いタトゥーだったのだ。「厄介で気まぐれでイライラする」と彼女が愛情を込めて呼ぶ、物理学の曖昧な分野で研究を続けてきたあと、ユジェソイはまったく新しい分野に挑戦したがっていた。そのうえ、理路整然としていて、物理学の素晴らしい才能に溢れている。だが私の頭に何度も思い浮かんだのは左腕のタトゥーであり、そのたびに私は思った。なんてオタクなんだ！　気に入った。というわけで、彼女の採用が決まった。

数カ月後、ユジェソイが私の研究室に入ってきた。私たちの研究グループではすでに、科学分野の成功について調査を進めていたが、「成功の科学」に本腰を入れて取りかかる前に、大きな問題にぶつかっていた。[1]成功の必須条件であるはずのパフォーマンスを測定できるデータが、うまく見つからないのだ。

ちょうどその頃、ブダペストでご近所だった元テニス選手のタマーシュ・ハモリが、男子プロテニス協会はデータの宝庫だと教えてくれた。[2]協会は各選手の成績を詳細に追い、全試合の内容を正確に記録して、試合結果をもとに各選手にポイントを加算する。たとえば、グランドスラムの優勝者には二〇〇〇ポイントを、二回戦で敗退した選手には一〇ポイントを加算する。ポイントは毎週更新されて、各選手の世界ランキングが決定する。エースパイロットが撃墜した敵機の数と同じように、このポイントを使えば、各選手どうしをかなり正確に比較できる。まさに私たちが求めていた、個人のパフォーマンスを明確に測定できる分野である。そうであれば、ユジェソイの仕事は一目瞭然だ。テニスのデータを使って、「パフォーマンス」と「成功」との関係を明らかにすることだ。

私の研究室に応募してきた時、ユジェソイはテニスに関係のある研究をするとは思ってもいなかったという。それどころか、スポーツのことはほとんど頭になかった。中学校の夏休みにイスタンブールでテニス合宿に参加したことがあり、その時、地元新聞に載った写真も残っていた。眼鏡をかけた彼女が、馬鹿デカいラケットの脇に小さく写っていた。「我ながら下手くそ過ぎて、ラケットに穴が空いてるんじゃないかと思ったくらい」。ユジェソイはそう言って笑い、ネットを挟んで球を打ち合った時の惨状について教えてくれた。クレーコートの赤土が舞いあがって、スニーカーが、しまいには顔までが縞状に赤く染まった。テニス合宿の記事の切り抜きは、彼女の母が実家の箱のなかにしまっていたが、いつしかその箱には娘が取った物理学の賞状や証書が増えていった。

今回は自分のスキルが活かせる方法でテニスに取り組めるためか、ユジェソイは早速そのプロジェクトに取りかかった。ところが、すぐに厄介な壁に突き当たった。選手の「パフォーマンス」を測定する、ほぼ完璧なツールが手に入ったというのに、「成功」のほうを定量化するための基準が決まらないのだ。「成功で重要なのはあなたや、あなたが何をしたかではない。重要なのは社会であり、社会がどう捉えるか」である。テニスの場合に、「パフォーマンス」が「試合に勝つこと」ならば、同じように「成功」を定量化するための、たとえば「収入」や「知名度」といった基準が必要だ。

トップクラスのテニス選手は試合で莫大な賞金を稼ぐが、収入の大部分を占めるのはスポンサー契約だ。テニス界のスター選手ロジャー・フェデラーは、いろいろなブランドとスポンサー契約を交わし、たった一年で五八〇〇万ドルもの大金を稼ぐ。[3] 広告主はフェデラーのおぜいのファンに訴求したい。その桁外れの収入は、彼の一回ずつのパフォーマンスとは関係がなく、勝敗によって積み重ねた露出度の反映である。[4]

そのためユジェソイは、莫大な額のスポンサー契約を結ぶ、企業の意思決定の裏側がわかるようなデータを探し出そうとした。ところが、ごく一部のスター選手を除くと、中堅クラスの選手や小さな契約についてはほとんどデータがない。そこで、そもそもスポンサー契約が結ばれるきっかけとなる、各選手のファン層に焦点を当てた。なぜなら、ファン層の大きさによってスポンサー契約の規模も決まるからだ。ユジェソイはグーグルを使って、各選手のファン層を調べようとした。ところがドイツ人エースパイロットの時とは違って、ハンス＝ヘルムート・フォン・ボディエンやオットー・フォン・ブライテン＝ランデンブルクといった、変わった名前のテニス選手はいない。グーグル検索を使ったのでは、ユーザーが実際にその選手を検索したのかどうかを見極められない。そこでユジェソイは、ウィキペディアを利用することにした。個人的な経歴や成績もわかるうえ、いずれにしろグーグルで選手の名前を打ち込むと、すぐにウィキペディアのページが上位に表示されるからである。

ウィキペディアの編集者が愛情を込めて書き込む、お気に入りの選手の結婚や破局、コート外での奇行といったデータは無視した。その代わりに、それぞれの記事に入念に目を通して、読者の訪問パターンがわかるデータ層を調べた。そして、特定の期間にウィキペディアの、たとえばフェデラーのページを訪れた人数を突き止めたのである。

ウィキペディアのアクセス数をその選手の「人気」と捉え、ユジェソイはようやく本来の目的に取りかかり、「選手のスキルと勝利が、私たちが定義する成功をどう生み出すのか」を特定しようとした。まずは二〇〇八年から一五年までの、各選手のパフォーマンスを時系列にリスト化し、すべての勝敗を記録するとともに、試合ごとに獲得したポイントを書き出した。次に、それらのパフォーマンス基準を組み合わせる方法を考え出し、選手が試合の勝敗に応じて〝獲得すべき〟露出度を予測しようとした。[5] 時間を要する作業だった。成果が出るまでに、ほぼ二年の月日がかかった。

だが、それだけの価値があった。

ユジェソイの計算によって、あるパターンが浮かび上がったのである。[6] ロジャー・フェデラーやノバク・ジョコビッチ、アンディ・マリーやラファエル・ナダルのようなスター選手であろうと、有望な新人であろうと、ユジェソイの予測と選手の〝本当の〟露出度とのあいだに驚くような共時性が見られたのだ。実際、選手のパフォーマンスと成功とがあまりにも密接に結びついていたために、ユジェソイは選手のその時の試合結果に応じて、その選手のウィキペディアのページを閲覧する訪問者数を正確に予測できたほどだ。成績不振によってアクセス数が減る期間も、怪我によってアクセス数を表すグラフが谷間を描くことも予測できた。スター選手相手に思わぬ勝利を収めた選手の記事には、一気に注目が集まっていた。こうして選手のパフォーマンスデータを手に入れたあとでは、ユジェソイは成功を予測できたのである。

彼女の発見から成り立つ解釈はひとつだけだ。すなわち、テニスの世界では「優れた運動能力《アスレティシズム》」という、ただひとつの要素が成功を約束する。少なくともコートのなかでは、「努力が報酬を生む」というお馴染みの定説が当てはまる。パフォーマンスが成功を生むのだ。それが出発点だ。あなたがテニス選手なら、「ボールから目を離さず、技術を磨け」ということだ。だが、それはスポーツ以外の世界にも当てはまる。勝ち組の弁護士になりたければ、クライアントが寄ってくるよう、専門知識を巧みに使いこなせなければならない。建築家として大成したければ、構造工学の確かな知識を持ち、デザイン力にも優れていなければならない。世間をあっと言わせるハイテク製品が、欠陥だらけでは困るのだ。

ユジェソイが編み出した分析方法は、左腕のタトゥーと同じくらいエレガントだった。とはいえ、その発見は少しばかり物足りなかった。私たちが望んでいたのは、さほど当たり前ではない発見だったからだ。だが、それは成功の大前提を裏づけた。成功のカギは「パフォーマンス」にあり。私たちが、「パフォーマンス」と「成功」との決定的で定量的な関係を発見したことは間違いない。だが、それはどのくらい決定的なのだろうか。

高額な上位校か、学費免除の中堅校か

成功のカギは「パフォーマンス」にあり、という発見に明るい希望の光を見出すとするならば、

それは息子のダニエルにも志望校に入れるチャンスがあるのではないか、という望みだった。テニスの世界はまさに、「試験の成績のみが重要な結果を生み出す」ルーマニアの教育制度にそっくりだった。だが淡い望みも束の間、大学から続々と合否の連絡が届きはじめると、厳しい現実が待っていた。ダニエルは第一志望のスタンフォード大学に落ちた。ハーバード大学にも断られた。さらにはブラウン大学、シカゴ大学、ペンシルベニア大学からも不合格の通知が届くと、ここがルーマニアではないことを否応なく認めざるを得なかった。パフォーマンス頼みという欠陥だらけの戦術は、まさしく痛恨のミスだった。そして封筒が届くたびに、結果を知るのが怖いという状況に陥った。

幸い、明るいニュースもあった。子どもの頃からの夢だったノートルダム大学には受かったのだ。私も一〇年ほど教鞭を執っていた経験から、あの大学に行けば素晴らしい教育が受けられることはわかっていた。だから郵便受けに不合格の通知が届くたびに、ノートルダム大学という優れた選択肢が残っていると慰め合っていた。

そして難しい選択を迫られたとはいえ、さらに勇気の湧くニュースも届いた。当時、私が勤めていたノースイースタン大学にも合格したのである。

こうして、ダニエルはどちらかの大学を選ぶことになった。だが、そう簡単な選択ではなかった。ノートルダム大学の場合、かなり高額な授業料を支払わなければならない。いっぽうのノースイースタン大学は一切の学費が免除される。一定以上の学力を認められた場合に限り、教職員の子どもには授業料を免除するという、気前のいい優遇制度のおかげである。もしその優遇制度を蹴ってまでノートルダム大学を選ぶとするならば、ノースイースタン大学が提供せずに、ノートルダム大学が提供するものとは何だろうか。

それについてはデータがあった。こんなデータから紹介しよう。名門大学の卒業生は、ランクの低い大学の卒業生よりも有利な立場にある。卒業一〇年後の年収の中央値を見た時、アイビーリーグの卒業生は平均七万ドルを超える。[7] ところが、それ以外の大学の卒業生の場合は三万四〇〇〇ドルと、その半分にも満たない。また、収入分布の上位グループを比較すると、格差はさらに広がる。すなわち、アイビーリーグの卒業生のうち、上位一〇パーセントが卒業後一〇年以内に稼ぐ年収は平均二〇万ドル以上。それ以外の大学の卒業生の場合、収入分布の上位グループの年収は平均七万ドルに届かない。

ダニエルが大学に出願した二〇一二年、ノートルダム大学は全米大学ランキングで一九位、ノースイースタン大学は六九位だった。

ノートルダム大学は名門校として、アイビーリーグに匹敵する大学に分類されている。いっぽうのノースイースタン大学は、学費が全額免除である。

さて、どちらの大学を選ぶべきか。たくさんの親子が、このような難しい選択を迫られる。親は自分の将来を犠牲にしてまで、我が子に最高の教育を受けさせるべきだろうか。ひどく悩ましい決断に違いない。だが、判断材料となるデータがあると知ったあと、私は考えをがらりと変えた。先のような明確な数字があるにもかかわらず、ダニエルがノースイースタン大学かノートルダム大学のどちらを選んでも、将来の年収にはまったく影響がないことがわかったからだ。たとえスタンフォード大学かハーバード大学に行ったとしても、何の関係もない。それどころか、ダニエルの将来の成功を決めるのは、「パフォーマンス」と「野心」との組み合わせだったのである。

自分がどこに属していたいと思うか＝野心の働き

一七世紀に設立されたアメリカ初の公立高校ボストンラテンは、ボストンの学校制度の誇りである。全米高校ランキングで上位二〇位に入り、公立高校だというのに競争率が高い。私がルーマニアで体験したように、ボストンラテンに入るためには統一試験で高い点数を取らなければならない。不合格となった子どもは、名前は似ているが、少々ランクの劣るボストンラテン・アカデミーに自動的に入学が決まる。統一試験の点数に応じて、そこも不合格になってしまえば、オブライアント理系高校に入学する。そこも落ちると、ついには「試験のない」公立高校に入ることになる。

受験生（とその親）が、躍起になってボストンラテンを目指すのには訳がある。ボストンラテンの生徒は、SATの平均点がマサチューセッツ州で四位であり、一流大学への入学も約束されているからだ。ラテンアカデミーも同じ試験で、マサチューセッツ州で堂々の八〇パーセンタイル〔訳注　パーセンタイルは、データを小さい順に並べて何パーセント目に当たるかを示す言い方。八〇パーセンタイルの成績という場合、上位二〇パーセント目に位置する〕を誇る。オブライアントの平均点は四〇パーセンタイルだが、試験なしで入学できる高校の散々な平均点よりはずっとましだ。だから、もしあなたがボストン在住なら、あらゆる手を尽くして、我が子をどこか統一試験のある高校に押し込もうとするだろう。そして、もし子どもが受験に失敗した時には、我が子を人生の敗者にしてしまったと思うに違いない。

だが、果たして本当にそうだろうか。数年前、同じ疑問を抱いた三人の経済学者が、ボストンラテンにかろうじて受かった生徒と、僅差《きんさ》で落ちた生徒とを比較した。[8] ほんの数ポイントが合否を分けることも多いため、合格ライン付近の生徒は、本来の学力においても知力においてもほとんど差がない。重要な違いはひとつだけ。その後の数年間を運よく名門校で過ごすか、知性ではまったく劣らないのに、その高校を諦めなければならなかったか。

そして、私たちはこう考える。ぎりぎりで入学したとはいえ、一流高校に通い、優れた教師の授業を受け、秀才ぞろいのクラスメイトと切磋琢磨する生徒は、卒業時にはさぞかし学力テストでいい点数を取るに違いない、と。ところが……そうではない。まったく違うのだ。SAT、その模擬試験（PSAT）、飛び級試験であろうと関係ない。ボストンラテンにぎりぎりで入った生徒と、惜しくも一ランク下のラテンアカデミーに入らざるを得なかった生徒とを比較した時、どの試験においても両者のあいだに学力の差は見られなかったのである。同じことは、ラテンアカデミーを落ち、オブライアントに入らざるを得なかった生徒の場合にも言える。つまり彼らは、合格ラインをぎりぎり超えてラテンアカデミーに入った生徒に、学力ではまったく引けを取らなかったのだ。それでは統一試験を受けたが、オブライアントにも落ちて、無試験の高校に行かざるを得なかった生徒の場合には？　その場合にも、卒業時の学力を比較した時、どうにかこうにかオブライアントに入った生徒とのあいだに差は見られなかった。

その意味するところをじっくり考えてほしい。私にはその必要があった。つまり、こういうことだ。ボストンラテンの生徒がラテンアカデミーの生徒よりも、全体的に成績がいいことはわかっている。SATの点数は高い。そのことに異議を唱える者はいない。ところがデータが指し示すのは、生徒の親の考えや教師の思い込みや、校長の主張とは違う事実である。つまり、ボストンラテンに通う生徒の学力が高いのは、学校が生徒のパフォーマンスを高めたからではない。ボストンラテンの生徒が、卒業時にSATで全体的に高い点数を取るのは、そもそも入試で成績優秀者を選り抜いたからにほかならない。そして、彼らは高校時代にもその学力を失わなかった。言い換えれば、ボストンラテンがあなたの娘を成績優秀な生徒にしたのではない。あなたの娘が、ボストンラテンを成績優秀な高校にしたのだ。

そのメッセージは明らかだ。最終的に学校は重要ではない。重要なのは生徒のほうだ。ボストンの教育制度を批判しているのではない。同じメッセージは、同じ問題を抱えるあらゆる高校制度にも当てはまる。複数の研究者が指摘するところによれば、ニューヨークやルーマニア、そして下のふたりの我が子が五年間学校に通ったハンガリーでも、同様の結果が見られたという。[9]これらの結果から読み取れるのは、ダニエルがノースイースタン大学かノートルダム大学のどちらを選ぼうが、関係ないということだ。卒業後の成功を決めるのは、息子の能力であって通った大学の名前ではない。

とはいえ、高校のデータは、息子の大学選びの判断材料として本当に使えるのだろうか。

私がそれを証明する必要はなかった。というのも、プリンストン大学のふたりの経済学者が大がかりな調査を行なって、大学卒業後の長期的な成功を決める要素を特定したからである。[10]ふたりはまず、名門大学に願書を出したが、何らかの理由でランクの落ちる大学に入った学生について調べた。前述したデータを思い出してほしい。アイビーリーグの場合、卒業して一〇年後の年収の中央値は七万ドル。この数字は、アイビーリーグ以外の大学の卒業生の二倍以上に当たる。ところが、当の経済学者も驚くような発見があった。アイビーリーグを蹴ってランクの劣る大学に入った学生は、アイビーリーグの卒業生と同じだけ稼いでいたのである。つまりプリンストン大学に受かったが、ノースイースタン大学に入った学生が年収を稼ぎ出す力は、プリンストン大学の卒業生に何ら劣らなかったのだ。メッセージはボストンラテンの時と同じである――学校は重要ではない。重要なのはあなたのほうだ！

ここで登場するのが、「パフォーマンスが成功を生む」というユジェソイの発見だ。将来の年収を決めるのは、SATの点数や、願書を出した時点でのGPAなど、生徒の測定可能なパフォーマンスなのだ。

ところが、ふたりの経済学者が最も意外な結論に行き着いたのは、アイビーリーグの大学に落ちた学生について調べていた時だった。SATの点数やGPAなど、その学生のあらゆるパフォーマンス基準を調べたところ、卒業一〇年後の年収を決める重要な要素は、その学生が通った大学の名前ではなかった。長期にわたる成功を決める唯一の要因は、たとえ合格しなかったにしろ、その生徒が出願した最難関大学にあった。もっと具体的に説明しよう。ある生徒がハーバード大学に願書を出したが落ちて、ノースイースタン大学に入学したとする。その学生の将来の成功は、SATの点数や高校時代の成績が同レベルにあった、ハーバード大学の学生の成功に何ら劣らなかったのである。言い換えれば、あなたの子どもの成功を決めるのは、「パフォーマンス」と「野心」——自分がどこに属していると自分で思うか——なのだ。

警告を込めて、少しつけ加えておこう。将来の高い年収を保証せんがために、無理やり子どもにハーバード大学に出願させたところで、うまくいくはずもない。何と言っても、野心はもっと本質的な特徴なのだ。実力もなく出願した場合、その結果は明らかであり、自信や自分を信じる能力が成功に大きな影響を与えるとはいえ、それはあくまで優れた学力に見合っていなければならない。

また、名門校は素晴らしい恩恵を施していないと言いたいわけでもない。[11] データが示す通り、アフリカ系アメリカ人やラテン系をはじめとする社会的、文化的なマイノリティ、そして「第一世代の学生」――家族のなかで初めて大学に通う学生――は、名門大学に入学することで大きなメリットを享受する。

だが、名門校に落ちてしまったとしても、つまりダニエルのように教育程度の高いミドルクラスの家庭に育ち、成績も悪くないが、世間知らずの親を持ってしまったとしても、大いに希望はある。たとえ名門校に落ちたとしても、本来の能力と野心とを発揮すれば戦っていけるのだ。

個人のパフォーマンスが測定できる分野

結局、ダニエルはノートルダム大学を選んだ。

それは矛盾している、と思うかもしれない。私のように合理的な人間が、なぜ学費免除の大学を息子に勧めなかったのか、と。実を言うと、知っていれば役に立ったと思うデータを、当時はまだ知らなかったのだ。ノースイースタン大学がその後、六九位という全米大学ランキングの順位を約半分にまで追い上げて、ノートルダム大学に迫るとも思わなかった。だが本章で紹介したデータが示すように、将来の成功に大きな影響を及ぼすのは、大学ランキングの輝かしい順位ではなく、その学生が大学にもたらすもの、すなわち学生本来の能力なのだ。能力と野心は、世間の思い込みを打ち破り、大学の名前というハンディを乗り越える。ユジェソイの発見は、「成功を決めるのは、ひとえにパフォーマンスだ」という、世界中のテニスコーチのメッセージの正しさを証明したいっぽう、ダニエルの大学進学の件に私はひどく戸惑った。テニスと学業という、パフォーマンスが測定できる珍しい分野では、個人の優劣を決める要素について議論の余地がない。どちらの分野でも、パフォーマンスに基づくランキングと長期の成功とがぴたりと一致していた。

そうであるならば、「いかなる場合にも非凡なパフォーマンスが勝利を生む」と決めつけたくなる。ところが、その考えが正しいと証明するためには、個人のパフォーマンスを測定できなければならない。「テニスの世界ランキング」と「SATの点数」は測定基準となりうるが、そのような正確なパフォーマンス基準のある分野は少ない。たとえばサッカーのようなチームスポーツを考えれば、個々の選手のパフォーマンスを測定することがいかに難しいかがわかるだろう。[12]その選手が何本ゴールを決め、アシストしたかはわかる。だがチームメイトのパフォーマンスと、その選手のパフォーマンスとを、科学的に通用するレベルで区別することは難しい。最近、実際にそう感じたことがあった。イタリアのセリエAで、サッカーの試合後に専門家が各選手につける採点を、私たちが分析していた時のことだ。[13]彼らはイタリアの三紙に雇われて、試合中の各サッカー選手のパフォーマンスを採点していた。専門家のひとりは試合時間の二〇パーセントにおいて、ある選手を高く評価していたが、ほかの専門家の評価は厳しかった。さらに詳しく分析したところ、これらの専門家は、ほとんどの選手のパフォーマンスをまったく覚えていなかった。

彼らはチームの戦いぶりや得点、得失点差をもとにディフェンダーを評価していた。九〇分間を通したディフェンダーの小さな動きやこと細かな判断――スライディング、インターセプト、アシスト、空中戦――は、各選手を採点する専門家の記憶にまったく残っていなかったのである。また、弱いチームに所属する強いサッカー選手はゴールを量産するかもしれないが試合には勝てないことを、私たち同様、専門家も忘れているようだった。あるいは、強い選手があまりゴールできないのは、味方が「彼のゴールをアシスト」できないせいかもしれない。たとえ強い選手が強いチームのスター選手だとしても、チームの勝利がひとえに彼個人のパフォーマンスによるものか、チームの総力によるものかは判断がつきにくい。その強い選手を強いチームから弱いチームに移籍させると、選手のパフォーマンスは低下する。強いサッカーチームをつくることは、一筋縄ではいかない問題なのだ。あとの章で述べるように、チームに属する個人のパフォーマンスを測定し、そのパフォーマンスに報酬を与えることは、一対一で戦うスポーツの場合よりもずっと難しい。

つまりこういうことだ。個人のパフォーマンスを測定することは、勝者と敗者とが明らかなスポーツにおいても難しい。それならば、パフォーマンスを正確に測定する、具体的な方法がない場合にはどうだろうか。その場合、誰が勝者と敗者とを決めるのか。

その答えを求めて、次章ではパフォーマンスが測定できない分野に焦点を当てよう。

そして、ついにネットワークが舞台の中央に登場する。

3
200万ドルの小便器
――なぜ努力は成功に結びつかないのか

「ＳＡＭＯ《セイモウ》は馬鹿と狂人を救う」

マンハッタンの路地裏のドアに、ブロック体の文字が並んだ。奇妙な落書きだった。一九七七年、詩的ながらも同じように皮肉めいた声明が、とつぜんニューヨークのあちこちに出現した。

「ＳＡＭＯは免責条項」

「ＳＡＭＯはプレイイングアートの最終形」

「ＳＡＭＯは実験動物を癌にしない」

そして一九七九年、簡潔な宣言を最後に落書きはぴたりと止んだ。「ＳＡＭＯは死んだ」

確かにＳＡＭＯは死んだ。ふたりのグラフィティ・アーティストはユニットを解消し、別々の道を歩むことにしたのだ。ＳＡＭＯのひとりはアル・ディアス。まだ若いにもかかわらず、その世界ではすでに実績を積み重ねていた。[1] 一九七四年に、作家のノーマン・メイラーが序文を寄稿したグラフィティ・アートの写真集が発売されると、ディアスの作品も掲載された。彼らのように地下で活動するアーティストにとって、ありがたくない名誉だった。ディアスは単独でも、SAMOというユニットでも活動した。名前の由来は、いかにも未熟で青くさいものだった。ふたりはマリファナを吸い、それを「the same old shit（あのいつものヤツ）」と呼んでいた。やがて冠詞と最後の言葉が落ちて「same old」になり、さらに語尾の子音が落ちて「SAMO」になった。そのペルソナの下、ふたりはスプレー缶を手に街のあちこちに出没しては、メッセージを書きつけていった。そして仲が悪くなった。

科学者は対照実験を好む。そうすれば、出発点の似通ったふたりが時とともに分岐していく様子が観察できるからだ。「生まれか育ちか」「遺伝か環境か」というテーマに対する私たちの深い理解も、一〇〇パーセント同じ遺伝子を共有する、一卵性双生児の生活を観察する研究がもとになっている。前章では、合否ラインで一流校と二流校とに分かれた〝学力の双生児〟を調査して、学校と成功との関係を突き止めた。そして本章で取り組むのは、SAMOをテーマにした〝アート界の双生児〟調査である。調査対象は、生まれ育った環境や年齢も同じなら、生み出すアートもそっくりのふたり。ところが、そのふたりはとつぜんユニットを解消して、違う道を歩むことにした。さてその後、ふたりはどうなったのか。

アル・ディアスはいまでもニューヨークのアート界で活躍しているが、ほとんどの人はその名前を聞いたことがない。彼の名声はSAMO時代のものだからだ。そのSAMOはいまから四〇年前、ディアスのパートナーがひとりでやっていくと決めた時に終わりを告げた。

そして、そのパートナーも麻薬の過剰摂取でずいぶん前に死んだ。二七歳の若さだった。だが、彼の作品は不朽の名声を得た。「SAMOは死んだ」というメッセージがソーホーの通りに出現した二年後、ディアスのパートナーはスプレー缶とオイルスティックを使って大きな頭骸骨の絵を描いた。二〇一七年、『無題』と題されたその肖像画は、アメリカ人アーティストの作品としては、史上最高額の一億一〇五〇万ドルで落札された［訳注　落札者は前澤友作氏］[2]。アーティストの名前は、ジャン＝ミシェル・バスキア。

成功という点で言えば、ディアスとバスキアは、出発点を同じくするふたりが明暗を分けた理由を知る絶好の例だろう。ふたりは同じ時期に、同じ場所で活動を始めた。ふたりの作品は当初、ほとんど見分けがつかなかった。だが、ひっそりと作品を発表していたディアスに対して、バスキアは生きているあいだはセンセーションを巻き起こし、死後も名声をほしいままにした。

だが、ふたりの軌跡はなぜ大きく分岐したのだろうか。

ディアスとバスキアには決定的な違いがあった。ディアスは一匹狼。いっぽうのバスキアは大胆なネットワーカー。それは、SAMOがまだ青くさい声明を落書きしていた頃から明らかだった。ディアスはふたりの正体を秘密にしておきたかった。ところがバスキアは、ニューヨークのコミュニティ紙『ヴィレッジ・ヴォイス』に、一〇〇ドルでふたりの正体を明かしてしまった。

ふたりの違いを表すエピソードはそれだけではない。[3] 実際、バスキアはギャラリーで開く展覧会の作品をキュレートしていくように、アート界での関係を慎重に築いていった。当時、ニューヨークのアートシーンに君臨していたアンディ・ウォーホルに、ティーンエイジャーのような不遜な態度で近づいて取り入り、生計を立てるためにスラム街で売っていた手描きのポストカードを一枚買ってもらっている。バスキアはそれを機にウォーホルと親しい関係を築き、親交はウォーホルが死ぬまで続いた。だからと言って、ウォーホルとだけ付き合っていたわけではない。スクール・オブ・ヴィジュアル・アーツ［訳注　マンハッタンにある商業アートやデザインの芸術大学。ポップアートシーンの隆盛を担った］付近をうろついて、アート界に彗星のごとく現れたキース・ヘリングと出会い、デートするようになった。また、ケーブルテレビ番組の「TVパーティ」のプロデューサーとも親しくなって番組に出演し、ちょっとした地元のセレブにもなっている。

だが何よりも大きいのは、イーストヴィレッジのアーティストたちとのあいだで広い人脈を築いていたディエゴ・コルテスを、バスキアが見つけ出したことだろう。キュレーターのコルテスはあるグループ展で、アンディ・ウォーホルやキース・ヘリング、写真家のロバート・メイプルソープの作品と並べて、バスキアの線画や絵画を二〇点も展示してくれたのだ。彼の作品はニューヨークの高名な画商の目にとまった。展覧会のオープニングパーティの夜が明けると、バスキアは父が住むブルックリンのアパートメントに駆け戻って大声で言った。「パパ、やったよ！」その通りだった。その前夜、展示作品が何点か、二万五〇〇〇ドルで売れたのだ。一九八〇年代前半としてはかなりの大金だった。重要な人脈を慎重に、積極的に築き上げることで、バスキアはたった二年で、ホームレスのティーンエイジャーからスターアーティストへと上り詰めたのである。いっぽうのディアスは、地下で活動し、ストリートアートを生み出し続けた。

バスキアが取り憑かれたように生き急ぎ、若くしてヘロインの過剰摂取で死んだことも、彼の名声を不朽のものにした。だが驚くのは、その成功が作品の素晴らしさとはほとんど関係のないことだ。何と言っても、バスキアはアーティストとしてディアスと同じＤＮＡを持ち、意図的だったとはいえ、ふたりの作品はほとんど見分けがつかなかった。そしてまた、カラフルで濃い色の背景に黒のスプレーで頭蓋骨を描いた一九八二年作の『無題』に、アメリカ人アーティストの作品として史上最高額の落札額がついたのも、作品本来の質が理由ではない。

実際、作品を見ただけで、その価値を見出したり評価したりできる者はいない。重要なのは、キュレーター、美術史家、ギャラリーのオーナー、美術商、エージェント、オークション会社、蒐集家たちの見えないネットワークである。美術館に収まる作品を決め、絵画に喜んで支払う額を決めるのも、その見えないネットワークだ。それは、美術館の壁を飾る作品を決めるだけではない。あなたがわざわざ並んで観る絵画までも、決めてしまうのだ。

そこには、成功について論じる時に避けて通れないテーマがある。すなわち「成功は集団的な現象であり、パフォーマンスに対する社会の反応によって測定される。そのため、成功という現象を理解するためには、成功が生まれるネットワークについても観察しなければならない」ということだ。しかも、パフォーマンスや作品の質を測定するのが難しいアートのような世界において、ネットワークは極めて重要である。相互につながったネットワークが成功に及ぼす影響の大きさには、私のようなネットワークサイエンティストですら驚くほどだ。ネットワークは、その〝予測可能な魔法〟をどのようにして披露するのだろうか。価値のない時、その価値をどうやって紡ぎ出すのだろうか。

アートの価値は文脈とネットワークが決める

一九一七年、美術家のマルセル・デュシャンはニューヨークの衛生器具店に入り、並んでいる衛生陶器のなかから、ベッドフォードシャー・スタイルと呼ばれる男性用小便器を選んだ。[4] そして、ぴかぴかの陶器の小便器を自分のスタジオに持ち帰ると、壁に取り付ける面を下にして「R・マット」と署名し、『泉』と名づけて、それを芸術と呼んだ。本来の用途とは違う文脈で、違う意図を持ったその小便器は実際、奇妙な美しさを放っていた。だが、見た目の美しさはこの際、問題ではなかった。デュシャンはその小便器を、自分が創設して会長も務めていた、独立芸術家協会の展覧会に出品した。その協会は先進的な考えを持ち、「堅苦しい美術館が好む高尚な芸術を避ける」という目標を高らかに宣言するとともに、展覧会のキュレーターも、少額の会費さえ支払えば誰でも作品を展示できると明言していた。この手の展覧会としては規模も大きく、有名な芸術家の作品も無名の新人の作品も、同じ場所にわけ隔てなく並べて展示したのである。

ところが、『泉』と名づけられたその作品は、独立芸術家協会の頭の柔らかいキュレーターにとっても受け入れがたかった。デュシャンが匿名で出展した『泉』は、ただ既製の実用品に多少の手を加えただけではない――もちろん、それだけでも前代未聞だが、彼が出展したのは、芸術にはほど遠い男性用小便器である。意表を突かれた協会は展示を拒んだ。というわけで、『泉』はあっけない最期を迎えた。現在では、アルフレッド・スティーグリッツ〔訳注　近代写真の父と呼ばれ、写真の芸術性を高めたカメラマン〕が撮った写真が一枚残るのみである。小便器そのものは二〇世紀初頭のゴミのなかに棄てられたと見られ、過去のがらくたのなかに埋もれてしまった。

　とはいえ、デュシャンの主張はいまも生きている。『泉』という大胆な挑発は、当時の芸術界の根幹を揺るがした。今日、『泉』を最も重要な現代アート作品と評する美術史家も少なくない。たとえば、ギリシャ人蒐集家のディミトリ・ダスカロポウロスは、一九九七年に『泉』に二〇〇万ドル近くを投じた。しかも、棄てられたオリジナル作品に対してではない。半世紀後に、デュシャンの美術商が本人公認で制作した一七点のレプリカのひとつに、それだけの大枚をはたいたのである。「私にとって」ダスカロポウロスは述べた。「現代アートはあの作品から始まった」[5]

　私も同意見である。『泉』は果たして大真面目な悪ふざけなのか、それとも不敬な芸術作品なのか。おそらくその両方だろう。もちろん、工場で大量生産されたただの小便器であり、それ以上でもそれ以下でもない。何かが芸術作品になるのは、それが手づくりだったり美しかったりするからではなく、何らかの思想を表現しているからだ。「誰かのゴミは他者の宝」あるいは「美は見る者の目のなかにある（美は客観的なものではなく、見る者の意識が決める）」ということわざを、あえて持ち出すまでもないだろう。デュシャンは、その考えを行動で示した最初の芸術家だった。そしてもうひとつ、重要な点を明確に認識していた――美術館やギャラリーは仰々しくもったいぶっているが、アートの世界は狭くて孤立し、独特の価値観に縛られている。小便器は単なる衛生陶器かもしれない。だが、タイトルカードを付け、アーティストの署名を入れて、ギャラリーで名だたる傑作の隣に並んでいれば、ただの日常的な実用品も、とつぜん大きな意味を持つ、と。価値を評価する時に重要なのは、その文脈なのだ。

　デュシャンの『泉』が表しているのは、質やパフォーマンスが本質的に不在の分野において、成功を理解する難しさである。私自身、美術品蒐集家であるために慎重に言葉を選んではいるが、それでもはっきり言って、アートに質はない。非難しているわけではない。私は旅先でいつも時間を見つけて、その街の現代美術館を訪れたり、ふらりとギャラリーに入ったりする。それでもやはり、一部の作品のとんでもない価格に驚く。その値札が本来の質に見合っていると思えない時にはなおさらである。どんな絵画の価値も、その画家のパフォーマンスも、客観的に判断する方法はない――これは純然たる事実だ。それゆえ、詩、彫刻、小説、あるいは下手な創作ダンスであろうと、あらゆる形式の芸術には本質的に価格のつけようがない。それならバスキアの『無題』をはじめとするたくさんの傑作が、この数十年のあいだに、一億ドルを超える高値で落札されてきたのはどういうわけだろうか。[6]

その問いに答えるためには、レンブラントの『黄金の兜《かぶと》の男』について考えてみればいい。一九八〇年代中頃まで、この絵画を見るためにベルリンのボーデ美術館には、おおぜいの美術ファンが詰めかけた。美術館の外の土産物屋は、無断で複製したポストカードを売った。羽根のついた黄金に輝く兜を被り、物思いに耽《ふけ》るような表情の老兵を描いた作品だ。伏し目がちに一点を凝視する男は、深い思考に囚われているようだ。この絵はボーデ美術館で最も人気の高い作品であり、間違いなく傑作だった。ところが、ある専門家のグループがそれをレンブラントの作ではなく、弟子だったオランダの無名の画家の作だと指摘すると、来館者は消えた。絵画は何ひとつ変わっていない。黄金の兜を被って、カンバスにいきいきと描かれた老兵は、永遠にその目を伏せている。だがほぼ一夜にして、作品に対する関心は薄れ、価値は急落し、かつての騒ぎを覚えている者もいなくなった。[7]

あるいは、反対のことも起こりうる。現存するダ・ヴィンチの絵画は二〇点にも満たないとされ、そのひとつである『救世主』は、二〇一七年に美術品として史上最高額の四億五〇〇〇万ドルで落札された。もとの持ち主である美術商のコンソーシアムが二〇〇五年に購入した時の価格は、一万ドルにも満たなかった。それでは、なぜ『救世主』はエヴェレスト級に価値が跳ね上がったのか。それは当初、ダ・ヴィンチ本人の作ではなく弟子の作と考えられていたからだ。[8]同じ絵画であり、傑作か傑作でないかも変わらない。変わったのは、その絵を取り巻く文脈だけである。

世界一有名な『モナ・リザ』でさえ、ルイ一五世の時代には粗末な部屋の壁に飾られ、王宮の管理人に恥ずかしそうに微笑みかけていたのだ。どんな美術史の本を開いても、『モナ・リザ』が美術界に君臨する理由を解説するページがあるはずだ。あの謎めいた微笑み、独特の技法、安定感のある構図。だが実のところ、ほんの一世紀前まで『モナ・リザ』は、ルーブル美術館が所蔵する貴重な絵画の一点に過ぎなかった。それが現在のように有名になったのは、一九一一年にルーブル美術館から盗まれ、犯人を国際手配する羽目になったからにほかならない。世界中がこの謎の盗難事件に注目し、ニューヨークやパリ、ローマなどのあちこちの大都市で、小説よりも奇妙なエピソードが生まれた——一時期、あのピカソでさえ、事件への関与を疑われて誤認逮捕されてしまうのだ。『モナ・リザ』が至宝となったのは、行方不明だった二年間に起きたそのようなドラマのおかげである。[9] もしオークションにかけられたならば、一五億ドルという前代未聞の値段がつくと言われている。芸術品には本来、価値がないというならば、その一五億ドルという価格はいったいどこから生まれるのか。それは、ネットワークである。美術界は「成功の第一の法則」を見事に証明している。

パフォーマンスが成功を促す。
パフォーマンスが測定できない時には、ネットワークが成功を促す。

前章で見たように、テニスの世界ランキングや企業の四半期報告書のように、明確な測定基準がある場合には、パフォーマンスが成功を生む。プロとアマとが一緒にゴルフコースをまわったら、その違いは歴然だろう。そして優れた選手に対して、世間は時として金額的にも社会的にも不釣り合いなほど大きな報酬を与える。だがもし、手や指に絵の具をつけて子どもが描いた絵と現代絵画とを並べて飾ったら、「プロの絵も子どもの絵とたいして変わらんじゃないか」と言い出す、怒りっぽい人たちもいるだろう。私は必ずしもその意見には賛成しないが、なるほど一理ある。どちらの絵が「優れているか」という判断は、時として難しい問題だ。人は文脈を手がかりに推測する。冷蔵庫に貼ってある絵と、ギャラリーの壁に掛かった絵。片田舎のギャラリーを飾る油彩と、ニューヨーク近代美術館を飾る油彩。五〇ドルの絵画と五〇〇万ドルの絵画。「小便器も署名をして、タイトルカードを付けて、ギャラリーに並べれば芸術になる」というマルセル・デュシャンの現実が教えてくれるのは、そのような文脈から読み取れる手がかりが、あなたの受け取り方を、理解の枠組みを、市場価格を決めてしまうということだ。だが、それらはまたネットワークによっても決まる。

アートの成功ルートは決まっている

この二〇年というもの、私は遺伝学から実業界までの幅広い分野でネットワークの働きを分析してきた。その分野にアートを含めたのは、つい最近になってからだ。それはあの世界が、スイスの銀行制度のように秘密主義だからであり、それゆえ、特定のアーティストの売り込みを仕事とする美術界の内部関係者でさえ、特定の作品が大きな美術館に収蔵されたり、目も眩むような額で落札されたりする理由をあまりよく理解していない。

幸い、データという精霊《ジーニー》を閉じ込めておくのは難しい。ノースイースタン大学ネットワークサイエンス研究所の若き准教授であるクリス・リードルと、ポスドクのサム・フライバーガーの会議に、私がふらりと顔を出した時のことだ。リードルが研究中のTシャツ販売について話を聞くためだったが、会議の終わりになって、アート世界の膨大な量のデータにアクセスできるとフライバーガーが言った時、私は耳をそばだてた。

私は高校時代からアートに情熱を注ぎ、一時は彫刻家を目指していた。一四歳の時には一ヵ月間、トランシルヴァニア地方のカルパティア山脈に位置する、美しいルネッサンス様式のラザー城で彫刻家の助手として働いた。だからこそずっと前から、ネットワークとビッグデータのレンズを通して、あの世界について研究してみたいと思っていた。フライバーガーによれば、そのビッグデータは一九八〇年から二〇一六年までの、世界的に活躍するアーティスト約五〇万人の経歴を網羅しているという。そのなかには、その三五年間に、八〇〇〇館近い美術館と一万四〇〇〇軒以上のギャラリーが催した、何十万回という展覧会の詳細な情報や、オークションで落札された三〇〇〇万点近い作品の情報が含まれる。データの提供元は、ニューヨーク在住のドイツ人美術史家マグナス・レッシュ。彼は、美術館やギャラリーが飾る作品やその価格を、美術愛好家が検索できる「マグナス」というアプリを開発した。

そのアプリを使えば、アーティストの情報をランダムに引き出せ、詳しい経歴も調べられる。たとえば私が関心を持っているのは、『ニューヨーク・タイムズ』紙が最近、特集を組んだ抽象画家のマーク・グローティアンである。彼は自分の作品を積極的に売り込み、画商を通さずに自分で価格を設定するという、特異な試みに挑戦している。[10] そんなことは美術界ではタブーである。ところが、彼の場合はかなりうまくいっている。マグナスでグローティアンのデータを調べると、彼の戦術は価格の急騰を引き起こしていた。最初の個展では、絵は一枚も売れなかった。次の個展ではやっと一枚売れたものの、わずか一七五〇ドル。二〇〇〇年代も半ばになると、精力的に個展を開いて売り上げを大きく伸ばした。二〇一七年の時点で、彼の作品についた最高額は、ニューヨークで開かれたクリスティーズのオークションで落札された時の約一七〇〇万ドルである。グローティアンに関心があり、彼の作品の価値を知りたければ、これは役立つ情報だろう。ところが、彼がどうやっていまの地位に上り詰めたのかを知りたい時には、その詳しい経歴ではなく、彼を成功に導いた見えざるネットワークに注目する必要がある。なぜなら、それは彼だけの現象ではないからだ。実際、あらゆるアーティストを成功に導くのは、その見えざるネットワークなのだ。

美術界が個々の作品を評価する際、そこには複合的な依存関係が働く。[11] アーティストの名声は、特定の美術館やギャラリーとの関係から生じる。同様に、美術館やギャラリーの名声も、特定のアーティストの評判から生じる。言い換えれば、美術館やギャラリーとアーティストとのあいだには、相互の信頼の上に成り立つ共生的な関係が存在する。アーティストは、自分の作品を評判のいいギャラリーに展示してもらいたい。対するギャラリーの名声も、評判のいいアーティストを引っ張って来られるかどうかにかかっている。つまり、アートの世界において名声は重要なだけでなく主観的でもある。そして作品の価値をつくり出すのは、目に見える影響と目に見えない影響であり、時に相反する様々な利害であり、莫大なお金である。

私たちはマグナスのデータを使って、膨大な数の作品の移動を観察し、分析した。五〇万人に及ぶアーティストの展覧会の履歴を整理することで、特定の作品を評判の高い美術館やギャラリーに展示するネットワークが明らかになった。美術館やギャラリーのあいだの作品移動を、見えないつながりとしてマッピングしたのである。たとえば、あるアーティストの作品を美術館Aが展示したあとで、ギャラリーBが展示した場合、美術館AとギャラリーBをつなぐことにする。

なぜそのつながりが重要なのか。それは、キュレーターたちが自分の決定の正しさを確認するために、お互いを見ているからだ。ギャラリーBが美術館Aの審美眼を信じているなら、あるアーティストの作品を美術館Aが展示すると、ギャラリーBが続いて同じアーティストの作品を展示する可能性が高い。つまり作品が移動する時、それは単なる作品の移動ではない。そこには、ギャラリーの経営者や美術館のキュレーターに対する、入念な調査や検討、評価がついてまわる。

分析の結果、絵画が世界中を転々とする様子がわかるマップが完成した。[12] こうして、膨大な数の美術館やギャラリーとつながる主要なハブの存在が明らかになった。ネットワークのハブはどれも、非常に影響力の強い美術館やギャラリーだった。ニューヨーク近代美術館、グッゲンハイム美術館、ガゴシアン・ギャラリー。さらにペースギャラリー、メトロポリタン美術館、シカゴ美術館、ナショナル・ギャラリー・オブ・アートが続く。どれもアメリカの美術館やギャラリーである。これらがロンドンのテート・ギャラリーやパリのポンピドゥー・センター、マドリードのソフィア王妃芸術センターといった、欧州の美術館と密接につながっていた。

もしあなたの作品がこれらのハブのどこかに展示されたのなら、あなたは〝成功のメリーゴーランド〟に乗ったも同然である。名だたる美術館やギャラリーのあいだを、難なくまわり続けられる。絵画は売れ、価格は急騰する。これらのハブは、アーティストを成功のルートに乗せてくれる。有名な美術館やギャラリーに展示されることで、美術界のスーパースターたる座が保証されたのだ。

ところが、成功ルートについてさらに詳しく見ていくと、アーティストをスーパースターの座へと押し上げてくれる美術館やギャラリーは、ごく限られた数しかないとわかった。ほとんどの美術館やギャラリーは、緊密に結びついたコミュニティに属し、そのコミュニティはお互いのネットワーク形成に忙しく、主要な美術館やギャラリーとつながることはほとんどない。もしあなたの作品がその〝離島〟のギャラリーに、そしてそのネットワークに属する別のギャラリーに展示されたのなら、あなたはその〝島〟に属するどんなギャラリーにも簡単にアクセスできる。ただし、その〝島〟のなかに閉じ込められたままだ。あなたを〝本土〟へ送り込んでくれる者は誰もいない。ところが、実際に影響力が大きいのはその〝本土〟のほうなのだ。

ネットワークマップを広げて、成功へのルートが限られていることがわかると、私は暗澹《あんたん》たる気持ちに襲われた。思い出すのは、東欧の孤立したギャラリーで作品を展示している、才能に溢れたたくさんの友人のことである。縄張り意識が強くて偏狭な美術界に彼らが閉じ込められ、身動きが取れなくなっている理由を、私はとつぜん理解した。

ネットワークのハブのある場所を見て、それならニューヨークかロンドン、パリに引っ越せばいい、と思いたくなるだろう。ところが、私たちのネットワークマップによれば、ただ大都市に引っ越せば済むという話ではない。知名度の高いハブは、お互いがどれほど遠く離れていようと、おもにそのなかだけでネットワークを形成している。ニューヨーク近代美術館やガゴシアン・ギャラリーから、歩いてすぐのところにある小さなギャラリーは、同じネットワークには属していない。そして、あなたの作品を初めて展示してくれたギャラリーが、大きなネットワークに属していなかった場合、あなたの作品はその後も、最初のギャラリーと同じような、小さなギャラリーに展示されているはずだ。たとえそのギャラリーがグッゲンハイム美術館の隣にあったとしても、その光輝くハブへとあなたを導いてくれる道を探し出すのは、なぜか不可能かもしれない。

当時、アーティストとして世界一稼いでいたアンディ・ウォーホルは、そのことを早くから理解していた。「アーティストとして成功するためには」ウォーホルは言った。「作品をいいギャラリーに展示してもらわなければならない。ディオールも、オリジナルデザインの服をウールワースでは販売しなかった」[13]。アートの世界には成功の共生関係がある。成功は本質的にフィードバック・ループを描く。ギャラリーは、有名なアーティストの作品を展示して名声を手に入れ、有名なアーティストは、評判のいいギャラリーで作品を展示してもらって名声を手に入れる。持ちつ持たれつの、なかなかうまい関係だろう?

美術界の知られたくない、だが公然の秘密として、いったんアーティストが成功したら、そのアーティストを「成功させておく」ことが誰の利益にもかなう。もし蒐集家が数百万ドルを払って、ある絵画を手に入れたら、その絵画がその後もずっと、最低でもその価値を維持することが、蒐集家、アーティスト、ギャラリーの利益にかなう。蒐集家なしにギャラリーは成り立たない。美術館も同じだ。蒐集家は美術館の理事会メンバーに名を連ね、自分のコレクションのなかから著名な作品を寄贈する。彼らは仲間の蒐集家にも影響を及ぼす。もしあなたがアーティストで、作品がオークションに出品され、落札者が現れそうにない時には、あなたのギャラリーの経営者か蒐集家が、たとえお互いに競り合うことになっても絵画を買い戻してくれる。そうすれば、落札価格によって作品の価値を維持できるからだ。もしあなたの作品を買っても、誰の利益にもならない時には? 通常の経済活動なら、ギャラリーは価格を下げて、多少なりとも経費を回収しようとするだろう。

ところが、アートの世界は違う。ギャラリーのウィンドーに「三〇パーセント値下げ」や「売り尽くしセール」の文字が躍ることはない。ギャラリーは絶対に値下げをせず、売れない絵画を壁にかけ続ける。金が上に流れることはあっても下に流れることはない。それがうまくいくのは、作品の質を判断する基準がなく、絵画の本質的な価値を測定する客観的な方法が存在しないからだ。王様は裸ではない――本質的な価値のない絵画に、ギャラリーや蒐集家、すなわちネットワークが服を着せてくれるのだ。この際、才能や創造性、美的感覚などというものは忘れたほうがいい。これらの言葉に、美術界の内部関係者は肩をすくめる。彼らが、レンブラントの『黄金の兜の男』と老兵の物思わしげな視線を忘れるのも早かった。アートの価値はネットワークにあり。『モナ・リザ』からバスキアの『無題』まで、ネットワークがなければ、どんな作品であろうとガレージセール行きなのだ。

美術界にパフォーマンスの測定基準はないにしろ、秩序がないわけではない。実際、アート市場に特有のパターンが見つかったために、当初は思いもしなかったことが可能になった。そのアーティストのキャリアが、ネットワークの中心で始まったのか周縁で始まったのかによって、ほぼどんなアーティストの運命でも、まるで占い師のように予測できたのだ。あるアーティストについて、その作品が最初の五年間に展示された美術館やギャラリーのデータをインプットすれば、次に展示される美術館やギャラリーのパターンが正確に予測でき、その後の何十年にもわたって、アーティストの軌跡をマッピングできたのだ。私たちのシミュレーションは実際のデータとぴたりと一致し、一流アーティストの作品は常に有名な美術館やギャラリーに展示されていた。ネットワークの周縁でキャリアが始まったアーティストの場合は、局地的な成功に終わり、その歩みも痛ましいほどのろかった。

なぜ私たちの予測はそれほど的中率が高かったのか。その理由はまさしく、美術界ではパフォーマンスが測定できないからだ。その作品がほかの作品よりも真に優れていると決定する方法がない時には、ネットワークが価値を決める。ある意味、1章で紹介した、「成功を決めるのはあなたやあなたのパフォーマンスではなく、社会である」という成功の基本前提をそのまま反映している。あなたのパフォーマンスに対する集団的な反応を決めるのは、ネットワークなのだ。

そう考えれば、私が敬愛する若い画家について、私が憂慮するのももっともだった。特に心配だったのは、一〇年以上も前に知り合ったトランシルヴァニア地方の画家、ボトンド・レーセグである。私の前著『バースト！　人間行動を支配するパターン』のイラストを描いてくれたレーセグは、素晴らしい挿絵によって、科学と歴史のナラティブをひとつに結びつけてくれた。[14]私は彼の絵画をこよなく愛し、自宅の壁にも何点か飾っている。レーセグのデータを私たちのマップにインプットしたならば、彼の将来について悲観的な気持ちになったに違いない。彼の展覧会のほとんどは、まさしくネットワークの周縁のギャラリーで開かれていたからだ。

だが、それは彼みずから選んだことだった。何年も前に、彼はルーマニアで最も有名な美術学校の教師の職を打診された。ところが、レーセグは一見、愚かに思える選択をして、彼と私の故郷であるチークセレダの村に戻り、自分の芸術を追求することに人生を捧げると決めた。美術界のまばゆい中心とは離れた場所でやっていく、というのが彼の下した決断だった。

それでは、同じような選択をして成功を掴んだ者はいないのだろうか。私たちはデータを分析して、ネットワークの周縁で活動を始めて、成功したアーティストを探した。

そして見つかった。五〇万人のうちのたった二二七人だけが、三流の美術館やギャラリーでキャリアをスタートさせたあと、華やかな〝メリーゴーランド〟をまわっていたのである。彼らは底辺から始めて壁を突き崩し、トップの座に躍り出た。その成功の要因に強く興味を惹かれた私たちは、何週間もかけて彼らの経歴を分析し、彼らが美術界の基準を外れて成功を掴んだ要因を突き止めようとした。

二二七人はそれぞれ独特の経歴の持ち主だったにしろ、共通するパターンも見つかった。キャリアをスタートさせてから一〇年以内に、スターダムにのし上がっていたのだ。世界ランキングを一気に駆け上がる一流テニス選手と同じパターンである。ランキング上位に駆け上がるテニス選手は、プロに転向して二〇回ほど大会に出場した時点で頭角を現す。テニス界でトップに立つ選手は、徐々に技術を磨くわけではない。彼らのような野心に燃える若い選手は素晴らしいスキルを武器に、試合に勝ち続ける。

ところが、アートの世界ではそのスキルを測定できない。となると、その二二七人が成功を掴んだ理由は何か。共通点がひとつあった。それは、初期の頃の積極的で粘り強いリサーチである。彼らはいつも同じギャラリーで展示されるという、安定したルートを避けていた。あちこちに網を投げては活動範囲を広げ、場所も評判も様々な美術館やギャラリーを開拓した。そして狙ってか偶然にか、ある時に作品を展示してもらったギャラリーが、アート世界の中心へと通じる道に位置していた。言い換えれば、彼らの成功の秘訣は、あちこちの美術館やギャラリーを〝物色する〟野心と意欲にあった。いつものギャラリーにこだわらず、幅広い選択肢を探し出して、いろいろな機会をうまく利用したのである。

となると、レーセグの将来にも大いに希望が持てる。彼は、絵の才能に優れているだけでない。実際に会ってビールを飲みながら話すと、つい好きになり、信用したくなるような人柄なのだ。すぐに打ち解けるばかりか、安心して家の鍵を渡したくなる。レーセグは生まれながらのネットワーカーだ。そしてその才能をさらに活かし、地元で非営利のギャラリーを経営して有望な画家の作品を展示し、アーティストやキュレーターや画商との関係を築いている。さらに重要なことに、予算の許す限り、遠くの都市を訪れては友人宅のソファーで眠り、美術界のエリートクラブの前に立つ門番たちと交流する。

そのような人柄のおかげで、レーセグは不可能を可能にした。彼がトランシルヴァニア地方の僻地の村で描いた作品は、ニューヨークの名高いギャラリーの壁にかかっている。それでは、レーセグはどうやって不可能を可能にしたのか。それは、丹念に絵具を施して、抑えた色調で描いた彼の大きなカンバスが、あくまでパーティの入場券に過ぎないという事実を、よく理解していたことによってである。今後、ひとりでも多くのパーティの出席者と交わり、つながることで、ネットワークをうまく活用できるかどうかはレーセグ次第だ。

人と違う道を行く時、つい不安な気持ちでいっぱいになるが、ぜひ覚えておいてほしい。誰にとっても成功するかどうかを決めるのは、地理ではなく、社会的なネットワークと仕事上のネットワークなのだ。そこには好機が溢れている。なぜならネットワークは、パワフルなハブによって——ネットワーキングが本当に得意な人たちによって——相互につながっているからだ。彼らのようなコネクターは、価値があると認めた相手や活動を、みずからの関係を使って支援する。ほかの人が見落とす好機を見つけ出すのがうまい。そして、自分が認めた相手や活動と好機とを結びつける。

忘れないでほしいが、個人のパフォーマンスを活かすためには好機が必要だ。「トップを狙うなら、底辺から一段ずつのぼって行くことだ」という思い込みは棄てたほうがいい。あらゆる分野のパフォーマンスがテニスのように明白ならば、それもいいだろう。だが、自分がナンバーワンだと証明できないのなら、その出世の階段をのぼって行くのは難しい。となると、企業の重役室や一流ギャラリーや憧れの職の面接結果を、自分のほうにぐいと引き寄せなければならない。

でも、どうやって？　その出世の階段を〝人づき合いの橋〟に変えるのだ。孤立して働いている人はいない。たとえ自分がそう思い込んでいる時でさえ、あなたはひとりではない。「成功とは集団的なものだ」という成功の定義に従えば、自分の仕事がほかの人に影響を与える方法について考えなければならない。もし、遠い目標を自分の目の前に引き寄せたいのなら、夢の実現に拍車をかけるハブを見つけ出して、そのハブに働きかける必要がある。一気にトップを狙うには野心が必要だ。アイビーリーグの出願者と若きテニス選手も同じだ。それは美術界の大物にも、優れたネットワーカーにも当てはまる。どの分野や学科や業界においても、成功を掴むつもりなら、ネットワークを使いこなせなければならない。なぜなら、「パフォーマンスが成功を促す。パフォーマンスが測定できない時には、ネットワークが成功を促す」という「成功の第一の法則」が唱える通り、パフォーマンスの測定が難しければ難しいほど、パフォーマンスは関係なくなるからだ。

ところで実際、パフォーマンスを測定することはどれほど難しいのだろうか。

「成功の第一の法則」を考察するため、私は意図的に両極端な分野を取り上げた。ひとつはパフォーマンスが詳細に、正確に測定できるテニス。もうひとつはパフォーマンスの測定が不可能なアート。ほとんどの職業はこの両極端な分野のあいだに位置する。つまり、ほとんどの人にとって成功はひとつの変数で決まるわけではない。あなたが弁護士か販売員、教師、あるいは投資銀行家ならば、程度の差はあれ、パフォーマンスもネットワークも重要である。

次章では、そのふたつのあいだに位置する分野に焦点を当てよう。より優れたパフォーマンスを見つけ出す単独の測定基準がない分野では、あなたは無意識のうちに複数の判断基準を使って定性的かつ定量的に評価し、〝最善の判断〟を行なっている。問題は、その〝最善の判断〟が必ず間違っていることだ。

成功の第二の法則

パフォーマンスには上限があるが、成功には上限がない。

「成功の第二の法則」は、あなたの選択に影響を与える隠れた要因について論じる。最上級のワインや最も優れたピアニストを、専門家が選び損ねてしまう理由を説明する。同じ試合に出場して、タイガー・ウッズと戦うライバルの成績が振るわない理由も、最後に面接を受けた者が職にありつきやすい理由も教えてくれる。

4 そのワインの価値はどのくらいか
——決められない価値を、どうやって決めるのか

ここはワインの品評会会場。蛍光灯の下で、新品同様のグラスがきらめきを放つ。ワインが並ぶテーブルの上に身を乗り出すようにして、審査員が次々と品定めをする。ワインボトルには、番号のラベルを貼った黒いプラスチックのカバーが被せてあり、凝ったデザインのラベルは見えない。審査員はどのワインか知らないまま、グラスに液体を注ぐ。ローズゴールド、深いバーガンディ、薄い琥珀色。美しく輝く液体が殺風景な部屋を彩る。審査員はグラスを目の高さに持ち上げて、円を描くように小さくまわして色を確かめたあと、香りを嗅いで口に含む。口のなかでワインを転がし、特定品種の微妙な違いを真剣な面持ちで突き止めようとする。クリップボードに挟んだ用紙にチェックマークを入れて、コメントを書きつけていく。同じ作業を二度繰り返す者もいる。いずれにしろ、審査員は厳正に、真剣にこの仕事に取り組んでいる。[1]

これは、ボブ・ホジソンにとってお馴染みの光景だ。この穏やかな話し方をするワイン醸造家は六〇代後半。白い顎ひげを短く刈り込み、銀縁の眼鏡をかけている。ギリシャ神話の酒神ディ

オニュソスの忠実なる僕《しもべ》というより、大学教授を思わせる風貌だ。まさに大学で教鞭を執っていたことのあるホジソンは、海洋学者からカリフォルニアのブドウ農家に転身した。ホジソンが驚いたのは、品評会で自分のワインが受ける評価に、大きなばらつきがあることだった。たとえば彼の九三年もののジンファンデルは、ある品評会ではゴールドメダルを獲ったが、別の品評会ではまったく評価されなかった。いっぽうで絶賛された赤ワインが、もういっぽうでは審査員に肩をすくめられてしまったのである。この結果を不可解に思ったホジソンは、自分自身も審査員になった。ところが、その体験もあまり役に立たなかった。自分が高く評価したシャルドネが最終審査に残らなかったり、これはダメだと思ったメルローがゴールドメダルを受賞したりしたからである。

ホジソンは審査員を辞めた。評価がこれほど矛盾するのは、自分にその才能がないからに違いない。とはいえ、彼のブドウ園の成否は審査員仲間が下す評価にかかっている。しかも、評価のプロセス自体に欠陥があるのではないかという疑念も拭えない。失うものは大きい。倉庫に積まれた何ケースものワインの運命がかかっているのだ。どう考えても、品評会の結果は一貫していない。それどころか〝一貫して〟ばらつきがあるように思える。元海洋学者のホジソンも、ついにこれはおかしいと断定した。

カリフォルニア・ステートフェアのワイン品評会は北米で最も歴史があり、それゆえ最も権威あるコンクールのひとつだろう。ここでゴールドメダルを獲得したワイン醸造所は、小売価格を上げることができ、競争の激しい市場で生き残るチャンスも高まる。優れたワインの目利きについて、審査員の判断は果たしてどのくらい正確で矛盾がないものか、ホジソンは強く好奇心をそそられた。そして自身も品評会の諮問委員を務めていたために、同僚のメンバーにある実験を持ちかけた。

二〇〇五年の品評会が開かれた時、審査員は例年通り、伝統的な手順を踏襲していた——それぞれのワインをテイスティングして、甘み、酸味、渋味、果実味、コクを評価する。詳細にメモを取る。香りを嗅ぎ、口に含み、噛むようにして口のなか全体に転がして、吐き出す。だが、その日の審査には例年とは違う点があった。ホジソンが提案した実験によって、「審査員は同じワインを繰り返し試飲することになっていた」のだ。つまり、審査員は同じワインを三度、ランダムな順番で試飲しなければならない。すると、これまでの審査の欠点が——以前はホジソンがただ疑問に思っていただけの一貫性のなさが——とつぜん明らかになった。ひとりの審査員は最初の試飲で、あるワインに八〇点という低い評価をつけていた。そのすぐあと、まったく同じワインを試飲した時には、九〇点というかなり高い評価を下した。そして三度目には、同じワインとは気づかずに、ゴールドメダルに値する九六点をつけたのである。「まったく同じワインなのに、別のワインであるかのような得点をつけたのです」。ホジソンはそう説明する。そして、「ワインが品評会で賞を獲るかどうかは大きく運に左右される」という結論に達した。[2]

男子一〇〇メートル走の限界は八・二八秒

人類史上最速のスプリンターであるウサイン・ボルトの自己ベストは、ヨハン・ブレイクとタイソン・ゲイの自己ベストをわずかコンマ一一秒上まわる。[3] そのたった一パーセントの差を検知するためには、世界レベルの競技会でのみ使用される、極めて精密な時計やビデオ判定が必要になる。ボルトと私が並んで走れば、もちろん私の走りはお笑い種だ。だが実際、ボルトと私の差はさほど大きくない。ボルトは私の二倍も速く走れない。一〇倍速いわけでも、一〇〇倍速いわけでもない。なぜなら物理的に、ボルトのスピードには上限があるからだ。科学の世界では、その上限を「有界」と表現する。優れたランナーの多くがその有界に近づきつつあり、一部の者は近づき過ぎて、高精度のツールがなければ誰が最速かを判定できない。背の高い者と低い者とを、足の速い選手と遅い選手とを、最上格付けのワインと二束三文のワインとを比べるのは簡単だが、背の高い者どうし、足の速い選手どうし、最上格付けのワインどうしを比べるのは難しい。

ホジソンが感じていた懸念の根底には、単純な問題がある。品評会で審査員が評価するワインはたいてい格別に出来がいい。ほとんどの品評会がそうだ。ホジソンとボルトの話はどちらも、「パフォーマンスには上限がある」という証拠にほかならない。

抽象的に聞こえるかもしれないが、私が研究する定量的な世界では、その表現は明確な意味を持つ。人間のパフォーマンスは、「ベル型曲線」のような分布に従う。[4] ベル型曲線は、身長やI

Qの分布を説明する際に使われ、真ん中が高く盛り上がり、左右が緩やかに低くなり裾を引いている。確率の分布を示し、人間の違いの散らばりを表す。ほとんどの人は平均身長に近いため、ベル型曲線のいちばん高い真ん中あたりに位置し、特に背が高いか低い人は左右の裾野付近に位置する。この曲線を見れば、巨人がおとぎ話のなかの登場人物である理由がわかるだろう。平均から離れるにつれ、ベル型曲線は指数関数的に減衰し、飛び抜けて背の高い〝外れ値〟にある人は指数関数的に稀になる。ベル型曲線は人間の足の速さにも当てはまるため、フェラーリとスピードを張り合って走れるような選手はいない。ウサイン・ボルトやヨハン・ブレイク、タイソン・ゲイといった世界最速クラスのスプリンターでさえ、ベル型曲線の上限の裾野を超えられない。事実上、その曲線の有界につま先をぶつけている状態である。

すぐには信じられないだろうが、「パフォーマンスには上限がある」という事実のおかげで、いろいろなスポーツの将来の記録も予測できる。インディアナ大学で「成功の科学」を研究する、ネットワークサイエンティストのフィリッポ・ラディッキは数年前、オリンピック記録を一八九六年までさかのぼり、パフォーマンスの伸びがベル型曲線に沿うことを発見した。[5] そして、その事実に基づいて将来のオリンピック記録を予測した。たとえば二〇一二年のロンドンオリンピックの前、ラディッキは、男子一〇〇メートル走の記録を九秒六三プラスマイナス〇・一三秒と予測していた。そしてまさにその通り、ロンドンオリンピックの男子一〇〇メートル走決勝に出場したボルトは、自身が持つ北京オリンピックの記録を更新して、九秒六三で駆け抜けたのである。

同じく女子一〇〇メートル走については、一〇・七三秒プラスマイナス〇・〇二秒と予測していた。すると、ジャマイカのシェリー＝アン・フレイザー＝プライスは、ラディッキが予測した誤差の範囲である一〇・七五秒で金メダルを獲得した。

パフォーマンスには上限があるため、究極の限界を驚くほど正確に予測できる。ラディッキによると、望みうる男子一〇〇メートル走の最速記録は八・二八秒だという。それが、全力疾走した際のパフォーマンスの限界値である。現在の世界記録とは一・三秒しか違わない。超人的な力を発揮できる技術を開発するか、遺伝子工学で新型のアスリートをつくり出すか、選手をドーピング漬けにしない限り、人類はそれ以上早く走れない。

もしパフォーマンスに上限がなければ、選手はどんどん速くなり、以前の記録を破り続けるはずだ。だが、そんなことは起こらない。だから一定の記録に達したあとは、ライバルを圧倒的に凌ぐことは不可能である。そう謙虚に受け止めることだ。なぜなら、たとえあなたが天才的な外科医であろうと、非凡なエンジニアであろうと、超絶技巧のピアニストであろうと、あなたと同じくらい素晴らしい外科医やエンジニア、ピアニストはたくさん存在する。何十万ドルもの授業料を支払い、何千時間も努力して、ようやくその世界のトップに上り詰めたとしても、まわりを見渡した時、そこには必ず誰かがいる。企業で働いているのなら、あなたに負けない学歴と才能と経験を持ち、同じくらい意欲に燃える勤勉なライバルが少なくとも数人はいるはずだ。あなたのパフォーマンスは彼らのパフォーマンスと比較して測定される。到達できる上限もやがてわかってくる。トップを極めた者はみな、パフォーマンスの同じ上限に繰り返し跳ね返される。となると、ここで重要な疑問が湧く。素晴らしいライバルがたくさんいるのなら、そのトップのなかから、さらなるトップをどうやって見つけ出すのか。パフォーマンスを測定できない時には、そのトップをどうやって決めるのか。

ワインのゴールドメダルはどう決まる？

ワイン品評会の審査員が同じワインに違う点数をつけてしまうのは、経験不足や準備不足や注意不足だからではない。彼らがワインをうまく審査できない大きな理由は、どのワインも極上だからである。こだわりのブドウ園が生産した二〇〇ドルのピノ・ノワールのすぐあとに、大壜《おおびん》に入った料理用ワインを飲んだら、私でさえ明らかな違いに気づくはずだ。ところが、新年を祝うシャンパンを選ぶ時に私が頼りとするのは、恥ずかしながら値段だけになりそうだ。最高級と最上級との違いを判断するだけの味覚が私にはない。ところがホジソンによれば、専門家もまたそうらしい。

「パフォーマンスが成功を促す」にしろ、問題はトップレベルのライバルたちに実力の差がほとんどなく、その違いがほぼ測定不可能なことだ。そしてそのせいで、中学校の体育館に貼ってあった「練習は嘘をつかない」という、古くさいが、真実には違いないあのメッセージが複雑なものになる。練習が重要なのは間違いない。そして、多くの人間が上限に近づいている。だが、成功に近づいたからといって、報酬を受け取れるのはごく一部の人間だけである。だから、上限に近づくにつれ、パフォーマンスは成功の決定要因ではなくなる。

ワイン品評会の審査は一見、すごく簡単そうだ。時には、一日に一五〇本もの素晴らしいワインを味わえる。[6] ところが、彼らの仕事は非常に難しい。どのブドウ園も最高の出来のボトルしか出品しないため、審査員は優劣つけがたいワインばかり試飲し続ける。そのうえ〝ストップウォッチ〟もない。グラスを鼻の高さに持ち上げて香りを嗅ぎ、口のなか全体で転がして、どのマルベックが圧倒的な勝者かを判断するシンプルなツールすらないのだ。人間のパフォーマンスについて言えば、ほとんどの分野において〝ストップウォッチ〟はない。バイオリンのコンクールでも、ポップ・ミュージックのコンテストでも、文学賞やベストドクター賞の選定にしても、あるいは前章で見たように、ギャラリーの壁にかかっている〝最高傑作〟を決めるにあたっても。

パフォーマンスに上限があるということは、どのワイン品評会にも欠陥があるという意味だろうか。ボブ・ホジソンのデータを見れば、そう思わざるを得ない。[7] ホジソンが先の実験を四年続けて行なったところ、驚くような結果が明らかになった。同じワインを三度試飲して、三度とも同じ評価をつけた審査員は全体の一八パーセントしかいなかったのだ。ごく稀なケースとして、特定のワインの点数が三度とも同程度のことはあった。そのワインには、ほぼ例外なく低い点数がついていた。ある審査員がそのシャルドネを最初の試飲で気に入らなければ、二度目も三度目も低い点数をつけていたのだ。人間は駄作を指摘するのはうまい。ところが優れたワインの場合には、八二パーセントもの審査員がころころ意見を変えていた。同じ審査員のスコアカードのなかで、同じワインがゴールドメダル級になったり、最低ランクになったりしていたのだ。

そうと知って、ホジソンは不安に思う反面、がぜん興味を惹かれた。彼には同業者の仲間を傷つけるつもりはない。ただ欠点を見つけ出して、品評会のシステムを改善したいだけである。そこでホジソンは、データを別の観点から検討することにし、優れた審査員かそうでない審査員かを特定しようとした。ゴールドメダル級のワインを確実に見分けられる〝ゴールドメダル級の審査員〟はいるのだろうか。ホジソンは再びデータに向かい、正確でパフォーマンスの高い審査員を探し出した。確かに何人かは見つかった。毎年、審査員の一〇パーセントが、同じワインに対してかなり一貫した評価を下していたのだ。もし最初の試飲で、あるワインをゴールドメダルに値すると評価した場合には、二度目も三度目もゴールドメダル級と評価していた。別のワインに低い点数をつけた場合には、二度目も三度目も低い点数をつけていた。ほっと安堵する結果である！　もし彼らのような頼れる審査員を見つけ出して、毎年参加してもらえたら、ワインの審査を信頼のおける科学にできるに違いない。ところが最後の年に、そのゴールドメダル級の審査員の四年間のパフォーマンスを比べたところ、またもや不安な結果が出た。なぜなら、今年と過去の実績とのあいだには何の相関関係も見られなかったからだ。ある年、非常に安定していた審査員が、その翌年には安定性がなかった。どうやらどの審査員についても、教わったり磨いたりできる特定のスキルもなければ、信頼の置ける味覚というものもないらしい。

「悔しい気持ちをこらえて『審査結果はまったくのランダムだ』などと言いたくはありません。ランダムではないと信じたいです」。ホジソンは続ける。「ですが、結果を見ればそう言わざるを得ません」。かつて審査員を務めていたホジソンとしては認めたくないにしろ、私自身はこう思う——データを見れば、審査結果がランダムなのは明らかだ。店頭に並ぶワインボトルに貼ってあるゴールドメダルのシールは、根拠に乏しい専門家《ジャンク・サイエンス》の意見に基づいたものだ。賞を獲ったワインの出来が悪いという意味ではない。それどころか、どのワインも最上級の出来栄えだ。そしてまさにその理由ゆえ、品評会でゴールドメダルを獲ることはほとんど運なのだ。

面接官が覚えているものとは？

数年前、私はあるコンサートホールで、中国出身のピアニスト、ラン・ランの演奏を聴く機会に恵まれた。卓越した才能で知られる、間違いなく世界で最も優れたピアニストのひとりである。ラン・ランの演奏を聴くのは初めてだったが、私はすぐにその音色に耳を傾けるのが難しくなった。彼の身振りに目を奪われてしまったからだ。高い音程の鍵盤を叩く時に、大仰に体を傾ける。鍵盤の上でドラマチックに片手を浮かせたまま、その指をぱたぱたとはためかせる……。もちろん彼の才能には驚いたが、その身振りにはひどく戸惑った。

そのようなラン・ランのショーマンシップには目的があることが、やがてわかった。ユニヴァーシティ・カレッジ・ロンドンの客員教授を務めるチア・ジョン・ツァイは、プロの音楽家とクラシック音楽に疎い一般人とを被験者として、あるクラシック音楽のコンクールの優勝者を、三人の候補者のなかから次の三つの方法で予想してもらった。[8] 最初のグループは、三人の演奏を聴く。次のグループは、音の入った動画で判断する。そして最後のグループは、音を消した動画のみで優勝者を予想する。この最後の方法は、最も優れた〝音楽家〟を選ぶ実験としては馬鹿げたやり方に違いない。

実験前には、プロも一般人も、演奏を聴くという最初の方法が最も正解率が高いはずだと考えていた。何と言っても〝音楽〟コンクールなのだから。ところが、実験の結果、動画はなく音だけを頼りにした最初のグループの正解率は、わずか二五パーセントに過ぎなかった。これがマークシート方式の試験だったら、選択肢が三つしかないことを考えれば、かなり低い正解率と言わざるを得ない！　音だけを頼りにした被験者は、実際の審査員の判断とは違う候補者を優勝者に選んだのである。

驚いたことに、優勝者を最も正確に選んだのは、音のない動画を見たグループ――実際の演奏も聴かず、情熱的に鍵盤を叩くピアニストの動画だけを見たグループ――だった。この最後のグループは、プロも一般人もどちらも正解率が約五〇パーセントだった。言ってみれば、実際の演奏も聴いていない被験者が、実際の演奏を聴いた被験者よりも正解率が二倍も高かったことになる。プロも一般人と同じくらい正解率が低かったが、プロの音楽家のほうが正解率が低いケースもあった。

さて、ここでこの実験結果の意味するところをじっくり考えたい――すなわち、実際のコンクールの審査員も、自分が聴いた演奏ではなく、自分が見た光景に基づいて優勝者を選んだに違いない。実験データに従うなら、次のような驚くべき結論に達する。音楽界のラン・ランたちは、リサイタルを開けばファンが押し寄せて、チケットは完売になる。だが彼らが崇拝されるのは、ライバルよりも圧倒的に素晴らしい音楽を生み出すからではない。彼らが優れたピアニストであると同時に、〝いかにもそのように見える〟からだ、と。

以前、私はこんな話を耳にした。ある女性が、面接に現れたその求職者を採用したのは、彼がピンクのソックスを履いていたからだというのだ。求職者はみな優秀だったが、面接続きの長い一日を終えてみれば、結局、印象に残っていたのはその明るい色合いのソックスだった。ピンクのソックスは、2章で紹介したブルジュ・ユジェソイのタトゥーと同じである。タトゥーは、ユジェソイの優れた履歴書と同じくらい私に強い印象を残した。これまで私が採用してきた研究者たちのセールスポイントをリストにするなら、思い出すのはその身振りやちょっとした特徴である。面接が終わって退出する直前に飛ばしたジョーク。履歴書に書いてあった興味をそそるスキル。色やかたちがユニークな眼鏡。ちょっと変わった笑い方……。採用の責任者である私は、面接のあいだに相手の価値観やパーソナリティを摑もうとする。みな書類審査をくぐり抜けてきた精鋭揃いのため、私は必然的に履歴書にはない特徴を読み取っている。

この話をあなたの体験に活かすならば、面接の場では本当の自分を出したほうがいいということだ。意外な答えやユニークな体験談のおかげで、ライバルを一歩リードできるかもしれない。パフォーマンスには上限があるのだから、自分が目立つような小さな方法を見つけ出して実行してみれば、大きな効果が望める。

ここで誤解のないように言っておくと、私は小手先の戦術を勧めているわけではない。重要なのは、並みいる候補者のなかで自分を際立たせることだ。決め手となるデータがない時、人間の決定に影響を与えるのは、ほんのちょっとした要素か、時にはまったく無意識の要素なのだ。見え透いたお世辞や仰々しい態度は必要ない。ユジェソイは、私の歓心を買おうとしてタトゥーを入れたのではない。面接に来た時、すでに左腕に施してあったのだ。だが、それはユジェソイのパーソナリティの一面をよく表し、彼女を特別な存在にしていた。パフォーマンスに上限がある時には、そのような小さな違いが大きな違いを生む。

ツァイの実験から学ぶものがあるとすれば、それは、自分をプレゼンテーションする際には、言葉以外の面がいかに重要かということである。演奏だけを頼りに優劣を判断できない時、審査員はパフォーマンスの別の面をもとに判断を下す。それは、ピアニストの衣装や演奏スタイルかもしれない。ショーマンシップや顔の表情かもしれない。それらの要素が、曖昧で測定し難い、音楽という海の表面に浮かび上がるのだ。

演奏順、演技順の影響

どれほど権威あるコンクールであろうと、それらの「バイアス（偏向）」と無縁ではいられない。有望な新人を発掘する、クラシック音楽界の「アメリカン・アイドル」とでもいうべき、「エリザベート王妃国際音楽コンクール」もそのひとつである。[9] 一九世紀のオーストリア皇后の名前を冠したそのコンクールは、一九三七年にまずバイオリン部門で始まり、ピアノ、作曲、声楽、チェロの計五部門で開催されるようになった。バイオリン部門の優勝者には、多額の賞金のほかにも副賞として、誰もが一度は手にしたい名器ストラディヴァリウスが四年間貸与される。だが、何よりも優勝者には名声が与えられ、一流コンサートホールへの扉が開き、世界中から高額のレコーディング契約が舞い込む。

この国際音楽コンクールは、数多くのルールを遵守してバイアスを排除した公正性によって、長年、高く評価されてきた。毎年一、二部門が開催され、将来有望な八〇人前後の音楽家がベルギーのブリュッセルに集って腕を競い合う。一部門最大一二人のファイナリストが選ばれると、このコンクールのために特別に作曲された協奏曲が、課題曲として与えられる。全員が初めて与えられた同じ曲で最終選考に臨むというルールのために、長く磨きをかけてきた自分の得意な曲で優勝を狙うことはできない。加えて、演奏日も抽選によって決まるうえ、どの演奏者も練習期間が必ず一週間になるように課題曲が発表される。毎晩ふたりずつが最終選考に臨み、評価もその場で行なう。審査員はあとで評価を訂正することも、審査中に誰かと相談することもできない。これらの細かなルールにおいて、このコンクールは、最も才能ある音楽家を選び出してその努力に報いる、クラシック音楽界の最高の試みとされている。

それでも、その選考プロセスには欠陥がある。ピアノ部門を例に取ろう。一九五二年から九一年までピアノ部門のコンクールは計一一回、毎回同じルールのもとに開催されてきた。各ファイナリストの演奏日と演奏順は抽選で決まるため、決勝何日めの何番目のピアニストが優勝してもおかしくない。ところが四〇年間の記録を詳しく調べてみると、不可解なパターンが浮かび上がる。まず、決勝初日に演奏して優勝した者はひとりもいない。二日目に演奏した優勝者がふたり。最終日がひとり。残り八人のうちの実に四人までが、五日目に演奏している。これは奇妙ではないか。

もちろん、そのようなことも偶然には起こりうる。続けてサイコロを振ると、三、五、六、三、一、二のような目は、六、六、六、六、六、六よりもずっと出やすいと思いがちだ。もし六回続けて六が出たら、天の采配かと思うだろう。だが実際、どちらの出目が出る確率もまったく同じだ。そう考えれば、このコンクールのピアノ部門の結果も、不可思議な偶然と片づけることもできる。ところが、ふたりの経済学者がその結果を統計学的に分析したところ、偶然ではとても説明がつかないという断固たる結論に達した。実際、決勝初日の演奏者が優勝する確率はずっと低く、決勝五日目の演奏者よりも、全体的にほぼ三つも順位が低かった。また、演奏する順番も最終順位に影響を与えていた。その夜、二番目の演奏者のほうが、一番目の演奏者よりも順位がひとつ高いという傾向が見られたのだ。性別も影響を与えていた。性別以外の条件が同じだとすると、女性は男性よりも決まってふたつほど順位が低かった。同じ才能がありながら、決勝「初日」の「一番目」の「女性」ピアニストは、決勝「五日目」の「二番目」の「男性」ピアニストよりも、約六つも順位が低かったのである。

このコンクールにおいて、「性差による偏向《ジェンダー・バイアス》」が大きく働いていることは間違いない。だが、それだけが決定要因ではない。専門家がほかにも指摘するのは、次のふたつのルールの影響である。第一に、決勝進出者は全員、同じ協奏曲を演奏しなければならない。この独特なルールのおかげで、全員が同じ公平な条件のもとに置かれる。だがその協奏曲は演奏者にとってだけでなく、審査員にとっても新しい。楽譜を読んだだけで、その楽曲をすべて理解できる審査員はほとんどいない。つまり、その曲の最も繊細なパートは、何度も聴いたあとでなければ浮かび上がってこない。審査員がその課題曲を、決勝進出者から初めて聴いた時には、耳慣れない感じが拭えないだがやがて、一人またひとりと演奏を聴くうちに、徐々にその曲のことがわかってくる。決勝の初日は、審査員も課題曲を聴くことに精一杯で、演奏者の曲の解釈や繊細なアプローチ、それらが醸し出す音質や音色までにはとても気がまわらないだろう。

第二に、審査員がたとえ、決勝初日の最初に演奏するピアニストの演奏を、その真価に応じて正しく評価〝できた〟としても、そのピアニストは別のルールの影響を受ける。すなわち、審査員はいったんつけた評価を変更できない。最初のピアニストが素晴らしい演奏を披露したとする。その時、審査員のあなたはそのピアニストに最高点をつけるだろうか。答えはおそらくノーだろう。後日、さらに素晴らしい演奏を聴いた時に、それ以上の点数をつけられなくなってしまうからだ。コンクールが進むにつれ、審査員はその課題曲を聴く耳が肥えるだけでなく、うまく評価できるようになる。気に入った演奏に対して気前のいい点数を出すようになり、あとになるほど評価の基準も緩む。

高尚というオーラをまとったワインやクラシック音楽について、誰でも〝専門家〟の意見をありがたく鵜呑みにしがちだ。そのような高尚な話題のこととなると、つい気後れしてしまう。そしてワイングラスから漂う濃厚な香りを嗅いで、「かすかに溶けたアスファルト」だの「アグリフルーツを積んだ手押し車」などという、奇妙なご託宣を述べる人種の意見を全面的に信用する。[10]あるいは、バイオリニストが微妙に強調した協奏曲の一節を、簡単に聴き分けられると思しき専門家の意見を重視する。難解で深遠な分野では、何十年もの伝統があるルールに誰も疑問を呈したりしない。

だが現実問題として、そのルールの欠陥は、コンクールの結果を左右してしまっている。研究者が「即時性バイアス」と呼ぶ心理的作用である。すなわち、人間は意思決定に際して、過去の感情よりもその場の感情に強く影響される。その影響は、エリザベート王妃国際音楽コンクールでも明らかだ。審査員の脳のなかで即時性バイアスが働いて、あとの演奏者ほど有利になる。それはまた、欧州で半世紀以上の歴史を誇るユーロビジョン・ソング・コンテスト［訳注　一九五六年から欧州で開催されている国別対抗歌謡祭］にも当てはまる。夜遅くに登場した出場者のほうが、自国にトロフィーを持ち帰る可能性が高いのだ。一九九四〜二〇〇四年のフィギュアスケートの大会を分析した論文では、当時のルールで滑走順を抽せんで決めていた試合で、同じような効果を見つけ出した。選手は希望を胸にリンクに飛び出し、ひとりずつ、ライバルとほとんど同じ戦略や動作で演技を披露する。リンクに花が投げ込まれ、選手がリンクの脇から堂々とした態度で手を振る。演技の終了とともに最終的な審査が始まる。彼らが得点を待つ様子をテレビで見守る。点数が場内アナウンスされると、選手は顔を綻ばせて笑うか、しかめ面をする。カメラはしばし、そのドラマを切り取って映し出す。そして、スパンコールのついた衣装に身を包んだ次の選手が、リンクの中央でポーズを取る。

いかにも透明で公正に思えるが、実際はそうではない。滑走順があとになればなるほど、得点は上がっていく。後半に登場する選手のほうが――いつも必ず、奇跡のように――演技がうまいように見える。運命を決めるのは、やはり演技を披露する順番なのだ。[11]

パフォーマンスの上限で幅をきかせているもの

ワイン、クラシック音楽、ポップ・ミュージック、フィギュアスケートの審査で、そのようなバイアスが存在するのならば、ほかの分野でも同じようなバイアスが働いていると考えてもおかしくはないだろう。あなたがどんな職業に就いていようと、パフォーマンスには上限があるため、トップレベルの同僚のなかで頭一つ抜け出すことは、どうしても難しい。

私が特に驚いたのは、スペインの裁判官採用の面接試験である。[12] 準備万端の裁判官志望者が、居並ぶベテラン判事を前に、「一般教養」「言語」「歴史、法律、文化、経済」の三つのカテゴリーの質問に答える。ずらりと並んだ雲の上の存在のような判事の前で面接試験に臨む志望者は、さぞかし落ち着かない気持ちに違いない。しかも、自分の将来がその面接結果にかかっているのだから、冷や汗ものの悪夢である。権威ある判事に覗き込むようにして見つめられながら、幅広いテーマの質問に答える。あとはもう、幸運を祈って頭をフル回転させるしかない。

だが、その不安な面接の場が唯一の審判の時というわけではない。数週間前、面接日が決まった時に、すでに合否の確率は決まってしまっているのだ。面接日が月曜日なら、状況は不利である。週前半に面接を受ける勇敢な志望者は、合格の可能性が約五〇パーセントしかない。それなら、面接日が金曜日の志望者は？　それはラッキーだ！　合格の可能性が約七五パーセントに跳ね上がるからだ。この合格率の差は、志望者の相対的なパフォーマンスとはほとんど関係がない。

だが本来ならその差は、面接日の曜日に関係なく、本人の一般教養や専門知識、試験勉強の程度に基づいてしかるべきだ。そもそも、そのための試験ではないか。それにもかかわらず、スペインで次の重大事件に判決を下す判事が面接試験に合格したのは、あちこちで目につく即時性バイアスのおかげかもしれないのだ。

とはいえ、それも関係ないことかもしれない。そうやって試験に合格した裁判官の卵も、やがて法曹界でパフォーマンスの上限に直面する。面接試験の結果は確かに完璧とは言えないにしろ、コンクールや面接試験は、おおぜいの候補者のなかから適任者を選ぶ妥当な方法だ。だって、そうだろう?

私もほとんどそう納得しかけた。だがその時、アメリカ食品医薬品局（ＦＤＡ）が、新しい医療機器を承認するプロセスについて知った[13]。承認審査を行なう会議の席で、出席者は議長の決めた席順に従って会議テーブルを囲んで座る。まずは医療機器メーカーと、公的なふたりの専門家がプレゼンテーションを行なう。その後、議長がその専門家の隣に座った出席者に意見を求める。そして議長の求めに応じて、時計まわりか反時計まわりに各メンバーが問題を提起していく。そうすれば理論的には、全員に公平な発言の機会を与え、誰でも懸念を表明できることになる。

ところが、そうはいかない。その医療機器が認可されるかされないかはたいてい、最初に発言を求められたメンバーの意見によって決定する。その出席者が、重要な問題の枠組みを決めてしまう。あとの発言者は事実上、新しい問題を提起しにくい。最初のメンバーが提起した問題が、すでに議論の方向性を決めてしまっているからだ。言ってみれば、その医療機器の承認を左右するのは、会議のメンバーの席順と発言順なのである。

今度、あなたが手術を受ける時のことを考えてみよう。執刀医が画期的な治療法を提案してくれたのは、会議の最初のほうで、誰かがその重要性を主張してくれたおかげかもしれない！　そう聞くと驚くかもしれないが、あなたにも同じような経験があるはずだ。大学教授の私は、いくつか委員会のメンバーを務めている。部屋の後ろでペイストリーとコーヒーの朝食を簡単に済ませたあと、いつもベストを尽くして会議に参加しようとする。緊急の課題について話し合うためにメモを持ち込んだりもする。だが、意見を集約する方向に向かっている時に反対意見を唱えるのは、激流に向かって泳ぐようなものだ。もちろん私はその流れを変えようとするが、メンバーはすでに態度を鮮明にし、とつぜん攻撃的になったり守勢にまわったりする。ちらちら時計を気にし始め、メールをチェックし始めた雰囲気のなかで、細かい問題を持ち出したい者がいるだろうか。何が何でもという場合でもない限り、私も細かい問題は忘れて一日を始めることにする。

だが、ものごとはいつもそう単純ではない。誰かのクビがかかっているとか、教授会の投票で、そのポスドクの研究者人生が終わってしまうような場合には。国民の健康に影響を与えるＦＤＡの委員会のような場合には。そのような重大な決定が、会議室に座ったメンバーの席順の結果だと知ったら？　私なら、とても穏やかな気持ちではいられない。

とはいえ、委員会のメンバーもどこかには座らなければならない。ピアニストは全員が一斉に演奏するわけにはいかない。判事も自分の判断力を働かせなければならない。だがワインの品評会からピアノの国際コンクール、フィギュアスケートの試合、裁判官採用の面接試験、ＦＤＡの承認プロセスまで、公平性を期すための仕組みやルールが、本来の目的とは逆の効果をもたらしているのだ。

パフォーマンスには上限があるため、いろいろな意味で、コンクールが本当の優勝者を選ぶことは難しい。審査員は優れた者と劣った者、足の速い選手と遅い選手、ベテランと駆け出しとを比べるわけではない。審査員に求められるのは、その分野の上限を押し広げようとしている人たちのなかから、ベストを選び出すことなのだ。動体視力に優れたベテラン判定員ですら、最初にゴールに飛び込んだ選手を見極めるためには、極めて精密な時計が必要だ。賞や職を争うトップレベルの候補者のなかで、誰がベストかを判断するのはそれ以上に難しい。

いっそのことコインでも投げて決めたらどうだ、などと言うつもりはない。とはいえ、選ぶのが難しいというのなら、トップレベルの候補者一〇人を選んで、全員に賞を与えたほうが公平かもしれない。そうでなければ、審査員に無茶な要求をしていることになる。人は、パフォーマンスとは関係のない変数をもとに判断を下す。そのため、女性よりも男性のほうが上位を占めやすい。だからこそ、ただ大袈裟な身振りで聴衆の心に鮮やかな印象を刻み込み、審査員の心に残るパフォーマーが賞を獲得するのだ。

偶発性がカギならチャンスもある

成功したいのなら、肝に銘じておくことがある。あなたのライバルはあなたと同じくらい優れているということだ。準備万端で、実績もあり、すぐに仕事に取りかかれる。ノートルダム大学で、私が初めてとなる准教授職の面接を受けた時のことだ。候補者のなかで、私がいちばん経験が浅かった。半年前に博士号を取得して、終了証書のインクは乾いたばかり。しかも二七歳と、候補者のなかでいちばん若い。案の定、あとで聞いた話によれば、私が面接を受けた時には、すでにほかの候補者が内々で決まっていたという。ところがなぜか、その職を得たのは私だった。その候補者にはない、どんな有利な点が私にはあったのだろうか。それは、私が最後に面接を受けていたことだ。

その私もいまでは、面接を前にした学生にアドバイスを求められる立場になった。私は自分の経験を思い出し、「成功の科学」に当てはめて考える。「面接の予定はいつだ?」と私は訊く。ただの気楽な質問ではない。

成績優秀なその学生は、その職に応募する資格がある。だが、パフォーマンスに上限があることを考えれば、ほかの志願者も、その学生に負けないくらい優秀であり、選考委員会はまず間違いなく難しい選択を迫られる。となると重要なのは、「誰が」「何を」訊かれるか——すなわち受験者の人柄と面接の内容——ではなく、「いつ」かという時期の問題になる。

「先送りして！　できるだけあとに面接を受けたほうがいい！」私がそう言うと、少しでも早く職に就きたい学生は驚く。だが、選考委員会が最終決定を下す時期について丁寧に問い合わせ、その直前に面接の予定を組むように説明すると、学生も納得する。選考プロセスも終わりに近づけば、面接する側もいろいろと学ぶ。最後の志願者とその前の志願者が面接にうまく答える可能性は、さほど変わらないはずだ。だが、それまでの経験によって知識を得た面接官の質問は良くなっていく。協奏曲を聴くたびに、審査員の耳が肥えるのと同じである。

たいていの審査プロセスがパフォーマンスとは無関係だと知ってがっかりするかもしれないが、そうとわかれば気持ちが楽にもなる。もし何かに秀でていれば、誰にでも最終選考に残って「優勝候補」になれる可能性があるからだ。非凡だが上限のあるパフォーマンスのおかげで、あなたはコンクールに出場し、面接室に入り、ステージに立てる。あなたが優れているからこそ、審査も難しい。だからコンクールで優勝できなかった時でも、自分を責めたり、自分の才能を疑ったりせずに、かなり確実にこう言い聞かせられる。あの結果は、自分の失敗や欠陥や欠点のせいではない。それよりも、タイミングのような偶発的な要素のせいに違いない、と。

どんな審査や選考にもランダムな要素が伴うことがわかれば、成功とは時として、宝くじのようなものだと理解できるだろう。コンクールで勝ちたければ、せっせと応募することだ。職にありつきたければ、履歴書を送り続ける。主役の座を射止めたければ、オーディションを掛け持ちする。オーディションの順番が最初か最後か、いつでも自分でコントロールできるわけではない。だが当せん確率を高めるためには、たくさん宝くじを買う必要があるように、オーディションに出没する回数を増やせば、望む役柄もずっと手に入れやすくなるはずだ。

ここで朗報がある。データによれば、一度勝利を摑むと続けて勝ちやすくなるという。そこには秘密があり、報酬には「転移性」という知られざる面がある。成功が成功を生む。その規模に応じて成長する。一度勝てばまた勝てる。そしてまた次にも。そして、またその次にも。

あなたは、成功を神秘的なものと捉えてきたに違いない。だから、そうやって勝ち続ける人を見ると、神聖な王国に暮らす超人的な存在のように思ってしまう。いつも懐疑的なワイン醸造家のボブ・ホジソンが、ピノ・ノワールのコルクを抜きながら、勝ち続ける人の秘密をぜひ教えてほしい、と言う姿が目に浮かぶようだ。実際、次から次へと勝ち続ける力の秘密は何だろうか。

その秘密も、そしてそれを理解するデータも明らかになった。

5 スーパースターと「べき乗則」
——報酬に上限はない

ティーに載ったゴルフボールを生まれて初めて打った時、タイガー・ウッズはまだ生後九カ月だった。[1]その時は、向かい合って立つ父のスウィングの真似をして左打ちだった。ところが数週間後、誰に教わるでもなく、とつぜん自分で右打ちに修正した時、父のアール・ウッズは、まだオムツをしたよちよち歩きの息子にとんでもない才能を見て取った。「息子が世界でトップを取るってわかったよ」のちにアールはそう語った。「確信したね」

二歳の時、ウッズは一〇歳以下のミニゴルフ大会で優勝した。四歳でプロコーチのルディ・デュランの指導を受けた。初めてウッズの練習を見た時、まだ脚の細いウッズが、まるで機械のように正確なショットを打ち続ける姿にデュランは仰天した。画質の粗いビデオでは、赤いぶかぶかのキャップを被って、小さな白いグローブをはめたウッズが、大人顔負けの真剣な表情でボールを打っている。口ひげをはやしたデュランが、子どもの王様に恭しくお辞儀するように、ひざまずいて教えている。

ウッズは六歳の時に、一〇歳以下の世界ジュニアゴルフ選手権で八位に入賞すると、八歳で優勝。[2] 全米ジュニアアマチュア選手権に一五歳で最年少優勝する。全米アマチュア選手権を制したのが一八歳の時。その後の快進撃は誰もが知るところだろう。プロに転向した瞬間から、ウッズは大会で勝ちまくり、その快挙はまさに伝説と呼ぶにふさわしい。

その経歴をたどれば、タイガー・ウッズはパフォーマンスに上限のない、極めて稀な存在だと思いたくなる。何と言っても、全米プロゴルフ協会（ＰＧＡ）史上「最小年間平均スコア」の記録保持者なのだ。四一歳の誕生日にまとめられたというリストには、四一もの記録が並ぶ。[3] それらの数字に詳しく目を通した時、私は非常に驚いた。ＰＧＡは各選手のパフォーマンスについて、詳細な統計を取っている。そして、たとえば「ドライバー飛距離」「フェアウェイヒット率」「パーオン率」「一ラウンドの平均パット数」の四つのパフォーマンス基準の分布を見ると、これ以上完璧なベル型曲線を見つけるのは不可能だと思うような分布図なのだ。[4] 個人のパフォーマンスというものに、いかに例外なく上限があるかがよくわかり、ほとんどの選手が平均付近に分布し、ごく少数の選手がベル型曲線の右側の裾を引いている。ウッズはもちろんその四つの分野すべてにおいて、上限に軽く触れている。

だがウッズは、すべてのパフォーマンス基準において必ずしもいちばんではない。[5] たとえばＰＧＡ最優秀選手賞を受賞した二〇一三年、ウッズの平均「総合ショット貢献度」は一・六〇〇だった。ヘンリック・ステンソンが一・六一二、ジャスティン・ローズは一・九一四であり、ふたりともウッズを上まわっている。同じく二〇一三年の「ドライバー飛距離」を見れば、ウッズの記録は平均二九三ヤードという堂々たる数字だが、それでも男子全体で見れば三八位でしかなく、その年いちばんの記録を出したルーク・リストは三〇五ヤードだった。ウッズもほかのライバルたちと同じく、パフォーマンスに上限がある。試合に勝つとしても、様々なスキルを巧みに組み合わせてかろうじて勝利を引き寄せている。どの基準を見ても、ライバルと比べてウッズがさほどずば抜けているわけではない。

だが、たとえウッズのパフォーマンスに明らかな上限があるにしろ、その成功には上限がない。二〇〇九年、ウッズの生涯収入は、スポーツ選手として初めて一〇億ドルを突破し、その年、司会者のオプラ・ウィンフリーに次いで二番目に裕福なアフリカ系アメリカ人になった。[6]『フォーブス』誌によれば、二〇一五年には無期限休業中にもかかわらず、「世界で最も稼ぐスポーツ選手」の九位にランクインしている。その莫大な富は、ゴルフ用品からスポーツドリンク、剃刀《かみそり》、車までの幅広いスポンサー契約によるものだ。[7]ウッズが二〇〇〇年にナイキと交わした、五年で一億五〇〇〇万ドルという契約金は、当時、スポーツ選手として史上最高額を記録し、ウッズは契約の一部として、ナイキが販売するゴルフ用品とウエアの売上の一パーセントを受け取った。ナイキが展開するゴルフブランドの顔として、長年ロイヤルティを受け取り、スポーツ専門店でスウッシュマークの入ったフリースベストが売れるたびに、その利益を手にしてきた。

ウッズは、並外れたパフォーマンスに対する並外れた報酬を受け取る、経済学者が呼ぶところのスーパースターである。スーパースターが存在するのは、成功には上限がないからだ。ライバルよりもほんの少し何かをうまくこなすだけで、報酬は簡単に一〇〇倍、いや一〇〇〇倍にも膨れ上がる。経済学者のシャーウィン・ローゼンはスーパースターを、「莫大な額を稼ぎ、その分野の主導権を握る、ごく一部の限られた人たち」と定義する。[8]映画スター、ポップシンガー、著名なCEOや投資家を思い浮かべればわかりやすい。ジョージ・クルーニー、ジェニファー・ローレンス、ウィル・スミス。ポップシンガーで言えばケイティ・ペリーやロード、ブルーノ・マーズ。あるいはビル・ゲイツ、リチャード・ブランソン、ウォーレン・バフェット、ジョージ・ソロスなど。

「スーパースターは、仕事の質に対して不釣り合いなほど大きな成功を手にする」ということは、パフォーマンスがわずかに優れていれば、桁外れの成功につながるという意味だ。「才能のない者に才能のある者の代わりは務まらない」ローゼンはそう述べたが、その言葉で思い出すのは、並外れて歌がうまい歌手と、そこそこうまい歌手がいた場合に、世間が前者を選ぶことだ。この明らかな理由のせいで、みな同じ歌を聴き、同じ本を読み、同じテニス選手の試合を見る。だからこそ、とりわけ才能があると世間がみなす者に市場は味方する。

彼らの報酬の大きさは、なかなか理解しにくい。上限がないという成功の本質がよくわかる例をあげよう。二〇〇九年一〇月に、私の前著『バースト!』が発売になった。この時、私の潜在的な読者の貴重な注目を争う競合はどの本かと、気になって調べてみた。すると『ニューヨーク・タイムズ』紙のベストセラー一位を飾っていたのは、ダン・ブラウンの『ロスト・シンボル』だった。二位はニコラス・スパークスの『ラスト・ソング』。『ダ・ヴィンチ・コード』の人気シリーズが一位なのはうなずけるとして、二位には興味が湧いた。『ラスト・ソング』はロマンスであり、『ロスト・シンボル』はミステリーだ。だが両者は大まかに、「海辺や空港で読む、気晴らしや非日常向けの本」という同じカテゴリーに括られる。『ラスト・ソング』は、もちろん一位にいちばん近い位置にある。著者のニコラス・スパークスがもう少し頑張るか、彼の出版社がもう少し努力すれば、一位の座も奪えるのではないか。そこで私は考えた。そのために、スパークスはどんな手が打てるだろうか。

その答えは……まったく何も、である。確かに二位は一位にいちばん近い。二冊の売上データを調べたところ、二位の『ラスト・ソング』はその週だけで一二万部という驚くべき部数を記録していた。念のために言っておくと、ベストセラーのほとんどは、週の売上が三〇〇〇部〜五〇〇〇部だ。九九パーセントの本は、それよりもずっと少ない。『ラスト・ソング』が劇的な成功を手に入れたのは間違いない。だが、たったひとつ順位が上の『ロスト・シンボル』は何と、その週だけで一二〇万部を記録していたのだ。[9] ブラウンは、単にスパークスの部数を上まわっただけではない。一〇倍という驚きの部数を売り上げたのである。それなら、『ロスト・シンボル』

は『ラスト・ソング』の一〇倍優れているのか。いいや、そうは思えない。販売部数の差は作家のパフォーマンスとは何の関係もない。そして、そのパフォーマンスには本質的に上限がある。販売部数の差が示すのは、成功には上限がないという事実である。

べき乗則の支配する世界

「パフォーマンス」と「成功」との重要な違いを表したのが、「成功の第二の法則」である。

パフォーマンスには上限があるが、成功には上限がない。

パフォーマンスには上限があるという私たちの理解が「ベル型曲線」に基づくように、成功には上限がないという理解は「べき乗則」[*10]に基づく。ベル型曲線は高い数値で急減するため、大きく飛び離れた、いわゆる〝外れ値〟は表れない。だからこそ、ゴルフの「総合ショット貢献度」のベストスコアは一・九一九であり、一〇や一〇〇ではない。そのいっぽう、べき乗分布ではテール（尻尾）部分がなだらかに減衰する。そのため、ベル型曲線では表れない外れ値が、べき乗分布では表れやすい。

前章で述べた「身長の分布はベル型曲線にならう」という話を思い出してほしい。もし身長がベル型曲線ではなく、べき乗則にならうのであれば、私たちのほとんどが一〇センチほどの妖精サイズに違いない。そして、身長三〇メートル超の聳《そび》え立つ巨人にもたまに遭遇するはずだ。世界の人口を七〇億人とすれば、身長二五〇〇メートルという巨人もひとりかふたりは存在することになる。

成功の一般的な測定基準である「富」の分布も、べき乗則で説明がつく。だからこそ、世界の富豪ランキング上位八人の富は、世界の下位五〇パーセントの富の合計を上まわる。[11] べき乗則の影響は、「ウォール街占拠運動」〔訳注　経済格差の解消を求めて、二〇一一年九月に若者がウォール街で始めた草の根デモ〕のプラカードやミームにも表れていた。世界の九九パーセントを占め、銀河の大部分を構成する目立たない星のごとく、輝きにも存在感にも欠ける、その他おおぜいの私やあなたと違って、ひときわ明るく輝き、華やかな存在感を放つのが、たった一パーセントのスーパースターである。彼らは「金持ちはますます金持ちになる」ための成功のカギを開けて、無限と思われる富の報酬を手に入れたのだ。

＊　べき乗則は下記のようなグラフを描く。少数の上位が突出して多く、右側にいくほどなだらかな曲線を描きながら減衰して裾を引き、大多数の下位によってロングテール（長い尻尾）が出現する。そのため、左右対称を描く「ベル型曲線」（95ページ参照）と違って「外れ値」が表れやすい。

べき乗則は、地震の規模や砂山の崩壊からインターネットのページのアクセス数、売上ランキング、株価変動、所得格差まで、様々な自然現象や社会現象に当てはまる。

シャーウィン・ローゼンのような経済学者は、成功を「ドル」というただひとつの次元で測定する。彼らがスーパースターについて話す時、それはスーパーリッチを指す。私やあなたが将来、そのカテゴリーに属する可能性は低いと経済学者は言うだろうが、ほとんどの選手が年に一〇万ドルしか稼げない世界にあって、タイガー・ウッズはゴルフ界の外れ値だ。ＣＥＯ、ポップシンガー、プロのスポーツ選手、アーティスト、社会運動家など、あなたが何を目指していようと、パフォーマンスに関係なく、スーパースターの座は手の届かないところにあると考えたほうがいい。

いや……そうとも限らない。成功には金銭だけでなく、いろいろな次元がある。スーパースターの座には富がついてくるにしろ、スーパースターの座に富が必要なわけではない。なぜなら、周囲があなたのパフォーマンスに反応する方法を見れば——精度の高い、新しい望遠鏡の向こうで、星座がとつぜん輝き出すように——スーパースターが続々と浮かび上がるからだ。私が言いたいのは、こういうことだ。あなたは、非常に評判のいい著作権エージェントか建築家かエンジニアかもしれない。だが、あなたが億万長者である可能性は低い。

世間はついスーパースターを金銭的な条件だけで定義するが、べき乗則を用いれば成功の定義を広げやすい。これは「成功の科学」の研究において、特に興味をそそる成果のひとつだろう——つまり、「論文の引用回数」「知名度」「読者数」「ファンの数」など成功のどの測定基準についても、その分布は「富」と同じく、べき乗則にならう。そしてそのおかげで、桁違いの成功を手に入れた個人が必ず存在する。彼らは外れ値だ。傑出したパフォーマンスの持ち主だが、彼らもせいぜいライバルよりもほんの少し優れているだけに過ぎない。彼らが特別なのは、そのパフォーマンスではなく、成功である。こうして幅広い分野の成功について分析するうちに、それまで経済的な基準に限定してきたスーパースターの定義を押し広げる必要性を痛感した。

科学界のスーパースターはどういう人物か

スティーヴン・ワインバーグは、史上最高額の年俸を稼ぐ物理学者である。[12] 彼は、亜原子粒子に影響を与える弱い力と電磁力とを統一的に記述する理論を完成させた。これは、アインシュタインが研究生活の大半を費やしても、なし得なかった偉業であり、ワインバーグは物理学に多大な貢献をした。彼の理論からほかの物理学者の革新的な研究が生まれ、〝神の粒子〟と呼ばれるヒッグス粒子の発見にもつながったのだ。そしてご想像の通り、その非凡なパフォーマンスによって非凡な報酬を手に入れた。ハーバード大学教授の椅子を手に入れたばかりか、一九七九年にはノーベル物理学賞にも輝いたのである。

ところがワインバーグは、とびきり頭が切れる物理学者というだけではなかった。とびきり手強い交渉者でもあったのだ。一九八二年、テキサス大学オースティン校は、同大学の総長の年俸に匹敵する金額を提示して、彼をハーバード大学から引き抜こうとした。だがワインバーグはその申し出を断り、テキサス大学アメリカンフットボール部の監督と同等の年俸を要求したのである。忘れてはならないが、場所はテキサスである。ワインバーグは、総長と監督のどちらの年俸が高いかを熟知していたのだ。そして、ハーバード大学を辞めてテキサスに向かった時、彼は確かにアメフト部の監督に匹敵する年俸を手にしていた。一九九一年には約二五万ドルを受け取っていた。象牙の塔の研究者にとって、特に当時の基準では前代未聞の額である。

ワインバーグの年収がいかに高額だったとはいえ、それは物理学者の平均年収の五倍に過ぎなかった。それに比べて今日、典型的なCEOの報酬は、平均的な従業員の年収のおよそ二七一倍にも相当する。[13] 経済学者の定義に従ってワインバーグをスーパースターと呼ぶならば、年俸は二億ドルを超えていなければならない。彼がそこまで馬鹿高い年俸を手にできなかったという事実は、スーパースターの重要な特徴を表している。すなわち、桁外れの報酬は、才能を簡単に、何の苦労もなく拡大できる時にのみ生まれる。ローゼンもこう述べている。「演奏者や作家が同じ努力を払っても、会場に足を運んだり、書籍を買ったりしてくれるファンは一〇人かもしれず、一〇〇〇人かもしれない」[14]。言い換えれば、莫大な金額を手にするスーパースターになるためには、パフォーマンスが拡大《スケール》しなければならない。

テキサス大学アメフト部の監督を例に取れば、一九九一年の年俸は二五万ドルだった。チームを勝利へと導くその才能は、実際、大きくスケールする――試合が放送されると、数百万人のファンがテレビの前に釘付けになる。そのため過去二〇年にわたって大学のアメフト人気は沸騰し、監督の年俸も高騰した。監督自身は何の余分な努力もしていない。今日、テキサス大学アメフト部の監督の年俸は五〇〇万ドルを超えて、同大学の誰の年俸よりも高く、一九九一年の約二〇倍に跳ね上がった[15]。いっぽう、ワインバーグの現在の年俸は約五七万五〇〇〇ドル。一九九一年のようやく二倍どまりである。

五〇万ドル以上も支払うのだから、大学がワインバーグを高く評価していることは間違いない。破格の待遇と言っていい。だが、彼の年俸がアメフト部の監督のように跳ね上がらないことには理由がある。彼は教授であって、その年俸は授業料のなかから支払われる。しかも、膨大な数の学生を教えているわけではない。二〇一一年には、ギリシャ時代からひも理論までを扱う、物理学の歴史を学部課程で教えはじめ、おそらく数百名のエリート学生が彼の才能の恩恵を受けている[16]。だがワインバーグには、派手なジャージに身を包んで講義に殺到する熱狂的なファンはいない。プレゼンテーションの追っかけもいない。講義中に脇でチアリーディングしてくれる者もいない。ワインバーグの成功を経済的な言葉で評価すれば、彼の影響力はスケールしない。

だがそれは、スーパースターを経済的な物差しで定義するからだ。「研究分野に及ぼす影響」という新たな測定基準を用いるならば、ワインバーグは紛れもないスーパースターだ。実際、物理学会に及ぼす影響という〝通貨〟は、ドルのように測定可能である。執筆の十数年後にノーベル物理学賞に輝く、ワインバーグの「電弱相互作用」の論文を例に取ろう。その論文はのちに膨大な数の論文に着想を与え、画期的な研究を生み出し、理論物理学の進歩に大きく貢献した。なぜなら、彼の論文はほかの研究者によって一万四〇〇〇回も引用されたからである。ワインバーグの論文に触発されて誕生した論文が、この世に一万四〇〇〇本も存在するという意味である。[17]

論文の引用も、べき乗則にならうため、研究分野の成功の測定もビジネス分野の成功の測定とさほど変わらない。アカデミックな分野の成功にも上限がないのだ。だが、その測定基準は金銭ではない。研究分野に及ぼす影響力であり、論文の引用回数を使って測定する。驚くような年俸を稼ぐ賃金所得者がほとんどいないように、たとえどれほど情熱を傾けた研究成果であっても、ほとんどの論文は引用回数が少ないかまったくない。大半は見過ごされる。ワインバーグの論文のように大きな注目を集め、スーパースター級の地位を獲得したケースは極めて珍しい。そのような外れ値を見ると、アカデミックな分野の成功も、ほかの分野の成功と同じように上限がないことがわかる。

研究分野において、論文の引用回数は通貨になる。比喩で言っているのではない。一回の引用を実際の貨幣価値に換算できる。つまり、論文が一回引用された時に、その引用が生み出す貨幣価値を具体的に割り出せるのだ。

それは、いったいどのくらいだろうか。

驚くなかれ、アメリカでは一回の引用にかかる研究費は一〇万ドルに相当するという。[18]だが、その数字はどうやって割り出されたのか。まずはある論文を引用して生まれた、画期的な医療から革新的な製品、あるいは宇宙の起源にまつわる新しい理論までの、幅広いテーマの論文にかかったすべての研究費を計算する。そして、その総額を引用回数の合計で割って、引用一回あたりの費用を割り出す。そうして弾き出された数字が一〇万ドルであり、その数字を用いれば、ワインバーグのスーパースター性を、経済学者でも理解できる数字に変換できる。ワインバーグのあの元になった論文は、長年にわたって一万四〇〇〇本もの論文に引用されたため、総額で一四億ドルという桁外れの影響を生んだことになる！　それが、ワインバーグが一九六七年に発表した一本の論文に触発されて生まれた、あらゆる研究にかかった研究費の総額である。

だが、ワインバーグはどうやってそれほど莫大な影響を及ぼせたのだろうか。その答えは、ダライ・ラマにおおぜいの崇拝者が存在する理由や、ビヨンセのアルバムが数百万ダウンロードを誇る理由と同じだ。上限がないという成功の本質は、ワインバーグやダライ・ラマやビヨンセ自身とは関係がない。「成功で重要なのは社会であり、社会がパフォーマンスにどう報酬を与えるか」なのだ。ワインバーグの論文を引用して、研究者は数年かけてせっせと論文を書く。ダライ・ラマの説教を聴くために、人は群れをなして集まる。何百万人ものファンが、ビヨンセのアルバムをダウンロードして楽しむ。成功の通貨は幅広い――ダライ・ラマは、断固たる反資本主義の姿勢とスーパースター性とが共存できるという絶好の例だろう。だが、スーパースターが稼ぐ成功の通貨には上限がない、という点は変わらない。成功には上限がないのだ。

スーパースター現象の進展

ワインバーグの場合、あるいはタイガー・ウッズの場合にも、非凡な才能に見合う当然の結果として、スーパースターの座を手に入れたように見える。パフォーマンスには上限があるにもかかわらず、彼らはその業界で頭角を現し、しかるべき報酬を受け取ってきた。だがウッズとワインバーグが成功したのは、ゴルフと物理学というパフォーマンスが測定可能な分野である。

そのいっぽう、3章で見たように、アートの世界では作品の質とパフォーマンスは測定が不可能である。データによれば、あの世界では成功の格差が大きい。大半のアーティストは生涯のうち、せいぜい一〇回しか作品を展示されないのに対して、ごく一部のアーティストは数千回も展示される。アンディ・ウォーホルにいたっては一万回を超えている。

ほかにもスーパースター（スターとみなされている人たち）について考えてみよう。たとえばポップシンガーだが、彼らの才能は聴く人によって評価が分かれる。シンガーソングライターのジャスティン・ティンバーレイクが、地下鉄の構内で歌っているストリートミュージシャンよりも、果たして歌がうまいのかどうかを判断するすべはない。それでもティンバーレイクは、あたかもそうであるかのように報酬を得ている。彼は『フォーブス』誌の「二〇一五年、世界で最も稼いだセレブ」の一九位にランクインし、その歌声は世界中のファンの耳に届く。[19] そしてこの〝届く〟ということが、スーパースターにとっては重要だ。なぜなら、べき乗則の分布にとっては拡張性《スケーラビリティ》が必要だからだ。莫大な報酬を手に入れるためには、あなたが提供する創作物なり製品なりが、簡単に複製できなければならない。シャーウィン・ローゼンは一九八一年にスーパースターの経済理論を発表し、将来は技術の進歩によってスーパースター現象に拍車がかかると予言した。一部の者が、ますます多くの大衆にアクセスできるようになるからだ。彼らが存在感を増す陰で、存在感の薄いライバルの声はますます〝届きにくく〟なる。地元のバーで演奏するバンドと、テレビに出演するバンドとのあいだについた格差はさらに広がる。

ローゼンは正しかった。ティンバーレイクがどこかのベビーベッドで弱々しく泣いていた一九八二年、上位一パーセントのポップスターが、コンサートチケット収入の約四分の一を稼いでいた。現在、ティンバーレイクをはじめとするヒットメーカー上位二〇人が、コンサートチケット収入の半分以上を稼ぐ[20]。この数十年で、人びとがエンターテイメントに使う金額が増え、MTVが始まり、DVDプレイヤーやMP3が登場し、インターネットのストリーミングサービスが普及したことを受け、ティンバーレイクのファンは拡大し、その報酬も拡大した。こうしてティンバーレイクやテイラー・スウィフト、ジャスティン・ビーバー、レディ・ガガといった、桁外れの名声と個性を持つミュージシャンが聴衆の耳を独占してしまうと、スターの卵や有望な新人が入り込む隙間はますます狭くなる。

ウォール街占拠運動後の時代において、不均衡な報酬をいたるところで目にする。富の分布はべき乗則に従い、厳然たる事実を生み出す。一部の者は著しく裕福であるいっぽう、多くの者が文字通り飢えている。上限がないという成功の性質の裏に潜む数学は、格差となって表れる。世間の人びとの意識のなかでは、スーパースターはしょせん住む世界が違う、ごく一部の幸運な人たちだ。高く聳え、まったく手が届かない。彼らの前に立つと、つい丁重な態度を取ってしまう。カフェで見かけるか通りで遭遇しようものなら、まるで奇跡を目撃したかのように一部始終を忘れまいとする。彼らとのつながりや接触を自慢げに話す。スーパースターの注目を得ようとして、あなたは微妙に態度を変える。そしてそれが、成功を摑もうとするあなたの能力に影響を及ぼすのだ。

スーパースターはライバルを萎縮させる

タイガー・ウッズが真剣な目つきで遠くを見つめ、小さな白いボールとカップとのあいだの距離を測る。彼の長くシャープな影がグリーンに落ちる。ライバルが遠巻きにして、伝説を見逃すまいとする。みな、奇跡の瞬間を待っているのだ。ウッズの強さのひとつは抜群の安定感だ。プロ転向後の一〇年間に出場した二七九試合のうち、優勝回数は実に五四回。九三試合で三位以内に入り、一三二試合でトップテン入りした[21]。すなわち、出場試合の半数以上で優秀な成績を残したことになる。彼のパフォーマンスには上限があるにもかかわらず、ウッズは高いハードルを設定し、ライバルはその基準に何とか追いつこうとする。ウッズの強さに触発され、誰もが努力する。

あなたはそう思うだろう。切磋琢磨は素晴らしいことだと教わる。もっと強くなれるし、鍛えられる。強いライバルと競い合うと誰でも成績が上がる、と。

だが、その競争相手がスーパースターの場合はどうだろうか。その輝きは周囲の選手によい影響を与えるのだろうか。

そうとは言えない。スーパースターとの戦いが逆効果を生み、周囲の選手のパフォーマンスを下げてしまうことがわかっている。経済学者のジェニファー・ブラウンは、スーパースターが周囲に及ぼす影響について調査を行なった。そして、PGAの一〇年間の試合データを分析して、スーパースターがほかの選手を威圧する劇的なパターンを突き止めた。たとえば、ウッズと同じ試合に出場している時のヴィジェイ・シン［訳注　二〇〇四年に世界ランキング一位に輝いたこともある、フィジー出身の選手］の成績はどうか。ウッズが欠場している時の成績はどうか。

すると、ウッズとはとても張り合えないランキング下位の選手の場合、ウッズがいようがいまいが、成績にほとんど変化はなかった。ところが、ゴルフのベル型曲線の上限付近に位置して、優勝争いを演じるようなライバルに対しては、ウッズは強い精神的プレッシャーを与えていた。ウッズが発するスーパースターの威光は、ほかのどんな要素よりもトップランクのライバルを威圧して、彼らのパフォーマンスにネガティブな影響を与えていたのである。

ブラウンが集めたデータを詳しく見てみよう。[22] 決勝ラウンドに進むために、選手はまず予選を通過しなければならない。ランキング上位の選手の予選のスコアは、ウッズが欠場している時よりも出場している時のほうが、平均して〇・六打多かった（つまり成績が悪い）。上位の選手のあいだで、予選ラウンドのスコアがさほど大きく変わらないことを考えれば、これだけでも驚くような発見である。

だが、その影響は大きな試合ではさらに顕著に現れていた。ライバルたちの最終スコアが、〇・七〜一・三打増えていたのだ。首位と二位とは、たいてい二打差以内で決まる場合が多いことを考えれば、最終スコアに表れたその影響は、基本的に優勝できるかできないかを分ける。その著しい影響には、「タイガー・ウッズ効果」という名前さえついている。スーパースターを前にすると、周囲の人間は実力を存分に発揮できなくなってしまうのだ。

スーパースターの意外な効果

二〇〇八年四月、タイガー・ウッズは左膝の手術を受けた。短い休養期間を挟んで六月に復帰すると、全米オープンで優勝を飾ったものの、苦痛に歪んだその表情は、彼の膝がいまだ万全でないことを物語っていた。そして再手術を受けたウッズは、残りの八試合すべてを欠場する。二〇〇九年一一月には、かの不倫騒動によって無期限のツアー欠場を発表し、翌年、謝罪会見を開いて、ファンとマスコミに向けて情感のこもった謝罪の手紙を読み上げた。二〇一〇年四月に復帰した時には、毎年欠かさず出場していた、「世界ゴルフ選手権」と「アーノルド・パーマー・インビテーショナル」の出場をすでに逃していた。

ブラウンは、ウッズが出場している時としていない時の、ほかの選手の成績を比べた。[23] すると、驚くような事実が明らかになったのである。膝の手術を受けてウッズが欠場していたあいだ、ランキング上位のライバルは、わずかどころか著しく成績がよく、平均ストロークが四・六打も少なかった。この調査によれば、ランキングが下位かランキング外の選手の平均ストローク数まで改善していた。そして二度目に、不倫問題でツアーを無期限に欠場していた時には、ほかの選手は約三・五打もストローク数が少なかった。これは大きな違いだ。個人の選手で見ると、その違いがいっそう際立つ。たとえばウッズが出場していた二〇〇七年、ヴィジェイ・シンは一五打もオーバーパーだったが、ウッズが膝の手術で欠場していた二〇〇八年には、一〇打もアンダーパーだった。どのようにデータを読み解こうと結果は同じだ。ウッズのライバルたちは、スーパースター効果の犠牲者だったのである。

あなたも例外ではないはずだ。タイガー・ウッズ効果は、ビジネスやアカデミックな世界、政治やアートなどの幅広い世界にもあると考えて間違いない。もちろん、健全な競争は素晴らしい。みなのパフォーマンスを底上げしてくれる。だが、戦う相手がスーパースターとなると話は別だ。あなたには、英雄かメンターの前で失敗して、タイヤがパンクするように自信が萎《しぼ》んでしまった経験はないだろうか。優秀な人には知恵でも能力でも勝てないと思い込み、相手の意見に合わせてしまったことは？　あるいはスーパースターを崇めるあまり、つい自分の能力を客観的に判断できなくなってしまうことは？　まばゆい存在を前にした時、精神的プレッシャーは強く働く。そしてそれは、すでに成功をほしいままにする相手に有利に働くが、当のあなたはおそらくそのことに気づいてもいない。ウッズに強い精神的プレッシャーをかけられて、本来の実力を発揮できなかったと知ったら、ヴィジェイ・シンはさぞかし震え上がったに違いない。[24]

いっぽう、スーパースターと互角に戦えるだけの実力がない時には、スーパースターに協力すると大きな恩恵が得られる。チームメイト、管理職、選考委員会の誰にとっても役立つ、シンプルなメッセージがある。「スーパースターは、張り合えば押さえつけられるが、協力すれば押し上げてくれる」

たとえば、ある調査によれば、ワインバーグのようなスーパースター級の教授が新しく加わると、学部全体の生産性が五四パーセントも向上するという。[25]驚くことに、それは、その教授の優れた貢献のなせる業だけではない。スーパースターの貢献は、平均して五四パーセントの約四分の一に過ぎない。残り四分の三は、それ以外の教授による効果、すなわちスーパースター教授の存在がもたらす間接的な効果だという。スーパースターは、ゲームチェンジャーになりやすい。新たな人材を――彼が発する輝きに浴したいと願う人たちを――引き寄せる。その効果も長続きしやすい。スーパースターが加わった八年後でも、生産性は落ちていなかったのだ。

それ以上に驚くのは、スーパースターが亡くなったあとの影響だろう。ＭＩＴのピエール・アズレイ教授が行なった調査では、「スーパースター教授が突然死したら、どんな影響を及ぼすか」という、不吉だが重要な問いを投げかけた。アズレイが発見したのは、周囲の研究者が成功するかどうかを分けるスーパースター教授の強い影響だった。スーパースターの死後、共同研究者の生産性（論文発表率）が五～八パーセントも低下していたのだ。しかも、突然死の混乱に伴う一時的な影響ではない。共同研究者のキャリアを通して、恒久的にその影響が見られたのである。[26]

タイガー・ウッズ効果を考えれば、これは思いがけない発見だろう。世間が考えるスーパースターは、庭の草木から太陽の光を奪ってしまう一本の大木のような存在だ。周囲に暗い影を投げかけて、あまり有名でない同僚の成長を妨げてしまう。だからこそ、スーパースターがいなくなれば、みな同じように陽が当たって、低木も青々と繁茂するはずだと考える。ところが実際はその反対である。共同研究者は枝をのびのびと伸ばせるはずが、新たにできた空間をうまく活かせない。スーパースターの不在によって、残された者の仕事は先細りになる。そこにこそ、スーパースター教授が担う重要な役割がある。共同研究者は、スーパースターの優れた能力を頼りに研究を進め、キャリアを築いていく。そうとわかれば、彼らの報酬が高い理由も納得できるだろう。

スーパースターには勝てないのか？

もうひとつ忘れてはならないのは、どんなスーパースターにもパフォーマンスの上限があることだ。彼らが並外れて優秀であることは間違いない。だが、「成功の第二の法則」によれば、彼らのパフォーマンスもライバルと比べてほんの少し優れているだけに過ぎない。そうであれば、こちらにもスーパースターとうまく張り合える可能性がある。スーパースターがこちらを脅威とみなさないように、こちらも彼らを脅威とみなさなければいいのだ。タイガー・ウッズがライバルを、二歳当時の自分自身のように小さくて無害な存在とみなしているように思えたとしても、そのライバルは実際、スーパースターのすぐ後ろに、わずかスイングひとつの差でつけているのだ。

これは誰にとっても朗報だ。パフォーマンスには上限があると知っていれば、自分にもスーパースターを打ち負かせると言い聞かせられる。彼らの前に出ると本来のパフォーマンスが発揮できないという、目に見えないプレッシャーの威力を弱めたいのなら、スーパースターについてよく知り、彼らも自分と同じように失敗すると肝に銘じておけばいい。威圧感を覚えた瞬間にも、その英雄を自分と同じレベルに引き降ろせるのだ。

ブラウンの調査で最も興味をそそられるのは、タイガー・ウッズが〝絶好調〟の時と〝絶不調〟の時とで、ゴルフ界全体のスコアに大きな差が見られたことだ。ウッズが絶好調の時には、スーパースター効果はとりわけ大きな影響を発揮し、ランキング上位の選手のスコアが二打ほど増えていた。だが絶不調の時には、彼のパフォーマンスがほかの選手の自信を高めていた。スランプの時には、ウッズのいつもの威圧感は消えていた。ウッズが最後に勝つという神話はもはや崩れてしまったのだ。

敗北をもたらすのは、スーパースターではなく絶望や諦めである。自分が応援する候補者に勝ち目がないと見ると、人は投票所へ足を運ばなくなる。本命候補がいると思うと、その仕事に応募しなくなる。ほかの出席者のほうがその問題に精通していると勝手に決めつけて、つい押し黙ってしまう。だが、相手と自分は対等な立場で戦うのだと考えて勝負に臨めば、勝ち目はずっと高まる。

スーパースター教授の突然死に伴い、共同研究者の論文発表率が低下したという、アズレイの調査を思い出してほしい。つまりスーパースターは、それだけ畏敬の念を集めていたという意味に思える。だがそれに続くアズレイの発見は、敗者や挑戦者にとって大きな励みになる。スーパースター教授と専門分野は同じだが、共同研究者ではない別の教授――一度も一緒に働いたことのない研究者――は、スーパースターの死後、論文発表率が平均八パーセントも上昇していたのだ。彼らはたいてい外部の若い研究者であり、スーパースター教授がかつて独占し、いまは空所となったスペースで地位を確立しようとしてきた。スーパースター教授が不在となったいま、彼らはゴリアテ［訳注　旧約聖書に登場する巨人。羊飼いの少年ダビデが、投石器で放った一個の石でゴリアテを倒したという物語から、弱小な者が強大な者を打ち負かす喩え」の影を抜け出して、その研究分野の定説に疑問を投げかけられるようになったのだ。[27]

企業やCEOやポップスターが、不釣り合いなほど大きな報酬を手にするゴリアテの時代に、世のダビデたちはそれでも張り合えると信じるほかない。そして実際、あなたはゴリアテにも立ち向かえるのだ。そのためには、「パフォーマンスには上限がある」という「成功の第二の法則」が普遍的に通用することを、いつも自分に言い聞かせたほうがいい。スーパースターのパフォーマンスも決して外れ値ではないと思い出せば、タイガー・ウッズの影響から抜け出し、怯《ひる》まずに勝利を引き寄せられる。自信を持ってイノベーションに臨み、自分がその場にいてもいいのかなどと疑うことなく、独創的なアイデアを提案できる。

「成功の第二の法則」が何かを教えてくれるとしたら、それはスーパースターも完全無欠ではないという事実だ。非常に高い場所から転落すれば、地面に激突した際の衝撃も大きい。スキャンダルは名声を地に落とす。研究者の場合も同じだ。不正行為や実験データの改ざん、論文の剽《ひょう》窃《せつ》をスーパースターが犯せば、さほど有名ではない研究者よりも受ける報いはずっと大きい。[28]該当する論文に対してだけでない。その研究者の全論文について、引用回数が二〇パーセントも減少するのだ。スーパースターが究極のパフォーマンスの具現化ならば、たったひとつの不祥事がその信頼性を深く傷つける。いっぽう、客観的なパフォーマンス基準のない世界では、立証可能なただひとつの過ちによって、王様が裸であることが簡単に露呈してしまう。

それは、ゴルフの世界にも当てはまる。不倫騒動はウッズのパフォーマンスに暗い影を落とし、非常に高いものについた。スキャンダルが明るみに出た時、ウッズは公開処刑のような目に遭い、その一部始終が容赦なく、執拗に世間の目に曝《さら》された。それ以来何年にもわたって、ウッズがメディアの詮索に曝されて耐え続けた屈辱は、世間がスーパースターにどれほど大きな期待を寄せ、また失望させられた時にはどれほど重いペナルティを科すのかを物語る。

「彼のアイデンティティと自己をすべて打ち砕いたのが、あのスキャンダルだった。ウッズはあれ以来、人間にとって最も強烈で破壊的な恥の感情にどっぷりと浸かってきた」ゴルフジャーナリストのアラン・シップナックは、『ゴルフ』誌で、次のように続けた。「全盛期のウッズはどんなショットでも打て、どんな選手よりも優れたパットを決めたが、彼が別格だったのは、そのハートと頭脳においてだった。絶対的に自分を信じ、その信念が揺らぐことはなかった……成功が成功を生んだ。だが、それもすべて消え失せた」[29]

いまのウッズは、過去の栄光の影に隠れているように思えてならない〔訳注　二〇一九年四月、タイガー・ウッズはオーガスタナショナルGCで逆転優勝し、二〇〇五年以来、一四年ぶりにマスターズを制覇した〕。

「パフォーマンスには上限があるが、成功には上限はない」という「成功の第二の法則」は、パフォーマンスと成功との不釣り合いな関係を見事に言い当てている。だが、その理由については何も教えてはくれない。いろいろな分野の成功をグラフ化した時に繰り返し現れたのが、べき乗分布だった。それは、上限がないという成功の性質について重要なことを教えてくれた反面、「人生は不公平だ」という決まり文句を裏づけているように思えた。幸い、次に紹介する「成功の第三の法則」は、日常生活のなかで体験する力学の不思議なメカニズムを明らかにする。スーパースターはなぜ、次から次へといろいろな分野で成功するのか。そもそも、どうすれば圧倒的な成功を収められるのか。

その方法のひとつは、核爆弾の信管を除去する子猫のカードゲームをつくることである。

成功の第三の法則

過去の成功×適応度＝将来の成功

請願書の署名集めから子どもの読み書き能力まで、あらゆる成功を左右するのが「優先的選択」という現象だ。「成功の第三の法則」は、その目に見えない現象について教えてくれる。「適応度」と「社会的影響」とが連携して働く時、無限の成功が生まれる。

6 爆発する子猫と靴下人形
——成功を〝キックスタート〟する方法

エラン・リーにとってそれは、猛烈な勢いで殺到するメールとGメールアカウントの停止とともに始まった。[1] 風船でつくった動物やタコキャット（キャラクター）のぬいぐるみ、法的措置をほのめかす脅しが、見ず知らずの相手から送られてきた。フォックス・ニュースがアポなしで玄関先に現れ、女性記者がリーの机の椅子にどすんと腰を下ろした時には、自分のアパートの部屋にいるのにもかかわらず、リーはうろたえ、自分がどこで何をしているのかわからなくなった。そして記者に言われるがままに、ミミズがのたくったような字で要点を書き出し、間に合わせのカンニングペーパーのような紙を手に持ったところでカメラがまわり、記者がレポートを始めた。

キックスターターのキャンペーンを三日前に始めた『こねこばくはつ』カードゲームの資金調達のためキャンペーン開始からたった八分で、一万ドルの目標額をクリア

すでに三〇〇万ドル以上を集めた

『こねこばくはつ』は、エラン・リーが友人のマシュー・インマンとシェイン・スモールの三人でつくった、馬鹿げた前提のカードゲームだ。カードの子猫は、キーボードの上を歩いて核爆弾を爆発できる――その悪辣な意図は、「レーザーポインター」や「こねこセラピスト」、「マタタビサンドイッチ」などの「爆弾処理カード」でしか阻止できない。ただ順番にカードを一枚ずつ引いていくという、ロシアンルーレットのようなたわいもないゲームだが、手札をどう使うかという戦略性も問われ、イラストやたっぷりのユーモアも楽しい。

このカードを製作するための一万ドルをクラウドファンディングで集めようとして、リーとふたりの友だちは、キックスターターにアイデアを公開した。資金調達の期限を一カ月と設定したものの、わずか八分で目標額をクリアすると三人は大喜びした。一〇万ドルに達すると、笑いが止まらなくなった。やがて一〇〇万ドルに達したと知って、仰天した。そして二〇〇万ドルを記録したところで……恐ろしくなった。リーはラップトップ画面の「達成額」を表示する部分にポストイットを貼って、数字が見えないようにした。「絶壁に立った時の気持ちを味わったことがありますか……崖の下を覗き込んで、引き込まれそうになった時の気持ちを？　自殺したいとかそういうことじゃないんです。何も悪いことは起きてほしくないんですが、ついこんなふうに考えるんです。『もしも、もしも？』って」リーは冗談めかして言った。そして、キックスターターの画面を指して続けた。「ページの左下に『資金調達をキャンセルする』というボタンがあるんですが、僕は毎日、その文字を見つめていました」それが二月初め。アイデア公開から一二日目のことだった。

資金提供の集中砲火もついに終わりを告げた時——とはいえ、一連の騒ぎが収まったのは、設定期限の一カ月が過ぎたからだった——リーとふたりの友人は二〇万人を超える支援者から、およそ八八〇万ドルを掻き集めていた。

一見したところ、『こねこばくはつ』も、資金集めに成功しそうなほかのプロジェクトと何ら変わらない。エラン・リーも、目標額に届くよう幸運を祈るほかの希望者と変わらないように見えた。

だが、リーは幸運を祈る必要がなかった。

あれほど莫大な額が集まるとは思っていなかったにしろ、カテゴリー5級のハリケーンが近づいてくることを示すシグナルはたくさんあった。二〇万人を超す人たちが、自分で稼いだお金を、しかもすでに目標額をクリアしたカードゲームに注ぎ込んだことは不可解に思える。だが、キックスターターで資金を募った時、リーには秘密兵器があった。いや、子猫が起爆する核爆弾のことではない！　そして、その秘密兵器こそ彼を成功に導いた。それが何かはあとで述べるとして、まずはその前に、たくさんのプロジェクトが注目されない理由について探っていこう。反対に言えば、どんな燃料があれば『こねこばくはつ』のような莫大な成功を摑めるのだろうか。

成功が成功を生む仕組み

『こねこばくはつ』の例を見ると、資金を集めるのは簡単そうに思えるが、実際、キックスターターのプロジェクトの七割は資金調達に失敗する。[2]彼らは〝キックスターターの墓場の住民〟だ。アルバムをレコーディングできない、小さな町のヘビメタバンド。次のシリーズが撮影できない、視聴率の悪いウェブのシチュエーションコメディ。ワッフルチキンが売り物の移動屋台を、いつまで経っても始められない起業家。ぱっと見ただけでは、リーと彼らとを分ける要因を具体的に指摘するのは難しい。彼らはプロジェクトの資金調達に乗り出し、「いいね」や「共有」ボタンを押してほしいと友だちに頼み込み、設定期限の終了が近づくと最後のお願いを投稿して……インターネット空間のはるか彼方へと消えていく。熱心に資金提供を呼びかけるプロっぽい動画を前にして、支援ボタンを押すか押さないかを分ける決め手は何だろうか。

その答えのひとつを教えてくれるのが、オランダ生まれの実験社会学者アーノウト・ファン・デ・リートが行なった調査である。彼は子どもの頃からクラリネットを演奏し、毎年、地元のクラシック音楽コンクールで優勝してきた。何度も優勝したことがあるにもかかわらず、この優れたクラリネット奏者は、たとえばピアノを弾いたほかの出場者のほうが、自分よりもずっと才能に恵まれていると思っていた。クラリネットを習う子どもは少なく、本当に音楽の才能がある子どもはピアノかバイオリンを習う。新進気鋭の社会学者であるファン・デ・リートは、自分が何度も優勝できたのは、果たしてクラリネットという楽器の特殊性と関係があるのではないかと考えていた。そして、そのような疑問に促されて、幅広い分野で成功が生まれるプロセスについて研究してきた。

たとえば、キックスターターを使って次のような実験を行ない、『こねこばくはつ』が桁外れの成功を摑んだ要因のヒントを明らかにした。[3]ファン・デ・リートはまず、キックスターターでアイデアを公開したばかりのプロジェクトを、二〇〇件ランダムに選んだ。どれも、お金を遣い込んでしまった大学生のＡＴＭの残高のように、達成額はゼロである。そして二〇〇件をふたつのグループに分けて、半数に少額の資金提供を約束し、残りの半数には何もせずに対照群とし、あとは状況を見守った。『こねこばくはつ』のように即座に資金が殺到したプロジェクトはなかったにしろ、驚くようなことが起きた。彼が支援を約束したプロジェクトは、次の支援を引き寄せる可能性が二倍以上に高まっていたのだ。つまり、ファン・デ・リートがランダムに支援を約束したプロジェクトは、支援を約束しなかったプロジェクトよりも、はるかに多くの資金を集めたのである。

ファン・デ・リートは、プロジェクトを公開している相手を誰も個人的に知らなかったばかりか、動画を見て特に興味をそそられたわけでも、支援に値する内容だと思ったわけでもない。たいした額を約束したわけでもない。せいぜい数ドル。ストリートミュージシャンのギターケースに落とす小銭程度だ。それでも、彼の資金提供の約束がきっかけとなって、プロジェクトの成功に弾みがついたようだった。

ファン・デ・リートが目撃したのは、私たちの研究室が幅広い分野で繰り返し目撃してきた「成功が成功を生む」という現象だった。言い換えれば、「成功しているように見える者は、パフォーマンスに関係なく、ますます成功を引き寄せる」。その現象を専門的用語で「優先的選択」と呼ぶ。実は、一九九九年に私自身がつくり出した言葉である。当時の私は、莫大な数のリンクを持つグーグルのようなウェブサイトがあるいっぽう、面白いコンテンツやサービスを提供しているのにもかかわらず、認知度がまったく上がらないサイトが、膨大に存在する理由を説明しようとしていた。その時の研究から浮かび上がった概念が優先的選択——新しいノード、すなわちネットワークの節点は、リンクをたくさん獲得しているノードを優先的に選択する——であり、富める者がますます富み、名声が名声を呼び、成功ほど成功を生むものはないという現象だった。

この「金持ちはより金持ちに」という現象は、過去一世紀というもの、物理学から経済学までの幅広い分野で目撃されてきた。[4] 社会学者のロバート・K・マートンはその現象を、聖書の一節から「マタイ効果」と名づけた。「持っている人はさらに与えられて豊かになる」。言ってみれば、優先的選択は聖書の時代から明らかだったわけである。

その現象を、私が初めて目撃した時の文脈で見てみよう。WWWは、おびただしい数のウェブサイトで構成される極めて複雑なネットワークである。どのサイトもURLで特定でき、クリックひとつであちこちのサイトを見てまわれる。誰にでも開かれているうえ、幅広い内容を提供するため、ウェブは民主主義の究極のプラットフォームであり、どのサイトにも平等に成功の機会を与えると、ことあるごとにもてはやされてきた。だが、それは真実ではないし、真実であったこともない。そう発見したのは一九九八年に、私たちがウェブの一部を初めてマッピングした時だった。ちょうど同じ頃、私たちが使った手づくりの初歩的な検索エンジンと、ほとんど同じような検索エンジンを設計していたのが、グーグル創始者のラリー・ペイジとセルゲイ・ブリンである。

　私たちのマップを見ると、当時、急速な勢いで発達していたWWWが誰の声をも聞き入れる平等なネットワークではないという、意外な事実が明らかになった。[5] それどころか、圧倒的多数のサイトはまったくと言っていいほど認知度がなかった。グーグル、アマゾン、フェイスブックなど少数のサイトがハブ役を果たし、優先的選択によって何億ものリンクを引き寄せ、拡大していた。検索エンジンのアルゴリズムは、ほかのサイトがそのサイトにリンクする回数を数えることで、サイトをランク付けする。リンクの数が多ければ多いほど、ブラウジング中に、あるいは検索エンジンのランキングによって、そのサイトを見つけやすくなる。それゆえ、「リンクの数が多ければ多いほど、ますますリンクを集めやすく、オンラインでの認知度も高まる」。これはウェブサイトに限ったことではなく、ネットワークに属するものなら何にでも、あるいは誰にでも、それこそハリウッド俳優から不動産業者、玩具メーカー、聖職者までに当てはまり、優先的選択がいかに周囲の世界をかたちづくっているかを示している。

たとえば、次のような基本的な例で考えればわかりやすい。

不動産仲介業者は顧客の数が多ければ多いほど、ますます多くの顧客を紹介してもらえる。そもそもこの仕事を始めるのが難しい理由も、そこにある。

評判のいい映画に出演した俳優は、続けて役を得やすい。最初はクレジットもなしの単なる端役だったかもしれない。だが、画面に登場する回数が増えれば増えるほど、配役担当ディレクターやプロデューサーから新たな映画出演の声がかかりやすい。

タイガー・ウッズやジャスティン・ティンバーレイクのようなスーパースターを、ネットワークのハブに変え、彼らに雪だるま式成功をもたらしたのも優先的選択である。もしパフォーマンスと同じように成功にも上限があれば、彼らのファン層にも上限があるはずだ。だがエラン・リーのもとに殺到した資金提供の約束を見れば、ファン層に上限がないことは明らかだ。『これこばくはつ』の桁外れの人気は、「成功には上限がない」という「成功の第二の法則」の正しさを証明している。だが、ノードをハブやスーパースターに変える原動力は、「成功が成功を生む」という優先的選択なのだ。それどころか、優先的選択なしには、桁外れの影響力や報酬、知名度は手に入らない。エラン・リーが束の間、飛び降りたくなったという、目も眩《くら》むような高みへとスーパースターを押し上げるもの、それこそが優先的選択である。

教育機会の格差が埋まらない

最近、友人のキャリーが生後一カ月の息子を連れて定期健診に出かけた。まだ幼いその男の子は、パン屋が使うような皿のついた秤にそっと乗せられ、眠そうにまばたきしながら母親を見つめていた。健診は何の問題もなく終わった。駐車場まで無事にたどり着くために、過剰なほどたくさんのおくるみで息子を包んで、キャリーが立ち上がった時、その女医がどういうわけか、表紙にウサギの絵のついたモノクロの絵本を手渡して言った。「毎日、必ず読んであげて下さい」薬の服用方法を説明するような口調だったという。

何だか馬鹿げた話に思える。医師は真面目に本を処方したのだろうか。この話を聞いて私は「ああ、いかにもアメリカらしい!」と思った。アメリカに移住して何十年も経つ私でさえ、いまだにそう思う瞬間が多い。ところがこの話は私の心に残り、小児科医が無料で配る絵本は、私の胸に重要な考えを刻んだ。「金持ちはより金持ちに」という現象は、この世に生まれた瞬間から、その人の人生をどれほど強く支配していることか。

もし我が子がほとんど本のない家庭に生まれ、親にも読書の習慣がなければ、生後数年間にその子が手にする本は、乳幼児健診で小児科医が手渡す、ほんの数冊だけだったかもしれない。読書習慣のない子どもは、大人になってもあまり本を読まない。文字に親しむ機会がないため、読解力も身につかない。学年が上がっても、読み書き能力はぐらついたままだ。

そのフィードバック・ループの先に待つのは、暗澹たる結果だ。ある調査によれば、読書にまったく興味のない中学生は、年間たったの一〇万語しか読まないという。[6] 平均的な中学生は年間およそ一〇〇万語を読み、私の娘のイザベラのような大の読書好きは、年間一〇〇〇万語を読む。娘は分厚い専門書を入れた馬鹿デカいリュックを背負ってよたよたと歩き、夏休みには図書館中の本を読み漁る。子どもの頃から読解力を身につけ、磨いてきた。生き生きした語彙を使いこなして自分を表現し、小学校に入った頃から教師に褒められてきた。そのような評価が次の評価を呼ぶ。知識が知識をもたらす。スキルがスキルを育てる。専門知識が専門知識を築く。そしてそれらが成功につながり、成功が成功を生む。

優先的選択によって、教育機会を持つ者と持たざる者との格差は拡がり、生涯を通じて雪だるま式に拡大し続ける。つまり、少なくとも理論上は読み書き能力が発達する平等な機会を持って生まれた子どもと、最初から読み書き能力が発達する機会を奪われた子どもとのあいだに生じた格差は、決して埋まらない。

そうであるならば、自分の成功を育て、プロジェクトを最初からうまく導かなければならない。言うのは簡単だが、説明書も処方箋もないため、実際に行なうとなると難しい。成功を積み重ねるためには……まずは成功していなければならないというのなら、そもそもどうやって最初の成功を摑むのか。優先的選択を、どうやって育てればいいのか。不動産仲介業者は、どうやって最初の家を販売したのか。

お馴染みの堂々めぐりというわけだ。ある大学生が夏休みに帰省し、ウェイトレスのアルバイトに応募したところ、接客で大忙しの店長がこう訊いた。「君、経験は？」その女子大生は、ありませんと正直に答えた。すると店長は「悪いね。うちがほしいのは経験者なんでね」と肩越しに振り向いて大声で答え、新しいコーヒーをつくりに行ってしまった。駐車場に向かいながら、学生はがっかりするやら腹が立つやらで、卵が先か鶏が先かの問題をぶつぶつとつぶやいた。「経験がないのに、どうやって経験者になれっていうの？」

たったひとつの賞がその後の命運を決める

スーパースターにしろ、ネットワークのハブにしろ、億万長者にしろ、桁違いの成功には、優先的選択が大きな役割を果たしているという証拠はたくさんある。だが、そのただ機械論的な説明の下には、重要な問いが隠れている。つまり、優先的選択がさらに根本的な要因に根ざしているとしたら？　たとえば才能や特権、あるいはその幸運な子どもが持って生まれた社会的な優位点があるとしたら？　言い換えれば、特定の人間が繰り返し成功するのは、ただ単に彼らが優れているからなのか、それとも彼らが一様に隠れた資源を持っているからなのか。

このような基本的な問いの答えを見つけようと、ファン・デ・リートは今回、ウィキペディアを利用して別の実験を行なった。[7] ウィキペディアの記事は匿名の〝編集者〟が共同で書き上げる。特定のテーマについて専門知識を提供しようという、あなたや私のような人間だ。定期的に記事を書く一部の者はよく知っているが、その貢献が並外れて素晴らしいとみなす編集者に、ユーザーは感謝賞を送ることができる。賞の目的は「ウィキ愛」、同サイトによれば「ウィキユーザー間の開かれた学び合いと相互理解の精神」を広めることにある。編集者としてログインする者は誰でも、「バーンスター」と呼ぶ賞を、誰にでも贈ることができる。その賞に値するかどうかを決める判断基準もない。

バーンスターは、重要な記事を頻繁に書く編集者を称える賞である。ファン・デ・リートはまず全編集者のなかから、積極的に活動する上位一パーセントの約二四〇〇人の編集者を特定した。そして、その熱心な〝ウィキオタク〟のなかからランダムに二〇〇人を選んで、やはりランダムにふたつのグループに分けた。両グループのレベルを同じにするために、ウィキペディアに対する貢献度が同等の編集者で構成して、実験を開始した。

どの編集者にも知られずに、ファン・デ・リートはいっぽうのグループが成功し、もういっぽうのグループとの間に差が現れるように仕組んだ。最初のグループの編集者全員にバーンスターをひとつずつ贈呈し、第二のグループには何も贈らなかったのである。つまり、たったひとつの違いを除いて、パラレルな宇宙をつくり出したのだ。最初のグループには公に貢献を認めた。第二のグループには何もなし。そして、実験の行方を見守った。

ファン・デ・リートからバーンスターを受け取ったグループは、にわかに動きが慌ただしくなった。実際、バーンスターを受け取らなかったグループと比べて、記事を編集する生産性が六〇パーセントも上がった。意欲的にもなった。だが最も注目すべきは、バーンスターを受け取ったグループのうちの一二人が、その後三カ月のあいだに、ほかのウィキユーザーから、新たにひとつ〜三つのバーンスターを受け取ったことだろう。ファン・デ・リートがバーンスターを贈らなかった第二のグループのうち、新たにバーンスターを受け取った者はふたりしかいなかった。ファン・デ・リートからランダムにバーンスターを受け取った者は、次のバーンスターを〝受け取りやすく〟なっていた。別のユーザーから、ふたつ目、三つ目を贈呈される可能性がずっと高まっていたのだ。

そう聞くと、つい次のような力学に飛びつきたくなる——バーンスターは努力を促し、次のバーンスターを生む。バーンスターのおかげで自信がつき、贈呈されるコツがわかり、知名度も高まり、次の成功を生む資源も増えたのだ、と。だが、ファン・デ・リートの実験の優れた点は、彼がその可能性を排除できたことである。バーンスターを受け取った編集者が、グループ全体としてさらに努力したことは間違いない。だが、ふたつ目、三つ目を贈呈された一二人の編集者の生産性が、ほかのメンバーと比べて上がっていたわけではない。さらに重要なのは、バーンスターを続けて受け取ることになった要因が、才能や編集したページの質、個々の編集者の熱意ではなかったことだ。グループのメンバーをランダムに選ぶことで、ファン・デ・リートはその可能性をうまく排除していた。この実験では、努力と才能を要因とする可能性を排除し、それらのパフォーマンスとは無関係に、報酬が報酬を生むことを実証した。そして成功が成功を生んだ。非常にシンプルだった。

ウィキペディアのバーンスターは、補助金や奨学金、昇進のような報酬に比べれば些細であり、本をたくさん読んだ小学一年生に教師が贈る、手づくりのメダルのようなものだと思うかもしれない。だが、私は大学でまったく同じ現象を目撃したことがある。ファン・デ・リートのような存在が優れた同僚に賞を贈ると、その同僚は成功へと続く道を歩んでいく。私が考える限り、どの場合においても、名誉を授けることは理にかなっていた。価値を認められた研究者の姿を見るのも嬉しかった。

ところが、愛は広まっていくことなく、価値を認められた同僚は集中して報酬を受け取るようになる。一度賞を受け取った研究者は、次の賞にノミネートされやすくなる。受賞歴は、受賞者本人の自信を生むばかりか、その社会の自信にもつながる。受賞者の真価に対する疑いを打ち消し、次の賞を与える理由を正当化するからだ。

「成功の第二の法則」が謳《うた》うように、パフォーマンスに上限があって競争者に優劣をつけるのが難しい時には、「受賞しやすさ」といった要因が、成功を摑めるかどうかを分ける。4章で紹介したエリザベート王妃国際音楽コンクールの審査員も、ファン・デ・リートとたいして変わらない。一二人の決勝進出者のなかから、審査員は事実上、優勝者をランダムに選んで報酬を与え、成功の軌道へと送り出す。ちゃんとその証拠もある。あの国際音楽コンクールに「バイアス」が存在するという事実を発見した研究者のグループが、優勝者のその後の経歴に、優勝が決定的な役割を果たしたことを明らかにしたのだ。[8] 研究者は、各出場者のコンクール出場後のレコーディング回数を分析した。英国の『グラモフォン・クラシック・カタログ』誌と、フランスの『ディアパソン』誌に名前が記載されたかどうかも調べた。この二誌に名前が載ることは、クラシック音楽界で成功した証《あかし》なのだ。各出場者のコンクール後の活躍について、批評家の意見も調査した。研究者はまた、各出場者のその後のキャリアについて、評論家に〇から四までのあいだで点数をつけてもらった。

　すると、エリザベート王妃国際音楽コンクールの優勝者は、若いうちに知名度が高まり、優勝と知名度というそのふたつによって、音楽家としての成功に弾みがついていた。一度成功すると、優先的選択が働いて成功の連鎖が始まり、優勝者を新たな高みへと押し上げていた。コンクールで高い得点を獲得した音楽家は、レコード契約を結びやすいだけでなく、音楽雑誌に取り上げられ、批評家からも高い評価を得ていたのだ。コンクールの優勝者が才能だけで決まると信じているのならば、その後の活躍も当然だろう。だが、出場者は全員が才能に恵まれている。最終選考に残ったファイナリストのパフォーマンスは、事実上、審査員には優劣がつけられない。最終的な順位を決めるのは、ずばり「運」と「バイアス」なのだ。それにもかかわらず、たとえ任意にしろ、おおぜいのなかから選ばれて受賞した者は、優先的選択のおかげで長きにわたって大きな利益を享受する。一度受賞した音楽家は、ますます〝受賞しやすく〟なる。

なぜサクラの行列には効果があるのか

この現象には「社会的証明」という側面がある。農家の朝市に出かけて、友だちとその場で社会的証明を再現してみればいい。友だちに頼んで、ある店の前にいかにも楽しそうに集まってもらうのだ。すると、それを見たほかの人たちが、まるで引き寄せられたかのように店の前に並ぶ。その店が売る人参は、通りの反対側の店が売る人参と比べて、格段においしいわけではない。だが、行列が生み出す活気や賑わいがほかの客の興味を引き、なんの騒ぎかと確かめたくなる。そして、その店の人参をどうしても買いたくなってしまう。その人参がとつぜん、並ばずに買える隣の店の人参よりも新鮮で甘く、みずみずしいオレンジ色に見えてしまうのだ。

どの製品を買うかから、どの運動に署名するかまで、ほとんどの選択の根底には優先的選択が隠れている。ソーシャルメディアで友だちから、請願書に署名してほしいと頼まれた時もそうだ。複数の友だちに頼まれた時には、署名する可能性が高くなる。その請願書に署名するよう四度も五度も頼まれ、たくさんの友だちが署名しているとわかれば、価値のある運動だと考える。きっと重要な運動に違いない。たくさんの友だちにとって重要な請願なのだから。

クリックするだけでキャンペーンを立ち上げて署名を集められる、「チェンジ・ドット・オーグ」を例に取ろう。このオンライン・プラットフォームでは、地方レベルからグローバルなレベルまで、日常的な問題から緊急の課題まで、これまでに三〇〇〇万を超える署名運動を支援してきた。署名することで、近所の青少年センターに対する財政支援を要請したり、選挙人団を派遣して公正な選挙の実施を要求したりできる。ウェブサイトから罵り言葉を追放しようと呼びかけたり、死刑囚に対する寛大な処遇を知事に求めたりできる。世界的な問題や世間を騒がせる事件のキャンペーンでは、数百万の署名を集めることもあるが、ほとんどの場合は少数の署名しか集まらない。

ファン・デ・リートはキャンペーンの認知度が高まるプロセスに興味を持ち、再び実験を行なった。立ち上がったばかりのキャンペーンを二〇〇個選び出して、一〇〇個ずつ、ランダムにふたつのグループに分け、いっぽうのキャンペーンにそれぞれ一二回ずつ署名したのだ。そう聞けば、どんな発見があったか、もうおわかりだろう。優先的選択は、イデオロギーの場合にも当てはまった。ファン・デ・リートがランダムに支援したキャンペーンは、署名しなかったキャンペーンよりも、その後、署名を集めやすかったのである。つまり、政治的、倫理的な重要性を孕《はら》むような〝公平性〟にまつわる問題の場合にも、〝不公平な〟メカニズムが働く。請願は民主主義を前に進める方法だと思うかもしれない。ところがファン・デ・リートも発見したように、どの運動もみな平等だとはいえ、その後の成功を促すのは、運動の倫理的な緊急性ではなく、それ以前の成功なのだ。私のフェイスブックのフィードには、いろいろな請願が次から次へと送られてくる。圧政的な政府が投獄した知識人を解放する運動や、大学に対する政治的な干渉に抗議するキャンペーンなど、署名の必要性を強く感じた時だけ、ごく稀に私も署名する。その意見に賛同して署名する。私個人のプライベートな判断だと、私は思っている。ところが私のフィードに届くのは、すでにたくさん署名を集めた運動ばかりだ。それ以外の運動に、私が関心を持たないからではない。それ以外の運動にもきっと関心を持つはずだ。だが、それらについてじっくり考えるよう私に促す者はいない。つまり、それらの運動には最初の〝ひと押し《ナッジ》〟がない。私の注目を引くだけの優先的選択が、まだ充分に働いていないのだ。

最初の好意的なレビューが肝心

「この見事なプロットについては、何も言う必要がない」ニコディーマス・ジョーンズは、『静かなる天使の叫び』のアマゾンのレビューにそう書き込んだ。事前予約でしか手に入らない、英国の作家R・J・エロリーの新しいミステリー小説のレビューである。「だが、段落や章に私が立ちすくんだことだけは言っておこう。血も凍るかと思えば疾走するようでもあり、時には詩的で気怠《けだる》い雰囲気を醸し出している。文章の深みを真に味わうためには、二度、三度と読み返さなければならない……まさに壮大な一冊である」[9]

本を出した経験のある私にとって、このようなレビューこそ大喜びで歓迎したい。しかも、これがアマゾンの最初のレビューであればなおさらだ。このように力強く、最初の好意的なレビューが、その後の成功を大きく左右する。そして、ジョーンズのレビューは『静かなる天使の叫び』の売れ行きに弾みをつけた。信頼性の高いレビューを早い段階で提供し、本書の素晴らしさを味わう機会を読者に与えたからだ。ファン・デ・リートがウィキペディアのバーンスターを贈呈した時と同じように、ジョーンズの惜しみないレビューは、さらなる賛辞を引き寄せるための強い勢いを生み出した。

著者のエロリーに、それ以上の賛辞が必要だったわけではない。『静かなる天使の叫び』は彼にとって五作目の小説であり、すでに熱心なファンもいる。その四作のうちの二作は、由緒ある賞の候補にも挙がった。それでも、新しい本を売るためには熱心な読者が必要だ。発売と同時に熱烈な賛辞がなければ、『静かなる天使の叫び』もたくさんの作品と同じように、忘れ去られていたかもしれない。もしジョーンズが、「英国ではお馴染みの相も変わらぬ警察小説のひとつ」と酷評していたらどうだっただろうか――これは実際、ミステリー作家スチュアート・マクブライドの『ダーク・ブラッド』に対する、ジョーンズのレビューである。最初のレビューがこんな手厳しい調子だったら、『静かなる天使の叫び』の売れ行きも危ぶまれたに違いない。だが結局は、全世界で一〇〇万部を売り上げる、エロリーにとって最大のベストセラーになった。

最初の段階の見えないひと押しは驚くほど重要な役割を果たし、新しいプロジェクトのその後の成功を左右する。実験社会学者のティンカーベルであるファン・デ・リートが、インターネットの一角で、まだ高く評価されていないプロジェクトに、妖精の粉をこっそり振りかけている場面をつい想像したくなる。知らず知らずのうちに彼の実験に参加していた被験者は、彼のありがたいお節介のおかげで思いも寄らない利益を得たはずだ。その成功が、ファン・デ・リートの意図的なひと押しのおかげだと知ったら、ひどく驚いたに違いない。同じように、あのような素晴らしいレビューが最初に登場したことに、著者のエロリーは大いに満足しただろう。

ただし、エロリーはまったく驚かなかった。それどころか、熱烈なレビュアーのニコディーマス・ジョーンズは、著者のR・J・エロリーだったのだ。エロリーはジョーンズという偽名を使って自分の本を褒めちぎり、ライバルの本を貶《けな》した。ジョーンズになりすまして、自分の本を絶賛するレビューを書いていたのだ。倫理的に問題のあるこの「自演」行為は、ソックパペット（靴下人形）と呼ばれる。しかも、世間が思う以上に蔓延している。インターネットのおかげで自演が簡単になったこの数十年、多くの作家やクリエイターがこの方法を利用してきた。世間で評価の高い作家が、自分の本を売らんがためにそんな真似をするとは、明らかに残念だ。だがそれ以上に残念なのは、その方法に大きな効果があることだ。なぜなら、貴重な夜の数時間を捧げる一冊の本を、あなたはどうやって選ぶだろうか。ほかの読者が、その本を読むに値する一冊と考えているかどうかをチェックするはずだ。ファン・デ・リートの実験が教えてくれるのは、初期のレビューが非常に大きな役割を果たすことである。彼らは成功を始動《キックスタート》させるのだ。

だが、自演には本当に効果があるのだろうか。掃除機を購入したりホテルを予約したりする時、人は評価やレビューを見て決める。そのため、普段当たり前に思うシステムが本当に正確で公平で、信頼できるものかについて、自演はもっともな疑問を投げかける。もし自分の利益となり、ライバルの不利益となるように、これほど簡単に評価を操作できてしまうのであれば、誰でも警戒すべきだろう。ジョーンズが絶賛するレビューは、本の売れ行きを促すのか。彼が酷評するレビューは、ライバルの新作を葬ってしまうのか。

計算社会科学〔訳注　情報技術によって取得・処理した大規模な社会データを分析・モデル化して、社会現象や人間行動を定量的に理解しようとする学際領域〕の新進気鋭の研究者であるシナン・アラルは、これらの問いの答えを探ろうとして、優れたオンライン実験を考え出した。あるニュースまとめサイトのコメントにある「賛成投票」と「反対投票」に手を加えたのだ。「賛成投票」は、ほかのユーザーがそのコメントを、「鋭い」あるいは「役に立つ」などと好意的に受け取ったという意味だ。いっぽう「反対投票」は、そのコメントを「余計」「的外れ」「不適切」などと受け取ったことを意味する。あるコメントに、アラルが最初に「賛成投票」のボタンを押すと、ご想像の通り、その後も「賛成投票」が続きやすかった。[10] この実験でも、成功が成功を生んだのである。

だが、私はそれ以上に次の問いに興味をそそられた。その判断が妥当かどうかは別として、もし「反対投票」のボタンを押した時にはどうなるのか。そのコメントに対する最初の投票が否定的なものだったら、「優先的〝反〟選択」が働いて、その後も「反対投票」が続くのか。著者のR・J・エロリーは、タイミングを狙った辛辣なレビューで、ライバルの息の根を止めてしまえるのだろうか。

アラルの発見は、意外にもほっとするものだった。あるコメントに「反対投票」をしても、負のスパイラルは起きなかったのだ。「優先的〝反〟選択」は作用しなかった。ほかのユーザーによる「賛成投票」が続いて「反対投票」の判断を正し、アラルのネガティブな影響を帳消しにした。理性が打ち勝ち、負の意見を無効にしたのである。

オンライン世界のネガティブな意見は、ひどく思いやりがない。人間が他者に対してどれほど残酷になれるものかについて嫌な気持ちになりたければ、あちこちのコメントを読んでみればいい。だが、アラルの発見はそんな嫌悪感を追い払ってくれた。オンライン世界では、ファン・デ・リートのような〝ティンカーベル〟は〝自演者〟よりもずっとパワフルなのだ。多少の混乱を引き起こすにせよ、本人が望むほど、世のエロリーたちに影響力はないのかもしれない。成功を摑むためには、最初の好意的なレビューが不可欠だ。だが、最初のレビューで酷評されたからといって、必ずしも悪い評価が続くわけではない。善の力である優先的選択を、悪の力として使おうとしたところでうまくいかないのだ。

優先的選択を作動させる

それでは、そのパワフルな善の力をどう使えば、成功をうまく育めるだろうか。

私たちの研究室ではまず、成功を摑むために不可欠な最初の勢いをつくり出す方法について頭を絞る。そして、私たちの独創的なプロジェクトを評価してくれる人がいれば、その意見を公表してほしいと促す。ファン・デ・リートの実験からも明らかなように、「最初に支援の約束をするのが誰か」は関係がなかった。誰かがその約束をすればよかった。だが最初の成功がどのくらいあれば、次の成功を引き寄せられるだろうか。どのくらいの刺激《キック》があれば、成功に弾み《キックスタート》がつくものだろうか。

その答えを教えてくれるのがキックスターターだ。一回の少額の出資が大きな影響を長く与えることはわかった。そこでファン・デ・リートは改めて実験を行ない、特定のプロジェクトに複数回ランダムに資金提供を約束した場合の影響を確かめた。ファン・デ・リートが支援ボタンを押さなかった場合、プロジェクトの六八パーセントがその後、資金を集められなかった。いっぽう、支援ボタンを押した場合には、七四パーセントが続いて支援を得られた。支援ボタンを四回押した場合には、その数字は八七パーセントに跳ね上がった。つまり、支援を約束する回数が増えれば増えるほど、次の支援を引き寄せやすくなったのだ。

ところが、そこに面白い落とし穴があった。支援ボタンを続けて押すと、第三者が支援を約束する回数が、そしてそのために一回当たりの出資額が大きく減ってしまったのだ。たとえばファン・デ・リートが、そのプロジェクトにとって最初となる資金提供を約束すると、第三者の支援が平均四・三回続く。だがその後、ファン・デ・リートが三回続けて支援ボタンを押すと、第三者による支援の約束は、一回につき平均一・七回に減ってしまった。金額で見た場合、ファン・デ・リートの最初の出資額は平均して二四・五二ドルだった。それに続いて第三者から、平均一九一ドルの資金提供の約束があった。ところが、ファン・デ・リートがその後三回続けて支援ボタンを押すと、一回につき出資額が八九・五七ドルに半減してしまったのだ。簡単に言えば、最初の支援提供の約束は、その後の支援提供の約束よりも、はるかに大きな効果があった。何度か続けて支援ボタンを押しても、その後に続く回数と金額は減ってしまうのだ[11]。

となると、そのプロジェクトに最初に支援ボタンを押す人は、ただプロジェクトの目標に出資しているだけではない。優先的選択を始動させ、プロジェクトを成功の軌道へと送り出しているのだ。だからこそ、「最初に評価する」という行為が非常に重要になる。立ち上げたばかりの事業、売れないアーティスト、思ったように増えない読者層、資金調達プロジェクトのどれにとっても、その後の運命を分けるのは最初の評価や承認だ。優先的選択の利益を望む者は、そのことを肝に銘じておいたほうがいい。ファン・デ・リートが行なったクラウドファンディングの実験も、「成功のためには確かに成功が必要だが、どんな桁外れの成功も、たったひとつの小さな成功から始まる」ことを教えてくれる。小さな町の金物屋に行くと、額に入れた一ドル札がレジの上に飾ってあるだろう? あれは単なる象徴ではない。店を開いて得た最初の売上こそ、まさに重要なのだ。初めての客は、その店の将来に投資してくれるのだ。何もかもがその客によって始まる。その客がその店を、成功へと続く軌道へと送り出してくれるのだ。

ここで思い出すのが、夢破れたキックスターターたちの墓場である。目標額に届かなかったプロジェクトのほとんどは、誠実で価値も高い。それでも人は、無名な者や勝ち目の薄いプロジェクトではなく、ネットワークのスーパースターを選びがちだ。それこそが、富の格差や桁外れの成功の裏に潜むメカニズムである。人生が不公平なのは、優先的選択が働くからだ。人生を公平なものにするためには、早いうちに才能を認めて評価し、その才能を支援する方法を見つけ出し、成功が雪だるま式に膨らむスイッチを入れなければならない。我が子をいい大学にやりたいと思ったら——そう願わない親がいるだろうか——あちこちに優先的選択が隠れており、我が子が将来、成功するかどうかの可能性にも深く刻み込まれていることを忘れてはならない。

人間は本質的にリスクを嫌う。それゆえ、常に既存の承認や指標を探す。そうすれば、自分の選択や決定が周囲の承認を得られるからだ。こうして〝賞を獲りやすい〟相手に賞を与える。リスクを冒さず、アカデミー賞に輝いた俳優を別の賞にノミネートする。エリザベート王妃国際音楽コンクールの優勝者に、音楽界の奨学金を支給する。あるいは『こねこばくはつ』の熱心な出資者のように、とっくに莫大な資金調達に成功したプロジェクトに出資する。すでに定義したように、成功とは集団的な現象である。みなが一緒になって成功をつくり出す。才能や質、パフォーマンスを測定する方法がない分野では特に、大衆が広く認めた意見を参考にしがちだ。だが、そのためにその影響は蔓延する。そして、成功をますます格差あるものにしてしまう。

最初にハブを引き込んでおく

キックスターターに出資したわけではないが、私も『こねこばくはつ』の大ファンだ。八歳になるアドレナリン・ジャンキーの下の息子だけでなく、私までがあのゲームには興奮する。大人の私でも、面白くてつい夢中になるゲームだと思う。我を忘れてしまうらしく、静かにしてほしいと家族に注意される始末だ。最初の出資者たちの直感は優れていたのだろう。それに、あれだけ面白ければ出資の約束が殺到したのも当然だ。だが、あのゲームもキックスターターの墓場行きだった可能性がある。それではなぜ出資者は、試したこともないあのゲームを絶対に面白いはずだと思ったのだろうか。

それは、『こねこばくはつ』には、出資に弾みがつく仕掛けが最初からあったからだ。こういうことだ。あのプロジェクトが公表された直後に、自分のクレジットカード情報を画面に打ち込んだ最初の出資者たちは、マシュー・インマンのファンだったのである。インマンは、「全てを見通す魔法使い山羊にたずねる」や「ブタユニコーンの腹をさする」「必殺・背中毛三千丈」など、カードの絵を描いたイラストレーターだ。ウェブサイトの「オートミール」を運営し、『イルカをボコる5つの理由』などの本も出しているコミック界の大スターである。[12]

『こねこばくはつ』と違って、オートミールは一夜にして話題になったわけではない。コミックを描くたびに少しずつファンが増え、優先的選択を誘発してきた。インマンが二〇〇九年にオートミールを開設して、そのミニマリスト的でキャラの立った、乾いたコミックに、気の利いたコメントをつけて公開した時、彼の本職はウェブデザイナーだった。だがそのコミックが、ソーシャルニュースサイトのディグやレディットで評判になると、インターネットのなかった時代には想像もつかない速さで、インマンは一気に有名になった。わずか一年後には、オートミールは月に二〇〇〇万人の訪問者を数えていた。その時点でウェブデザイナーの仕事を辞めて本を自費出版したところ、売れまくり、家族のメンバーを雇って配送作業を手伝ってもらうはめになった。その後、老舗出版社と契約を結び、本はNBCのトーク番組『ラストコール・ウィズ・カーソン・デイリー』でも紹介された。

『こねこばくはつ』の成功を通して、インマンの友人のエラン・リーが教えてくれるのは、自演したり出資者を操ったりすることなく、「優先的選択を巧みに使って、創造的なプロジェクトの利益を生み出す」方法である。ファンの多いインマンという「ハブ」をプロジェクトに引き込むことで、リーはゲームが成功する仕組みをつくった。そして、インマンのコミックをよく知るファンは、すぐに『こねこばくはつ』に興味を持った。うってつけのネットワークで噂を広めることで、リーはその名の示す通り、ゲームの人気が爆発するように仕組んだのだ。次章で詳しく述べるように「質が重要な役割を果たす」にしろ、この場合において出資金が殺到した理由を「ゲームの価値にある」と考えるのは難しい。なぜなら、誰もお金を支払う前にゲームを試してはいないからだ。プロジェクトの公表と同時に、資金提供の約束が殺到する触媒の役割を果たしたのは、マシュー・インマンのファンだったのである。

私は下の息子のレオと『こねこばくはつ』で遊ぶのが大好きなように、上の息子のダニエルと読書するのも大好きだった。ダニエルのおかげで、私は『ハリー・ポッター』シリーズを読破した。息子が大人になるまで、あの分厚いハードカバーのシリーズはずっと大人気だった。息子の語彙を増やす手伝いをしたことで、ダニエルの語彙が徐々に増えていったが、それ以上に嬉しかったのは、『ハリー・ポッター』の物語に没頭しているダニエルの姿を見ることだった。想像力をめいっぱい働かせて、本のなかに頭を突っ込まんばかりにして熱中しているダニエルは、まるでどこか別の宇宙に運ばれて行ったかのようだった。

ダニエルはもちろん、『ハリー・ポッター』に夢中だった。最初の二巻は私がハンガリー語で読み聞かせたが、第三巻が発売になった時、ハンガリー語版が出るまでの数カ月が待ちきれず、ダニエルはひとりで英語版を読んだ。シリーズ最終作となる第七巻を手に入れるために、ふたりで出かけた冒険の旅はいまでも忘れられない。トランシルヴァニア地方の中心にある、ナジセベンという美しい中世の街までふたりで足を延ばしたのだ。ハリーと親友のロンをホグワーツに連れて行った〝空飛ぶフォード・アングリア〟に乗っていたわけではないが、あの時の旅はまるで魔法の旅のように思われた。

私とダニエルがわざわざ遠征してまで第七巻を手に入れようとしたのは、『ハリー・ポッター』が恐ろしい勢いで売れていたからだけでなく、とても面白かったからだ。何か特別なものに結びつく時、優先的選択はてきめんに効果を表す。『ハリー・ポッター』の登場人物が時々、「燃えよ《インセンディオ》！」と叫んで赤とオレンジの炎を呼び出すように、何か特別なものが現れる時というのは、まるで魔法が火をつけたかのように見える。

その魔法の呪文とはいったい何だろうか。

7 好みは人それぞれ
——質はどのようにして、社会に影響を与えるか

英国の出版社オリオン・ブックスのケイト・ミルズ編集長は、デスクの上に積み上がって埃をかぶった山のなかから原稿の束を引っ張り出した。元軍警察のロバート・ガルブレイスが書いたという犯罪小説は、素晴らしい出来だった。美しい文章。自信に満ちた文体。義足の主人公にも読者を引きつける魅力がある。ミルズはじっくり原稿に目を通して思った。「悪くない。だけど、ちょっと地味ね」そして、すぐボツにした。[1]

だが、ガルブレイスはようやくチャンスに賭けてくれる出版社を見つけた。二〇一三年四月、英国で『カッコウの呼び声』が世に出ると、犯罪小説家のジェフリー・ワンセルが『デイリー・ミラー』紙で、「有望な新人現れる」と絶賛した。[2] ところが、ワンセルの熱烈な賛辞にもかかわらず、熱心なファンを獲得できずにわずか五〇〇部しか売れなかった。とても、有望な始まりとは言えなかった。

そこへ、ある噂が流れる。ガルブレイスのエージェントと編集者が、『ハリー・ポッター』の

著者J・K・ローリングの担当者と同じだというのだ。そのうえ、男性作家にしては珍しく、女性の服装の描写に優れているという点も噂の信憑性を高めた。真相を確かめるべく、『サンデー・タイムズ』紙がコンピュータサイエンティストに依頼して、ローリングの『カジュアル・ベイカンシー』と、ガルブレイスの『カッコウの呼び声』とを比較したところ、同一人物でもなければ説明がつかないような、言語の不可解な類似性が浮かび上がった。動かぬ証拠を突きつけられて、ローリングはついに正体を明かした。無名の元軍警察ロバート・ガルブレイスは、現代の英国で最も有名な作家のJ・K・ローリングだったのだ。ローリングがそう認めた翌日、『カッコウの呼び声』は世界的なベストセラーになった。

別名義で小説を発表することで、ローリングは「成功の科学」を自分なりの方法で実験していた。「派手な宣伝や世間の期待なしに」出版して、読者や批評家から先入観のない感想や書評を受け取るという「純粋な喜び」を味わいたかったのだ。そして、自分の小説の客観的な真価を確かめていた。別名義という方法で、自分の桁外れの人気の影響を取り払ったのである。

三〇年以上も前に、モダン・ホラー作家のスティーヴン・キングも同様の実験を行ない、リチャード・バックマン名義で小説を発表し、それまでの成功は運によるものか才能によるものかを確かめようとした。キングはバックマン名義の小説をできるだけ販促活動なしに売ろうとし、偽名の作家をあえて厳しい状況に置いた。そして、キングみずからバックマンの人物像を丹念につくり込んだ。本のカバーには、いかつい顔つきの男性がむっつりとこちらを睨んでいる写真を採用し、略歴には長く商船員として働き、いまはニューハンプシャー州の田舎で養鶏業を営んでいるとした。著者紹介によれば、バックマンは夜には「いつもオリヴェッティのタイプライターの脇に、ウィスキーグラスを置いて」書き物をするという。

ローリングの時と同じようにキングも正体がバレてしまい、事実を認めざるを得なかった。キングとバックマンの文体が驚くほど似ていることに、ある書店の店員が気づいたためだった。だがそう見破られる前に、バックマンは四作も発表していた。その最後の一作『痩せゆく男』は、「スティーヴン・キングが書けたなら、スティーヴン・キングが書いただろう一冊」と銘打ち、約四万部を売り上げていた。ところが、実はキング本人の作だとわかるとベストセラーになり、その一〇倍を売り上げた。キングの名前の陰に隠れて、バックマンはひっそりと消えていった。のちのインタビューでキングはこう答えている。一九八五年、リチャード・バックマンは「偽名癌という奇病で」突然死した、と[3]〔訳注　1996年と2007年には、バックマンの未発表作品が見つかったという設定で、同人名義で小説を発表している〕。

偽名癌は、ロバート・ガルブレイスの場合にも当てはまりそうだ。J・K・ローリングはもちろん、『カッコウの呼び声』がその真価によって売れることを強く望んだ。だが、表紙にローリングの名前がないその作品は、多くの読者を獲得できなかった。注目されないという現象は、ローリングにとって初めての経験ではない。二〇年前、生活保護を受けながら暮らしていたシングルマザーのローリングは、『ハリー・ポッター』の原稿を一二社の出版社に断られている。当時の暮らしぶりについて、「現代の英国でみなが思い描くホームレス一歩手前の」極貧だった、とのちに告白している。[4] その話で思い出すのは、才能と固い決意さえあればスーパースターの座を摑めるという、古典的な立身出世物語である。だが、どうやらそれもいつもとは限らないらしい。『ハリー・ポッター』はその真価によって大ヒットしたのに、『カッコウの呼び声』はなぜ、ローリングの名前なしにはヒットしなかったのか。同じ才能の持ち主が書いたにもかかわらず、なぜいっぽうは五億人の想像力を掻き立て、いっぽうはたったの五〇〇部しか売れなかったのか。『ハリー・ポッター』のほうが『カッコウの呼び声』よりも、ずっと出来がよかったのかもしれない。そういう単純な理由ではないか。誰だって宝石とガラクタの区別くらいつくはずだ。パーソナルトレーナーからホテルまでのあらゆるものを評価し、どの商品を買い物カゴに入れるかを決める時、人は質のいいものを探す。本から映画、車、サービスまで、よりよいと思われるものを躊躇なく手に入れる。

だが、たとえ警察小説がローリングの得意分野でなかったとしても、『カッコウの呼び声』は同じ創造力の源泉から生まれている。それゆえその説明では、なぜローリングの名前なしには『カッコウの呼び声』はヒットしなかったのかという、先の問いの答えにはなっていない。もしあなたが編集長のケイト・ミルズで、次のベストセラーを探して原稿を読みながら小さな判断ミスを犯せば、あなたにとってもその本にとっても、待っているのは破滅的な結果かもしれない。『ハリー・ポッター』をボツにした出版社のひとつになるのは簡単だ。そしてベストセラーの基準をすべて兼ね備えた本をボツにして、たった数百部しか売れない本を選んでしまう。もし宝石とガラクタとを見分けるのが簡単だと思うのなら、ケイト・ミルズの仕事はなぜそれほど難しいのか。

その理由は、優れたものを見つけ出すことが、あなたが思う以上に難しいからだろう。書店に足を運べば何千冊もの本があり、iＴｕｎｅｓには何百万タイトルもの楽曲がある。ディスカウントストアの棚には大量の商品が並んでいる。それでどうやって、質の優れたものだけを選び出せるだろうか。

そこで役に立つのが友だちだ。そしてもし、その友だちがある本を勧めたら、あなたがその本を買う可能性は高まる。あの新しいレストランは派手な宣伝ほど美味しくないと聞けば、別のレストランを選ぶ。隣人がうちの冷蔵庫は使い勝手が悪いと言えば、違う会社の製品を購入する。各社がしのぎを削る分野で、本来の価値によって製品を選ぶことは難しい。そこで質問し、観察し、誰かの意見を聞く。相手の意見を参考にして判断する。推薦されると余計な選択肢が減り、優れた製品を見つけやすくなる。安心もできる。飛ぶように売れるベストセラーは、社会のお墨付きだ。その結果、みな揃って同じ本、同じ楽曲、同じレストラン、流行の同じツールに殺到し、それ以外のものには見向きもしない。

だが、クラウドソーシングで何かを選択する時、あなたは本当にお金と時間を優れたものに投資しているのだろうか。それとも、ただ単に大衆に迎合しているだけだろうか。

ミュージックチャートは予測不可能

社会学者のマシュー・サルガニク、ピーター・シェリダン・ドッズ、ダンカン・ワッツの三人は、ヤフーで「ミュージックラボ」の実験を行なった。[5] 言ってみれば、J・K・ローリングの実験を社会学の視点で再現したわけである。人気が成功に及ぼす影響を解き明かすために、三人は一万四〇〇〇人の被験者に、無名のバンドの楽曲を聴いてもらい、〝ケイト・ミルズ編集長が直面する持ち込み原稿の音楽版〟に挑戦してもらった。三人が実験用に選んだ楽曲は、バンドメンバーの家族や友だちを除けば、ほとんど知られていない曲ばかりである。

被験者には、若者を中心に——その四分の三が二〇代半ば以下だ——大の音楽好きが集まった。一〇代の娘があなたのスポティファイ（音楽ストリーミングサービス）のプレイリストを操作して、面白がったり露骨に顔をしかめたりする場面を思い浮かべてほしい。その光景を一万四〇〇〇倍するのだ。考えただけでゾッとするだろう？

実験では、被験者には知らせずに、一万四〇〇〇人をそれぞれ九つのバーチャルルームに案内した。そのうちのひとつ、対照グループの被験者には簡単な作業を割り当てる。四八曲を聞いてもらい、一位から四八位までにランク付けしてもらうのだ。被験者はその報酬として、どれでも好きな曲を自分のミュージックライブラリにダウンロードできる。被験者がダウンロードした曲は、彼らが純粋に楽しんだ――少なくとも、もう一度聴きたいと思った――曲だという、信頼できる指標とみなせる。研究者は、ダウンロード回数の多い楽曲を「いい曲」、少ない楽曲を「悪い曲」と捉えた。

もちろん、楽曲のよし悪しは聴く者によって変わる。アメリカのティーンエイジャーが好む曲は、トランシルヴァニア地方に住む一万四〇〇〇人のおばあちゃんや、クラシック音楽家にとっては聴くに堪えない代物かもしれない。それゆえ、真の質を定量化することは難しい。望むべくは、その曲の「適応度」――「その楽曲がほかの楽曲と比べて、被験者の注目を奪う競争力」――を測定することだ。対照グループのメンバーとほかの被験者の属性はほとんど変わらないため、対照グループと被験者の反応もほとんど変わらないものと予測された。

イヤホンをして宿題をしている時のように、対照グループは言われた通りに楽曲をランク付けした。そして、その報酬として好きな曲をダウンロードした。ここまでは単純な実験である。だが一万四〇〇〇人のうち、対照グループはごく一部に過ぎない。残りの被験者は八つのグループに分けられて、それぞれのバーチャルルームに案内される。そこで同じように曲を聴いてランク付けし、好きな楽曲をダウンロードする。ただしひとつだけ、重要な点が違っていた。彼らは、同じグループのほかの被験者がダウンロードした回数を教えられるのだ。自分の順番が来た被験者がオンラインの部屋に入って、気に入った曲をダウンロードするたびに、各楽曲のダウンロード回数は変わる。だから被験者は、前の被験者によってちょっとずつ変わったチャート表を目にする。そして、その被験者が部屋を出て行く際にも、次の被験者のためにちょっとずつ変わったチャート表を残していく。

　ダウンロード回数を見ることで、大半がティーンエイジャーの被験者は、彼らの世界の「集合知」を働かせてベストの曲を選び出した。集合知は働いていた。すなわち、どのグループにおいても、特定の曲がトップに浮上し、驚くような安定性でその座を守り抜いたのである。言い換えれば、どのグループでもベストの曲について、早々に意見が一致したのだ。とはいえ、意外な展開があった。グループ内ではすぐに同じ曲に人気が集まったものの、グループ間では大きな違いが見られたのである。八つのグループをパラレルワールドに喩えるならば、それぞれの世界でまったく違う音楽の好みが発達したのだ。たとえば、あるグループで人気のあった「52メトロ」というバンドの「ロックダウン」という曲は、別のグループではほぼ全員から評価が低かった。ティーンエイジャーがいったん仲間の好みに気づくと、社会的影響［訳注　個人が集団から受ける影響。個人がその影響を受け入れることで、集団に対しても影響を及ぼす］が働いて被験者の好みが歪み、予測不可能な結果をもたらしていた。

　もし成功かそれ以外の結果かを分ける要因が適応度だけならば、常にベストの曲が一位に選ばれ、成功は予測可能であるはずだ。ところが、ことはそう単純ではない。パフォーマンスには上限があるため、専門家でさえ、優れた演奏者のなかからさらに優れた演奏者を選ぶことは難しい。だが、ミュージックラボの実験で、被験者が聴いたミュージシャンたちは必ずしも全員が優れていたわけではなかった。まさに玉石混交だったが、それでもグループ間で被験者の意見は一致しなかった。それどころか、そのオンライン世界で予測可能だったのは……好みの曲がいかに予測不可能かということだった。社会的影響が強ければ強いほど、結果はますます予測不可能になった。どの曲であれ、被験者は前の被験者たちの好みだと思う楽曲を選んで、その曲の順位を押し上げた。[6]楽曲本来の価値と実験結果とは、ほとんど関係がないように思われた。

教師の期待が生徒の成績を上げる

ミュージックラボでベストに選ばれた曲は、言ってみれば「自己実現的予言」である。これは一九四八年に社会学者のロバート・K・マートン（149ページ参照）が、学校の成績のギャップを説明するために考え出した言葉である。「たとえ根拠のない考えであっても、人がそう信じて行動することで、結果として、その間違った考えが実現してしまう」現象を指し、マートンはアフリカ系アメリカ人やラテンアメリカ系などの少数派のグループが、自己実現的予言によって、最初から学校の成績で不利な立場にあることを説明した。[7・8]二〇年後には、その威力を証明する次のような実験も実施されている。

実験の舞台となったサンフランシスコのオークスクールという小学校は、ロウアー・ミドル階級の地域にあった。[9]一年生から六年生までの全生徒は、いかにもそれらしい名前の「ハーバード式活用習得テスト」を受けた。教師はそれぞれ自分の受け持ちクラスで、そのテストの成績優秀者上位二〇パーセントの〝英才児〟の名前を教えてもらった。その後の一年間に、知力の伸びが特に期待される生徒というわけだ。そして学年の終わりに、生徒は再び試験を受けた。すると案の定、その二〇パーセントの英才児たちはテストの成績が非常によく、ほかの生徒よりもＩＱのスコアがずっと上がっていた。かのハーバード式テストは、優れた得点をあげる子どもを正確に指摘し、驚くような成功を収めたのである。

ただし……ハーバード式活用習得テストなるものは存在しなかった。生徒は確かに学年の初めにテストを受けたが、それは標準的なＩＱテストだった。さらに重要なことに、研究者はそのＩＱテストの結果を用いてもいない。それどころか、上位二〇パーセントだという生徒は、ランダムに選ばれた生徒だったのだ。つまり、ハーバード式活用習得テストはまったくのでっち上げだったのである。だが、でっち上げでなかったこともある。英才児とされた一年生と二年生の上位二〇パーセントの生徒が、学年の終わりに受けたＩＱテストで、本当に素晴らしい点数を取ったからだ。

「ある生徒が評価テストで、ほかの生徒よりも優れた知力を示した」と伝えることで、研究者は生徒の能力に対する教師の考えを変えたのだ。生徒は自分が英才児であることを知らないまま、普段通りに学校生活を送った。積極的に手をあげる子もいれば、教室の後ろの席でぼんやりしている子もいた。宿題をきちんと提出する生徒もいれば、忘れて言い訳をする生徒もいた。学校が好きな子も嫌いな子もいた。だが、ありもしないテストの点数を根拠に、生徒の隠れた能力を教師が知ってしまったことで、自己実現的予言が働き、教師がその生徒に高い期待を寄せた。生徒の優れた能力を期待し、その能力を発揮するように励ました。そして、その能力を〝つくり出す〟ことで、生徒は教師の期待に応えたのである。

並外れた適応度は社会的影響を寄せつけない

自己実現的予言が意味するところは、条件さえ整えば、最も成績の悪い生徒やいちばん人気のない楽曲でもトップになれるということだ。だが、相手や商品に対する誤った思い込みは、実際に長く続く成功をもたらすのだろうか。それとも遅かれ早かれ、王様は裸だと気づくのだろうか。先の実験から二年後に、ミュージックラボは改めて実験を行ない、その問いの答えを見つけ出そうとした。

オークスクールの実験を真似たかのように、今回、三人の社会学者は約一万人の若者の被験者を意図的にだました。[10] まずは、対照グループに楽曲を聴いてもらった。そしてその結果、ダウンロード回数が多かった曲を少なかった曲として、またダウンロード回数が少なかった曲を多かった曲として被験者に伝えた。つまり、仲間に最も人気のなかった曲を最も人気のあった曲だという、間違った印象を与えたのである。

こうして被験者のティーンエイジャーが目にしたのは、ダウンロード回数を反対にした、逆さまのチャート表だった。その瞬間に、被験者はお馴染みの躊躇を見せた。みなほしがるが、ほとんど役に立たないお洒落なツールを見た時の、あの反応である。思い出すのは、一〇年前に大流行した小型のミルク泡立器だ。あるいは周囲が熱中している、面白くも何ともないシチュエーションコメディ。「僕の感覚がおかしいんだろうか」あなたはそう訝《いぶか》る。「あのひどい番組のいったいどこが面白いんだ？　ちょっと考えてみよう。ちゃんと考えてみればひょっとしたら……」

今回の実験は、J・K・ローリングの実験を大規模にしたようなものだった。本も楽曲も、「評判シグナリング」の恩恵を受ける。すなわち、あなたがその作家か歌手を知っている時には、その本かアルバムにワクワクする。だが、もし知らなければほとんど関心を持たない。評判シグナリングは、いたるところで見られる。たとえば4章で述べたように、ブドウ園のステータスは欠陥あるシステムの上に成り立っているのにもかかわらず、ステータスの高いワイン醸造所はステータスの低い醸造所よりも、ほとんど質の変わらないワインに高い値段をつける。ノートルダム大学アメフトチームは、大学フットボールチーム史上抜群の知名度を誇るため、成績がぱっとしない時にも、毎年のように招待チームに選ばれる。由緒ある投資銀行は、ほかの銀行とまったく変わらない金融商品に高い手数料を設定する。科学者の世界でも同じだ。何らかの手違いで、著名な科学者の名前を共著者リストに載せ忘れると、論文は学術雑誌に掲載されにくくなる。[11]

ミュージックラボの実験では、被験者に偽の情報を与えることで、「正常な評判シグナリングが働かない時にはどうなるか」を確かめた。案の定、逆さまの情報によって優れた楽曲は致命傷を受け、出来の悪い楽曲は恩恵を受けた。

人間が生き残るためには、集団が個人に及ぼす社会的影響が不可欠だ。おそらくその影響のおかげで、祖先は毒キノコを何度も食べずに済み、トラには近づかなくなった。あなたの判断は、あなたが属する社会の考えや経験のシグナルを受ける。アイスクリームブランドからアート作品まで何を評価する時でも、仲間の意見を参考にする。そして評判がよければ、優れているに違いないと判断する。反対に評判が悪ければ、お粗末に違いないと却下する。人気が人気を呼ぶ。成功が成功を呼ぶのと変わらない。

だが、とりわけ興味深いのは、この実験の最も特異な発見のひとつだろう。稀なケースとして、適応度が並外れている場合には社会的影響を寄せつけないということだ。具体的に言えば、対照グループが第一位に選んだ「パーカー・セオリー」の「シー・セッド」という曲が、偽のチャート表の最下位から劇的に返り咲いたのだ。「シー・セッド」は、ダウンロード回数を徐々に増やしていった。被験者が偽のチャート表を見た直後から、ゆっくりと、だが着実に、チャート表の階段をのぼっていった。やがて優先的選択が働いて、トップへと続く道を駆け上がった。最下位に落とされるという厳しいペナルティを科されたにもかかわらず、自力本願を説く寓話のように見事にレースに復帰したのである。つまり、優れたパフォーマンスは社会的影響という逆境をものともせず、堂々と返り咲くのだ。どれだけ強くドレッシングを振っても、油分が必ず表面に浮いてくるようなものである。

「シー・セッド」のカムバックが教えてくれるのは、「成功が成功を生む」原動力である優先的選択が、成功について言えば、単独では作用しないということだ。それは、適応度とともに働く。「シー・セッド」は、次に挙げる「成功の第三の法則」を示す具体的な例だろう。

過去の成功×適応度＝将来の成功

適応度と「金持ちはより金持ちに」という現象とは衝突せず、深く関わり合い、一緒になって働いて、あなたの選択を決め、いろいろな結果に影響を及ぼす。それなりの製品に大衆が不相応な名声を与える場合もあるにしろ、本当にひどい製品を全面的に支持することはない。偽のチャート表が人気のない曲をランクの上位に押し上げようとも、集団がその曲を本気で好きになることはない。「シー・セッド」のように、パフォーマンスと優先的選択とが美しいハーモニーを奏でる時、それは成功への「千載一遇の機会《パーフェクト・ストーム》」をつくり出す。

「適応度」とは何か

私が「成功の第三の法則」に初めて気づいたのは、ミュージックラボの実験の七年前である。当時の私は、WWWの新規参入者であるグーグルが、最大のハブになった理由を探ろうとしていた。理論的に考えれば、グーグルの成功は筋が通らない。なぜなら優先的選択によれば、古いサイトほどリンクをたくさん獲得するはずだからだ。古いサイトは多くのリンクを集めてハブに成長するだけの時間があるため、新規参入者よりも常に有利な立場にある。それは、いろいろな分野にも当てはまる。あなたが外科医を探しているとしよう。それ以外の条件がすべて同じだとすれば、年配の外科医は若い外科医よりも有利な立場にある。なぜなら、年配の外科医のほうが多くの患者を診てきたため、その外科医を推薦する患者の数が多いからだ。となると、あなたがその外科医の手術を受ける可能性も高い。若い外科医は、手術の結果に満足してくれる患者数がまだ少なく、経験豊富な外科医の陰に隠れて、キャリアをスタートさせなければならない。

しかしながら、このルールにはグーグルという異彩を放つ例外がある。一九九七年当時、ほとんどの人が利用していたのは、アルタヴィスタやヤフーのインクトミのような検索エンジンだった。ところがサービス開始から三年も経たないうちに、グーグルは独走状態にあった。あっという間に不動の地位を築いために、「ググる」という動詞まで登場した。そこで疑問が湧いた。新参者のグーグルはどうやって、強大な先発企業が持つ「早い者勝ち」という優位性を打ち破ったのか。もっと詳しく調べてみると、どんな市場でも、あとから参入してグーグルばりの猛烈な成功を収め、何年もしないうちに市場を席巻した新参者がすぐに見つかった。新興企業として航空業界を破壊したボーイング社がそうだ。潰瘍薬のザンタックは、競合を駆逐してしまった。サミュエルは全米のビール愛飲家に、地ビールの味わいを提供した。優先的選択によって成功の加速状態にあった先発者の勢いを、ボーイングやザンタックやサミュエルはどうやって止めたのだろうか。

　実のところ、シンプルな理由だった。それらの製品には、ほかの製品にはない優れた特徴があったのだ。そしてそのおかげで、知名度の低さという不利な条件を克服していた。目的のサイトを的確に教えてくれる検索エンジン。より機能的で信頼性の高い旅客機。効き目の優れた潰瘍薬。愛飲家を唸らせるビール。より迅速で、目的に適った新たなハブは、時代遅れのハブと張り合うどころか、それらをあっさりと追い抜いてしまったのだ。

　それゆえ、後発者がなぜ現在のようなハブになったのかを理解するために、私たちは各ノードに、その優位性を表す本質的な特性を与えなければならなかった[12]。そして進化論から言葉を借用して、その特性を「適応度」と名づけた。適切な呼び名だろう。なぜなら、適応度は間違いなく「質」に左右されるにしろ、必ずしも「質」と同義語ではないからだ。適応度は製品の「質の高さ」の評価ではない。競合を打ち破って、購買者や読者、ファンを獲得する、その製品特有の能力を指す。たとえば、大胆な描写で話題になった官能小説『フィフティ・シェイズ・オブ・グレイ』を、純文学派の読者は「質の高い」小説とは認めない。それでもその適応度、すなわち純文学タイプの小説の部数を軽く凌ぐ能力は否めない。適応度のおかげで、どの外科医も同じように優れているわけではなく、どのウェブサイトも同じように役に立つわけではないとわかる。

「過去の成功×適応度＝将来の成功」という「成功の第三の法則」は、私たちの直感を、予測に使える数学的な言語に変えてくれた。この法則を支える方程式を使うことで、たとえ後発であっても、適応度の高いノードが主要なプレイヤーになれることを予測できたのだ。それは実際、見事な効果を発揮し、WWWのページがリンクを獲得していく豊かな競争力学を正確に描き出した。

「成功の第三の法則」はまた、「成功」と「その製品の真価」とが一緒に働いて、市場を席巻するプロセスについても正確に教えてくれた。適応度が高ければ高いほど、無名というハンディキャップを克服して、リンクは日々、着実に増えていく。腕のいい外科医が手術を行なうと、患者の痛みは減り、健康は改善する。腕が上がれば上がるほど、外科医を推薦する声は高まり、患者の数も増える。私たちのモデルによれば、ふたつのノードの適応度が同じ場合には、古いノードがやはり有利に働く。経験豊富な外科医のほうが、同じくらい腕のいい新米外科医よりも、患者を集めやすいのと同じだ。だが、ふたつのノードの知名度が同じ場合には、どちらが多くのリンクを集めるかは、ひとえに適応度で決まる。

「成功の第三の法則」が予測するように、もし適応度が製品の最終的な運命を決めるのならば、「人気」と「適応度」とが密接に絡み合った関係にある時には、どんなことが起きるだろうか。

人気を切り離して、製品の真価のみを観察することは可能だろうか。

「人気」と「真価」は分離できる

ミュージックラボの実験が教えてくれるのは、人の好みが周囲の影響を受けやすいという事実だ。目の前の製品のお粗末さに気づかないわけではない。だが製品の質には上限があるため、〝そこそこ〟の選択肢を目の前に並べられた時には、つい自分の判断を曲げて、周囲の意見に従ってしまう。その時、人気のある製品が必ずしも本当に優れているとは限らない。そして、そこに真の問題が存在する。つまり、私が読みたいのは読書の喜びが味わえる本であって、単に世間で人気の本ではない。私が泊まりたいのは居心地のいいホテルであって、宿泊客が押し寄せるホテルではない。ところが、アマゾンやホテルズドットコム、あるいはレビュアーが製品を格付けするフォーラムをスクロールした時には、人気を判断材料にするほかない。ついには、「人気」と「その製品の真価」とが一緒くたになってしまい、本当の質がわからなくなってしまっている。このふたつを区別することは可能だろうか。J・K・ローリングの人気を切り離して、ロバート・ガルブレイスの『カッコウの呼び声』が、どれほど優れた作品かを知ることができたら、役に立つのではないか。

「成功の第三の法則」をビッグデータに適用すれば、それが可能だとわかった。

先日、まさしく「人気」と「真価」とを区別しようとする、オーストラリアの大学の研究者が発表した論文を発見した。ぐいぐい引き込まれて読むうちに、共著者のなかに見覚えのある名前を見つけた。スペイン人のネットワークサイエンティスト、マヌエル・セブリアンである。彼と出会ったのはもう何年も前、ポスドク時代の彼が私の研究室に面接に現れた時だった。非常に優秀な候補者だったが、当時、うちの研究室には彼を雇うだけの金銭的余裕がなかった。セブリアンは結局、川向こうのＭＩＴに職を見つけ、国防高等研究計画局（ＤＡＲＰＡ）が開催した「ネットワーク・チャレンジ」というコンテストで優勝した。ＤＡＲＰＡが全米中に一〇個配した気象観測用の赤い気球の位置を、すべて特定するというコンテストに、ネットワークサイエンスを使って参加したのだ。最終的にセブリアンはオーストラリアに職を見つけて、数年前から行方がわからなくなっていた。そしてそれが彼の論文とわかり、私はすぐに自分の考えと疑問を書いた長いリストを付けて、セブリアンにメールを送った。ボストンとメルボルンとの十数時間の時差を考えて、早ければ明日には返事が戻ってくるものと期待した。

ところがわずかその数時間後に、セブリアンがまるでＪ・Ｋ・ローリングの小説に出てくる学問好きの魔法使いのように、ふらりと私の研究室に入ってきた時には嬉しい驚きだった。ちょうど数日間、ボストンに滞在しているという。直接会って質問に答えたほうが早いと思ったものですから……。大きな笑顔を浮かべてそう言い、私の疑問に答えてくれた。詳しく聞けば聞くほど、私は強く引き込まれた。セブリアンは、「成功の第三の法則」を使って成功を高める方法を教えてくれた。

セブリアンのチームは、適応度と人気とをシステマチックに識別するアルゴリズムを開発していた。[13] その有効性を証明するために、彼らはそのアルゴリズムを使って、ミュージックラボのガラクタのなかから宝石を見つけ出した。たとえば、対照グループは「ウェント・ウィズ・ザ・カウント」という優れた曲を二位に選んでいた。ところが、十数人の被験者が逆さまのチャート表を見た時には、その曲は二五位というかなり低い順位だった。それほど下位にもかかわらず、曲の素晴らしさに気づいた数人がダウンロードして順位が少し上がった。しばらくするとまた順位が変わり、次の十数人がチャート表を見た時には、まったく別のひどい曲が二五位だった。被験者は律儀にその曲を聴いたものの、ダウンロードした者はいなかった。アルゴリズムは、その二曲のダウンロード回数の違いを捉えて、「ウェント・ウィズ・ザ・カウント」の適応度を上げ、後者の適応度を下げた。チャート表のそれぞれ違う順位にある曲のダウンロード回数を、頻繁にモニタリングすることで、アルゴリズムはすべての曲の真の適応度についてデータを集めていった。

セブリアンたちは、被験者の選択と各曲のランキングの上がり下がりを使って——言うなれば、データのひづめの跡を追うことで——時間の経過とともに現れる「群の力学」を捉えようとした。そして、アルゴリズムはそれぞれの曲の適応度を弾き出した。たとえば、ダウンロード回数が最も低い曲の適応度は〇・三三。いっぽう、対照グループで二位だった「ウェント・ウィズ・ザ・

カウント」の適応度は〇・四三。被験者に人気の高かった「シー・セッド」は、〇・五四だった。こうしてセブリアンは、社会的影響という不安定な要素を排除して、それぞれの曲本来の競争力を突きとめたのである。

こうして優れた製品を見つけたら、次に重要なのはこんな問いである——楽曲や本、あるいはあなたのウェブサイトにある製品をどんなふうにランク付けすれば、人はほしいものを見つけられるだろうか。あなたがやり方を間違えなければ、そして消費者を本当にワクワクさせる製品をトップに持ってくれれば、彼らはちゃんと購入してくれる。そうなると、製品を人気順に並べるべきか。それとも社会的影響に惑わされずに、本来の適応度順にリストアップするべきか。答えは明白だ。みな本当にいいものが知りたい！　楽曲が人気順に並べてあった時、被験者のティーンエイジャーがダウンロードした回数は約五〇〇〇回だった。ところが、適応度順に並べたリストを見た時のダウンロード回数は、約七〇〇〇回にものぼったのである。この四〇パーセントの違いは、優れた製品には強い魅力があるという事実の表れだ。感性にぴったりくるリストを手にしたティーンエイジャーは、ただ単に人気順の楽曲リストを見せられた時よりも、ダウンロードボタンを押す可能性がずっと高かったのだ。

ミュージックラボの曲を聴いているティーンエイジャーの様子を肩越しに覗くことで、セブリアンたちは貴重な宝石を掘り出し、将来のヒット曲を見つけ出した。もう一度言おう。彼らはヒット曲を予測できたのだ。世間には自分の〝直感〟だけを頼りに、デスクの上に積み上がった原稿の山をふるい分けて将来のベストセラー本をボツにする、ケイト・ミルズ編集長のような専門家がおおぜいいる。そう考えれば、ヒット曲を予測できるとは、かなりの驚きではないだろうか。それは、延々と続くアマゾンのお勧めリストをふるいにかけて、本当に面白い本を見つけ出そうとするあなたにも当てはまる。「成功の第三の法則」を使って、選択肢をうまく秤にかけられるだろうか。

イントロダクションで紹介したダーシュン・ワンを思い出してほしい。「成功の科学」を研究するきっかけをつくった、私の研究室の元大学院生である。博士号を取得したあと、ワンはIBMに入り、本を購入する際に働く群の力学と、本の適応度とを区別するアルゴリズムの開発に携わった。[14] ビッグデータとはまさにこのことだろう。ワンは、アマゾンが一七年にわたって蓄積した二八〇〇万ものカスタマーレビューを使って、「成功の第三の法則」の力学をリアルタイムで解き明かしたのだ。そして、その発見をわかりやすく伝えるために、それぞれの適応度を、アマゾンのレビューでお馴染みの五つ星で表した。セブリアンと同じようなアルゴリズムを駆使して、社会的影響が働かなかった場合に、それぞれの本が受け取る本来の星の数を割り出したのである。その結果、実際の星の数が社会的影響によって、大きく歪められていることが明らかになった。

ワンの発見は、従来の考えとは大きく矛盾する。なぜならアルゴリズムによれば、レビュー数が増えれば増えるほど、本の最終的な評価と適応度との差が広がったからである。それは、変だと思うだろう？　新たなレビューが加わるたびに、辛辣な意見と大袈裟な賛辞とが相殺されて、正直で「平均的な」意見に近づくはずではないか。

アメリカには、広口瓶のなかにＭ＆Ｍの小さなチョコレートを入れて、いくつ入っているか、子どもに当てさせるゲームがある。たくさんの子どもに訊けば訊くほど、答えに近づく――ただし、ほかの子どもの答えを教えなければ。同じことはアマゾンにも言える。レビューを書く人が増えれば増えるほど、本来の適応度から離れてしまうのだ。そのような社会的影響はあちこちで見られる。あなたがコーヒーメーカーを買ったところ、ちょっと気に入らない点があったとする。正直に言えば星三つだ。そしてパソコンの前に座ってレビューを書こうとし、ほかのレビューを見たら全部星五つだった。なるほど、それなら星四つだ、とあなたは思う。おかしなことに、アマゾンでは〝みんなの意見は案外正しくない〟のだ。その商品の本当の適応度を最も正確に捉えているのは、ほかのレビュアーの影響を受けていない、最初のレビューである場合が多い。

セブリアンとワンの実験結果は、オンラインのマーケットプレイスのかたちを大きく変えてしまってもおかしくない。大衆の行動パターンを分析して適応度の測定方法に磨きをかけるか、少なくとも人気と適応度とをきちんと区別すれば、マーケットは集合知をうまく活かして、最上のものが常にトップに浮かび上がるようにできるのだ。そのうち、資金調達から選挙までの幅広い分野での成功が、そのようなモデルから生まれるだろう。近い将来、新しい美容院を探す時、その方法はいまとほとんど変わらず、あなたはやはりオンラインで検索して、地元の美容院のランキングを比べているかもしれない。だが、その時に検索画面が表示するのは、人気のある美容院ではなく、本質的な価値のある美容院のはずだ。

どの記事を読み、どの曲を聴き、誰のフェイスブックを見るかといった、さほど重要とも思えない選択にも群の力学が働いていると知ったなら、大衆の意見が常に最善の製品を教えてくれるという前提を疑ってみるべきだろう。そしてその考え方は、より大きな人生の選択にも活かせる。どの候補者に投票するのか。どの学校に通うのか。どのコミュニティで暮らすのか……。結局、本当に重要なことについて近道はない。大衆の意見に頼らずに、時間をかけて自分自身で選択するしかない。なぜなら「成功の第三の法則」が何かを教えてくれるとしたら、それは製品の適応度を知りたい時にも、あなたが望むほどは人気が役に立たないということだ。可もなく不可もない本を読んだり、低俗なテレビ番組を見たりする時には、適応度と人気との違いもさほど重要ではないだろう。だが、大学や医師、選挙の候補者を選ぶ時には非常に重要であり、世間で人気だから、というだけの理由で選んではいけない。

ここで、「成功の第三の法則」を職場で活用する方法を提案したい。普段から、ぜひ独立した意思決定を心がけてほしいのだ。会議の終わりに行なう、挙手による採決はやめよう。その代わりに、重要な課題については一人ひとりがメールで投票する。忘れないでほしいが、アマゾンでその商品の本当の適応度を表しているのは、社会的影響をほとんど受けていないごく最初のレビューだけだった。職場の同僚に、群れを抜け出て正直な意見を表明するように呼びかけよう。

ハリー・ポッターは実力でのし上がった

一見したところ、ミュージックラボの実験から読み取れるのは、J・K・ローリングの素晴らしい成功は歴史の偶然であって、非凡な才能が生んだ直接の結果ではないように思えることだ。「状況がほんのちょっと違っていたら、J・K・ローリングもロバート・ガルブレイスと同じような目に遭っていたかもしれない」。ミュージックラボの研究者のひとり、ダンカン・ワッツはそう書いている。「誰もがハリー・ポッターに夢中のいまの世界では想像しにくいが、そのパラレルワールドでは『ハリー・ポッターと賢者の石』は、『非の打ちどころのない素晴らしい』一冊だったにもかかわらず、ほとんど売れなかったかもしれない。ローリングはマンチェスターで貧困に苦しむシングルマザーのままであり、誰もこの優れた作品を知らないままだっただろう」[15]

ミュージックラボの実験結果を額面通りに受け取るならば、ダンカン・ワッツの言葉もうなずける。被験者グループの八つのパラレルワールドにおいて、それぞれ違う曲がハリー・ポッターのように急上昇してトップに浮かび上がり、優先的選択の影響を強く証明した。要するに、成功が成功を生むということだ。ところがそれでは、全体像から適応度とパフォーマンスの要素が抜け落ちている。そこで、「過去の成功×適応度＝将来の成功」という「成功の第三の法則」を使って、「成功の法則」に磨きをかける必要がある。つまり、その製品に適応度があり、そのうえすでに成功した実績があれば、適応度だけで〝長期の成功〟が約束される。ダーウィンの言葉を借りれば、適者生存であり、最も優れた曲、最も信頼性の高い企業や優れた技術が生き残る。言い換えれば、「成功の第三の法則」は、「第一の法則」を忠実に模倣している——パフォーマンスが測定可能か識別可能の時には、パフォーマンスが成功を促す。適応度は人気と一緒になって働くことで、長期にわたって選択を導く。

問題は、「長期」という言葉である。確かに競争の激しい分野であっても、最高の製品はもうひとり購入者が多く、最高の選手はもう一社スポンサーが多く、適応度の低い製品や選手よりも早く人気が高まる。ミュージックラボの「シー・セッド」の曲がそうだったように、しばらく待てば最も優れた製品は必ずトップに上がってくる。だが興味をそそることに、チャート表の順位を逆さまにした時には、「シー・セッド」はトップの座には復帰できなかった。じわじわと順位を上げたことは確かだが、あの曲の適応度が、知名度の低さというハンディキャップを完全に克服するためには、もう少し時間がかかったらしい。あと数千人のティーンエイジャーが次々とダウンロードして、トップに押し上げるだけの時間が必要だったのである。

それはまた、ほとんどの製品やパフォーマンスについても当てはまる。競争が激しい市場において、時間はなかなか持てない贅沢品だ。書籍は刊行後の数週間でほとんどの読者を獲得する。論文の引用は発表後の二年間に集中する。スタートアップは立ち上げ後の半年間で真価を発揮しなければ、エンジェル投資家を失う。製品、人、アイデアはごく短期間に価値を証明しなければ、チャンスは去っていく。そのような傾向を考えれば、ほかの作家と同じように、ごく狭い成功の窓しか開いていなかったJ・K・ローリングも、パラレルワールドでは無名のままに消え去る運命にあったのだろうか。

その点で、ダンカン・ワッツと私の考えは違う。『ハリー・ポッター』の成功は、ワッツが考えるような偶然ではなかった。私がシリーズ七作を夢中で読んだのは確かだが、そのような個人的な体験はさておき、『ハリー・ポッター』が少しずつ売れてベストセラーになった物語は、「成功の第三の法則」を説明する絶好の例だろう。一二社から原稿を送り返され、ようやく出版社を見つけたあとでさえ、『ハリー・ポッター』の人気にすぐに火がついたわけではなかった。一九九七年六月に英国で出版された時、最初の部数はわずか五〇〇部。そのうちの三〇〇冊は図書館に寄贈された。それほどまでにつつましい始まりだったのだ。だが次に起きたことは、まさに適応度が高く知名度の低い製品について、「成功の第三の法則」が予測する通りのできごとだった。『ハリー・ポッター』は、一度にひとりずつファンを獲得していったのだ。最初のレビューは「手に汗握る面白さ」だった。こう書き込んだレビュアーもいる。「どの子もみな、読みはじめたら止まらなかった」。ひとつずつレビューが増えていき、優先的選択が働きはじめた。

一九九八年九月にアメリカで発売になった時にも、「成功の第三の法則」が作用していた。当初、メディアはほとんど取り上げもしなかった。『ハリー・ポッター』が充分な読者を獲得して、『ニューヨーク・タイムズ』紙のベストセラーリスト入りを果たすまでに、丸一年かかった。そして一九九九年八月に第一位に輝くと、約一年半ものあいだ、トップの座をほぼ守り抜いた。ついにその座を明け渡したのは、『ニューヨーク・タイムズ』紙がベストセラーリストを、子ども向けと大人向けの部門に分けた時だった。魔法使いの子どもにリストの第一位をハイジャックされたほかの出版社が、自分たちの新刊書を何とかしてリストの上位に押し込もうとして、『ニューヨーク・タイムズ』紙に強い圧力をかけたのだ。[16]

アイスクリームの皇帝たち

「成功の第三の法則」はいたるところで目につく。どのくらい見つけられるか、探してみると面白いだろう。あなたの家の冷凍庫にも、絶好の例が隠れているかもしれない。一九七八年、ベン・コーエンとジェリー・グリーンフィールドが、ガソリンスタンド跡にアイスクリームショップをオープンした。[17]当時のアメリカでは、アイスクリームの製造と販売はすでに大きなビジネスだった。だが、店で買えるアイスクリームは大量生産されたペーストであり、お決まりのフレイバーしかなく、化学薬品とコーンシロップたっぷりの代物だった。仲のいい自称ヒッピーのベンとジェリーは、アイスクリームづくりの経験がないにもかかわらず、自分たちのほうがいいものがつくれるはずだと考えた。アイデアもあった。嗅覚に問題のあるベンは、何かを食べる時には、見た目と舌触りに頼らなければならない。そこでふたりは、ちょっと変わったフレイバーを混ぜることで、アイスクリームを食べるという体験をもっと楽しいものにしたらどうか、と思いついたのである。試してみる価値はありそうだと考え、五ドルの受講料を払い、通信講座でアイスクリームづくりを学んだ。

やがて、一万二〇〇〇ドルを元手にビジネスに乗り出した。質のいい材料を使って、自分たちでアイスクリームを製造し、独創的なフレイバーを混ぜて変わった名前をつけた。「ベン＆ジェリーズ・ホームメイド」という手描きの看板と手づくりのスプーンは、ふたりの会社の〝売り〟を際立たせた。アイスクリームがおいしかっただけではない。ホームメイドだったのだ。最初の頃に売り出したフレイバーのひとつに、チェリーガルシアがある。薄いピンク色のアイスクリームに、チェリーとダークチョコの塊が混ざったこのアイスクリームは、すぐに大ヒットした。

しかしながら、すでに見たように、優れた製品を世に送り出すだけでは充分ではない。ふたりの創業者はそのことに気づいたに違いない。そして店のオープン一周年記念として、フリーコーンデー（アイスクリーム無料の日）を設けた。優先的選択に弾みをつける必要があったのだ。一日中、アイスクリームが無料！　と聞けば、誰でも列に並びたくなるだろう。しかも、その無料のご馳走がおいしく、見たこともないフレイバーが混ざっていたために、ふたりのアイスクリームの価値は急騰したように見えた。

作戦は見事に当たったが、効果が現れるまでには時間がかかった。「成功の第三の法則」はゆっくりと進展し、ベン＆ジェリーズは地元ヴァーモント州で大評判になった。一九八一年、ベン＆ジェリーズのアイスクリームが『タイム』誌の表紙を飾り、「世界一おいしいアイスクリーム」と紹介されると、ついに評判は州境を越えた。

ふたりは「成功の第三の法則」の魔法を使って、J・K・ローリングと同じ呪文を唱えた。ガソリンスタンド跡で始まったアイスクリームショップが、数十億ドル規模のビジネスに成長した理由は、アイスクリームのおいしさにあると考えたくなるが、実際はそれだけではなかった。そこには、適応度と優先的選択の両方が必要だったのだ。もしそのどちらかが欠けていたら、ベン&ジェリーズは今日のような成功を手にできなかった違いない。

そしてそのどちらかが欠けていれば、そもそもアイスクリームをつくり出した、ベン&ジェリーズの何よりも重要なチームワークも充分に発揮できなかっただろう。

次章で紹介する「成功の第四の法則」のテーマは、チームで摑む成功だ。ひとりで働く者はほとんどいない。だからこそ、ヒット作の裏側に潜むチーム力学を考察する必要がある。チェリーガルシアのクセになるおいしさは、あのフレイバーを生み出すために必要な才能の特別な組み合わせから生まれた。ベンとジェリーは、アイスクリームマシンを使って、適応度と優先的選択を完璧に混ぜ合わせることで夢を叶えたのだ。ふたりの創造力を混合することで、ビッグロック・キャンディ・マウンテンという、ちょっと風変わりなフレイバーが不思議な渦巻き模様を描く、おいしいアイスクリームをつくりだした。それはスプーン一杯のアイスクリームで消費する、ウィリー・ウォンカ［訳注　ロアルド・ダール作『チョコレート工場の秘密』に登場する工場主］のファンタジー世界である。

成功の第四の法則

チームの成功にはバランスと多様性が不可欠だが、功績を認められるのはひとりだけだ。

この法則では、オールスターチームがうまくいかないことを、めんどりとサッカー選手を例に証明し、チームで最大の成功を掴む戦略を、ジャズミュージシャンやブロードウェイミュージカルのヒットメーカー、コールセンターのオペレーターに教わる。ノーベル賞を逃した送迎バンの運転手の物語は教訓になるだろう。誰の功績かを社会が決める時、間違いも起こりやすい。

8
カインド・オブ・ブルー
――バランス、多様性、リーダーシップが重要

一九五九年三月二日、ジャズトランペッターのマイルス・デイヴィスが選んだ五人のミュージシャンが、一日がかりのセッションのために、ニューヨークにあるコロムビア・レコードのサーティース・ストリート・スタジオに入った。マイルスとは顔合わせが初めて、という者もいた。その日のレコーディングのために、みな漠然とした説明しか受けていなかった。スケールやメロディラインの楽譜らしきものは事前に見ていたにしろ、それ以外には何もない。防音装置を施したスタジオにみなが集まり、準備が整った時、煙草を咥《くわ》えたマイルスが簡単な指示を出した。そして、のちに「ソー・ホワット」と呼ばれる曲を演奏しはじめた――メランコリックなベースラインと繊細なピアノのあとに、ソフトなドラムが続く。やがてトランペットとサックスが合流する。

この時のセッションから誕生したアルバム『カインド・オブ・ブルー』には、その場のコラボレーションから生まれる緊張感が漂っている。クールでありながら、時にスウィンギーでメロ

ディック、様々な感情を掻き立てるサウンドは、マイルスが慎重につくり上げたものだ。その五〇周年記念として発売されたコレクターズ・エディションからは、マイルスが時々、五人のミュージシャンに簡潔な指示を出している様子が聞き取れる。彼は正確な構成にこだわっていた。その反面、一定の枠組みのなかで大胆な即興にも挑戦している。ビバップからブルースまでのジャンルを演奏してきた経験をもとに、マイルスは六〇年が経ったいまでも、年季の入ったジャズプレイヤーにも幅広いファンにも、新鮮に聴こえるアルバムをつくり出したのだ。

マイルス・デイヴィスが入念に考えて集めたミュージシャンのグループは、彼の指示でアドリブ演奏を行ない、『カインド・オブ・ブルー』は史上最も売れ続けている名盤となった。一九五九年の発売以来、重ねたリリースの回数は一一八回。このようなニッチなジャンルでは、まさに前例のない快挙である。何より重要なことに、『カインド・オブ・ブルー』はジャズへの入り口、時代を超えたインスピレーションの源、最高傑作として、何世代にもわたってジャズを定義してきた。つまり、あのアルバムはジャズの金字塔である。[1]

『カインド・オブ・ブルー』がこれほど長く売れ続ける理由として、いろいろな説が囁かれている。まずは、レコーディング中にマイルスが発揮した、控えめだが的確なリーダーシップ。ピアノを担当したビル・エヴァンスは、成功の秘訣は簡潔な譜面と、マイルスの漠然とした指示にあると確信する。[2]「ここは美しく」マイルスは何度もそう伝えている。誰かに向かってこう指示する声が聞こえる。「ここを演奏して」「君はこっちを」別の誰かにはそう伝えている。だが成功のもうひとつの理由は、マイルスが少々変わった選択をしたことにある。思いも寄らないミュージシャンを組み合わせて、本質的に異なる才能の独特のサウンドを選び出したのだ。「成功の科学」の研究者にとって、『カインド・オブ・ブルー』はチームビルディングの興味深い実験であり、すぐにこんな問いが思い浮かぶ。どうすればマイルスのように、成功するチームをつくれるだろうか。

その手の問いに強く興味をそそられたのが、ノースウェスタン大学ケロッグ経営大学院のブライアン・ウジー教授である。彼の専門は、チーム力学とグループ・クリエイティビティの本質だ。もしウジーにバーで出くわしたら、世界最高峰の経営大学院で教鞭を執るカリスマ教授とは、とても気づかないだろう。長く伸ばしたくせ毛。いつも革ジャンを颯爽と着こなし、両手にはシルバーの大きな指輪をいくつもはめている。見た目は、ハーレーダビッドソンが似合いそうなロックスター。いちばん上までシャツのボタンをとめてスーツを着て、企業の会議室に座る姿は似合わない。とはいえ、メッセージの達人であるウジーは、矛盾するシグナルを送っているわけではない。実際、ハーレーを所有し、ロックバンドではベースも担当している。だがそのイメージも、彼が口を開くまでだ。あの紛れもないニューヨーク訛りで研究成果を説明しはじめると、見た目がいかにあてにならないかを実感するはずだ。ウジーほど説得力のある教授には出会ったことがない。

この一〇年のあいだ、ウジーはチームが機能する方法や、圧倒的な勝利を収めたり失敗したりする理由について研究を重ね、「成功の科学」を大いに盛り上げてきた。自分の研究を「チームサイエンス」と呼び、まずはちょっと変わった研究テーマを選んだ。ブロードウェイミュージカルである。ジャズと同じように、ミュージカルも複数の芸術的才能を複雑に組み合わせた、アメリカ生まれの芸術形態だ。ウジーはミュージカルに対する世間の反応を、「興行的利益」と「批評」というふたつの測定基準を使って分析した。[3] そして、ブロードウェイミュージカルを支えるクリエイティブなネットワークを調べるうちに、チームが成功するためのスイートスポットを探り当てた。

ミュージカルを見る時には、どうしてもきらびやかなスターに目がいきがちだ。彼らのような俳優が役を演じて、ストーリーが展開するからだ。だが本当のところ、ブロードウェイミュージカルが興行的に成功するかどうかに、彼らのようなスターはほとんど関係がない。その証拠に配役もどんどん変わる。ミュージカルを成功させるのは、作曲家、作詞家、脚本家、振付師、演出家、プロデューサーの六つの協力者である。彼らは協力しあって物語、音楽、ダンスの要素を組み立てる。配役と劇場を選ぶ。ミュージカルが、マーヴィン・ハムリッシュのような作曲家のアイデアから生まれる場合もある。ハムリッシュは『コーラスライン』で作曲を担当し、あと五人のメンバーをスカウトした。結局、『コーラスライン』は大ヒットして、九部門のトニー賞〔訳注　演劇やミュージカルなど、優れたブロードウェイ作品に贈られる賞〕に輝いた。あるいは、メル・ブルックスのような脚本家のアイデアから生まれる場合もある。ブルックスは『プロデューサーズ』で脚本と作詞を担当し、演出家、プロデューサー、作曲家と振付師に声をかけた。『プロデューサーズ』も大成功を収め、二五〇二回という上演回数と、トニー賞の一二部門を獲得するという記録を打ち立てた。もし脚本がひどいか、曲に魅力がないか、ダンスナンバーが盛り上がらないなど、どれかが失敗すれば、どんな役者がステージに立とうとすぐに打ち切りになる。

ミュージカル『アニーよ銃をとれ』のなかで、アーヴィング・バーリンが作詞・作曲した名曲「ショウほど素敵な商売はない」の言う通り、ミュージカルは営利事業である。大ヒットすれば、投資家は数百万ドルを荒稼ぎできる。だがエキセントリック過ぎて主流を逸脱すると、チケットは売れない。そうかと言って、月並みで独創性に欠けると批評家の餌食になって、これまた観客を逃してしまう。

ブライアン・ウジーと同僚がブロードウェイのデータを分析したところ、決定的で興味深い事実が見つかった。これまで二〇〇〇人を超えるミュージカルの専門家が、四七四のブロードウェイミュージカルに携わっていた。そのうちの約五〇が準備段階で中止になり、半数以上が興行的に失敗していた。それどころか、利益が出たミュージカルは全体の二三パーセントに過ぎない。ところが、その利益が出たミュージカルは有名になり、莫大な利益を稼ぎ、桁外れの成功を収めていたのだ。まさに、成功には上限がないという「成功の第二の法則」通りである。

ヒット作に必要なのは、「約束ごと」と「イノベーション」だ。チームはお馴染みのテーマとアプローチ（約束ごと）に磨きをかけて、新しいもの（イノベーション）をつくり出さなければならない。絶好の例を紹介しよう。一九四五年、作曲家のリチャード・ロジャーズと作詞家で脚本家のオスカー・ハマースタイン二世による、『回転木馬』というミュージカルが大ヒットした。その時、ふたりは一九〇九年に初演を迎えた、劇作家フェレンツ・モルナール原作の『リリオム』という戯曲を下敷きにしていた。ハンガリー版の公演はまったくの不評だったが、ロジャーズたちはミュージカルの舞台をブダペストからアメリカ東海岸のメーン州に移したうえ、大きな変更を加えた。主人公が恋に落ちた時にロマンチックなラブソングを歌わせるのではなく、幕が上がるとすぐにラブソングを披露させたのである。このイノベーションは、ミュージカルの約束ごとのなかで功を奏した。『回転木馬』では、主人公の男女はまだ出会う前に、愛を待ち望んで物思いに耽《ふけ》るように歌う。この単純なイノベーションのおかげで、ロジャーズたちは運命の出会いを最大限に盛り上げたのだ。そしてそれこそが、観客がブロードウェイミュージカルに求めるものにほかならない。このちょっとした変更はうまくいった。『リリオム』は興行的に失敗したが、『回転木馬』はすぐに大ヒットして八九〇回の公演回数を記録し、何度もリバイバル上演された。一九九九年、『タイム』誌は『回転木馬』を二〇世紀最高のミュージカルに選んでいる。

ハマースタイン二世とロジャーズは協力し合うことで、重要なバランスも取った。ロマンチストのハマースタイン二世がひとりで脚本を書き、作詞していたら、甘ったるくなり過ぎていたに違いないが、愛に対してシニカルな作曲家のロジャーズが、センチメンタルになりがちな旋律に辛辣さを加えたのだ。ふたりは協力し合って、お互いの才能をうまく調和させた。まさに友情が支えた共同作業だった。その数年前、別のブロードウェイミュージカル『オクラホマ!』で一緒に仕事をした時に、深い信頼関係を築いていたのである。

だがブライアン・ウジーによれば、振付師や演出家といったそれ以外のメンバーも同じように固い絆で結ばれていたら、ミュージカルは失敗する運命にあったという。結束の固い〝狭い世界〟が生み出すミュージカルは、たいてい批評家に二番煎じと酷評され、観客の足も遠のきがちだ。そうかと言って、その反対でもまずい。チームの結びつきが弱過ぎると、観客が大喜びするようなミュージカルをつくるのは難しいのだ。結局、ブロードウェイで成功を摑みたければ、伝統的な約束ごととイノベーションとの入念なバランスを取る必要があり、そのためには共同制作者の特定の組み合わせが重要になる。

多様性と絆

「成功の科学」の研究者であり、ブダペストにある中央ヨーロッパ大学の私の同僚でもあるバラージ・ヴェデレシュは、ブライアン・ウジーがミュージカルに注ぐ情熱を、ジャズに注いでいる。ウジーと同じように、彼もバンドでベースを演奏する。そしてまたウジーと同じ社会学者であり、コラボレーションと成功との関係についてウジーと同じような視点で研究を重ねている。

ヴェデレシュはジャズの歴史を調べ、一八九〇年代から二〇一〇年までに行なわれた、一〇万回を超えるレコーディング・セッションを分析した。そして、アルバムづくりに参加した共同制作者の多様性と、成功との直接的な関係を発見した。その時には、「アルバムの再販回数」を成功の測定基準に用いた。[4]

ヴェデレシュは、よく似た力学をビデオゲームの開発でも確認している。画期的な製品を生み出すために、彼らはチームメンバーを頻繁に入れ替える。[5] ブロードウェイミュージカルやジャズと同じく、ビデオゲームの世界でも約束ごととイノベーションとのバランスを保つ必要がある。慣れ親しんだ要素がなければ、うまく遊べない。だが目新しさがなければ、ファンの心は摑めない。そのため、大ヒットするゲームを生み出すチームとして、ゲーム開発の幅広い分野にまたがる人材を集める。とはいえ、チームがうまくいくためには、メンバーの何人かがすでに一緒に働いた経験が必要だ。それによって、共通の体験や緊密な関係と多様性の両方を実現する。古いメンバーと新人、信頼できる仲間と初めて参加する顔見知り。そのような多様性が、チームの成功には欠かせない。

私は毎日、その考えを胸に研究に取り組む。実際、目の前に立ちはだかる問題は複雑過ぎて、とてもひとりで解決することはできない。ブライアン・ウジーも最近、引用回数の多い論文はひとりの天才ではなく、チームによって書かれたものだと証明した。[6] 私もそのことを肝に銘じており、プロジェクトを進めるために、時には一〇人から二〇人もの研究者を招く。解析計算をする者。数値シミュレーションが担当の者。十数人が協力し合って実験を確認する。多様性はすでにある。学生、ポスドク、教授。みながシームレスに協力して、プロジェクトを成功に導かなければならない。

だが、多様性だけでは充分ではない。強い絆も同じくらい重要だ。すでに私と論文を一、二本書いたことのある信頼できるポスドクと、研究室に入ったばかりの新人とを組み合わせる。私とつながりの弱い研究者もいる。彼らのように初めてプロジェクトに加わる外部の教授は、重要なアイデアをもたらしてくれ、実験をサポートしてくれる。

それでも、チームで研究に取り組む際には、リーダーシップというテーマが残っている。研究室で指揮を執るのは、リーダーである私の仕事だ。優秀な人材を集めて、自分だけさっさとハワイ行きの飛行機に乗り、非凡な才能が勝手に発揮されるよう幸運を祈ることはできない。次はどんな手順を踏むのか。ほかにどんな証拠が必要なのか。チームは私の判断を待っている。私が抜けるわけにはいかない。最終的な判断を下すのは、この私なのだ。となると、こんな疑問が湧く。メンバーに自由に研究を任せると、チームはどのくらい成功するのだろうか。リーダーという役割を、私はどのくらい果たすべきだろうか。

よく働くリーダーは成功をもたらす

リーダーの果たす役割について私の理解を深めてくれたのは、ジェイムズ・バグローの研究である。いまではヴァーモント大学で自分の研究チームを率いるバグローも、かつては私の研究室のポスドクだった。物事を辛辣に捉えがちな、ちょっぴり毒のあるユーモアの持ち主であり、「災害《ディザスター》」という研究テーマにはまさにぴったりだった。イントロダクションで紹介したように、「災害」はダーシュン・ワンの研究人生の第一歩を華々しく飾るはずだった研究テーマである──「成功の科学」を研究するきっかけとなった、あの大失敗《ディザスター》の論文である。実を言えば、あの悪名高き論文の筆頭著者がバグローであり、当時、私の研究室に入ってきたばかりのワンがバグローの下に就いたのだった。あの論文の成功が絶望的だとわかると、バグローもただ肩をすくめて、次のプロジェクトに取り掛かった。彼はすぐに立ち直り、ふたりのポスドクと協力して、ネットワークコミュニティについて素晴らしい論文を書き上げた。ノースウェスタン大学でブライアン・ウジーと研究に取り組んだあと、いまではチームサイエンスという注目分野の期待の星と目されている。

バグローが取り組んだとりわけ興味深いプロジェクトに、「ギットハブ」というソフトウェア開発プラットフォームの膨大なデータの分析がある。[7] ギットハブはコンピュータオタクが集うソーシャルネットワーキングサイトであり、ユーザーはソフトウェアの開発プロジェクトに参加でき、お互いのプロジェクトを追跡できる。メンバーの活動について豊富な情報を集めることも可能であり、いつ新しいチームが組まれ、いつ新しいメンバーが加わり、その共同プロジェクトのコードを誰が書いたのかもわかる。メンバーどうしが一度も顔を合わせずに、共同作業が自主的に進む場合も多い。ギットハブのツールを使えば、重要なプロジェクトも見つけられる。興味深いプロジェクトを見つけたら、進捗状況も詳しく追跡できる。

バグローは、フォロワー数を使ってチームの成功を分析した。論文の引用回数と同様に、フォロワー数はそのプロジェクトに対するコミュニティの反応を表す。そして、フォロワー数の多いプロジェクトを「成功」と、少ないプロジェクトを「失敗」と捉えた。するとこの場合でも、大きな格差が見られた。大部分のプロジェクトはほとんど注目されていなかった。そうかと思うと、膨大なフォロワー数を誇るプロジェクトもあった。ギットハブは「成功の第二の法則」にならっていた。ごく一部のプロジェクトが上限のない知名度を獲得し、それ以外のプロジェクトはほとんど無名も同然だったのである。

ギットハブにおいて、ソフトウェアをチームで開発することには明らかな利点があった。チームのプロジェクトは、ひとりのプロジェクトよりもずっと成功し、チームの規模が大きければ大きいほどフォロワー数も多かったからだ。ギットハブでは、チームの各メンバーがプロジェクトに対して行なった貢献度も追跡しているため、バグローはチームの誰が作業の大半をこなしているのかも把握できた。つまり、個人のパフォーマンスも測定できたのである。そしてそのデータを分析した時に、驚くような発見があった。貢献度がひどく偏っていたのだ。多くの場合、プログラミングの大部分をひとりが担っていた。チームが大きければ大きいほど、そのおもな貢献者は熱心に働いていた。言ってみれば、各チームには自然に発生したリーダーがいたわけである。そして、メンバーの数が増えれば増えるほど、リーダーの貢献度も高かった。

そのような偏りは、ギットハブだけの現象ではない。ウィキペディアの記事は、一ページについて数十人、時には数百人の編集者が書いている。ギットハブと同じように、ウィキペディアでも各編集者の書き込みを追跡しているため、どの編集者がどの程度、書き込んだかがわかる。そして、ウィキペディアでも大きな格差が見られた。ほとんどの編集者が、一部の語句を書き換えたり新しい情報を追加したりして、ほんの少し手を加えるだけであるのに対して、ひと握りの編集者がひとりで記事を書き、せっせとコンテンツを編集して、大部分の作業を担当していたのである。[8] 同じ力学は、合成生物学を研究する高校生のチームにも見られた。彼らは生物の新しい機能を設計する実験を行ない、バクテリアに臭いを発生させ、酵母細胞に計算をさせた。[9] だが、チームが大きければ大きいほど、最終成果に対する個人の貢献度には大きな偏りが見られた。

バグローがギットハブで学んださらに重要な発見は、リーダーの貢献度がチームの成功に重大な影響を及ぼすことだった。大きな成功を収めるプロジェクトには、プログラミングの目的に関係なく、ひとつの共通点があった。「リーダーがこなす作業が多ければ多いほど、プロジェクトは成功していた」のだ。

スーパーめんどりたちの争い

「大いなる思考が会議で生まれたためしがない」という有名な警句を吐いたのは、作家のスコット・フィッツジェラルドだ。[10] だがバグローの発見は、その警句があまり正しくないことを教えてくれる。なぜなら、大いなる思考がチームワークから生まれる場合もあるからだ。とはいえ、ひとりのビジョナリーがその思考を磨き上げ、最善の方法によって実行に結びつけなければならない。多様性は最善の混合物を生む。ただし、それが成功につながるためには、リーダーの存在が欠かせない。プログラミングの世界でも、成功しているチームほど、最終的な成果物に対する貢献度は偏っている。ひとりのリーダーが采配を振り、大部分のプログラミングを行なう。もちろん仲間も重要な役割を担い、専門知識を提供し、足りない部分を埋める。だがメンバーの間違いを指摘し、合格点に満たない作業のやり直しを命じて、自分のビジョンと基準に見合った成果物に仕上げ、プロジェクトの完成度を高めるのはリーダーの仕事である。

とはいえ、リーダーは何人になると多過ぎるのだろうか。マイルス・デイヴィスのようなスーパースターがたったひとりで、共同プロジェクトの出来に重大な影響を与えるのであれば、ふたり、あるいは五人のスーパースターが協力すれば、さぞかし大きな効果が望めるのではないだろうか。キッチンに何人のジュリア・チャイルド〔訳注　三二歳でフランス料理を習いはじめて成功した、アメリカの国民的な料理研究家〕が入ると、その効果も裏目に出てしまうのだろうか。人間のスーパースターの話であれば、答えにくいかもしれない。だが、めんどりの話であれば答えは明瞭だ。

ウィリアム・ミュアは動物の育種について、それも遺伝子と淘汰とが作用して、行動特性をつくり上げるプロセスを専門に研究している。[11] 動物科学者であり教授であるとともに、基本的に養鶏家でもある。カラフルな絵本や児童書のおかげで、めんどりと聞くと、つい夢のある物語が思い浮かぶが、養鶏家の目的はひとつしかない。少しでも多くの卵を産ませることだ。ミュアはたくさんのケージでめんどりを飼い、繁殖方法の研究に余念がなかった。飼っているなかに、とりわけたくさん卵を産むめんどりがいた。そこで、ミュアは最も単純な繁殖方法を試すことにした。それぞれのケージのなかからいちばん多く卵を産むめんどりを選び出し、ひとつのケージに集めて繁殖させる。何度か繁殖を繰り返せば、鶏舎いっぱいにめんどりが溢れ、山のように卵を産んでくれるに違いない。〝めんどりのオールスターチーム〟の出来上がり、というわけだ。

そして対照グループとして、最も多く卵が採れるケージも突き止めた。そのケージでコッコッと鳴くめんどりは、必ずしも全部が飛び抜けて多くの卵を産むわけではないが、ケージ全体でたくさん卵を産んでいる。ミュアはそのめんどりのケージと、スーパーめんどりのケージとを並べて置き、両方のグループで繁殖を繰り返した。ポイントはもちろん、スーパーめんどりは対照グループのめんどりより、どのくらいたくさん卵を産むかだろう。そこでミュアは、こうした実験の標準的な手続きに従って繁殖を五回繰り返し、来孫《らいそん》——孫の孫の子——を使って卵の数を数えることにした。

動物科学の学会で論文を発表した際、ミュアはまず対照グループの結果を説明した。六世代目のめんどりは良好な状態にあった。丸々と太って健康なうえ、ケージ全体の卵の数は一・六倍に増えている。すでに実験は大成功だった。最もたくさん卵を産む〝偶然のベストチーム〟を繁殖させることで、卵の生産量がぐんと上がったのである。となると、スーパーめんどりに対する期待のハードルも必然的に上がろうというものだ。

ところが、ミュアがスーパーチキンのケージのスライドを映した時、会場のあちこちから息をのむ声が聞こえた。六世代目のめんどりは、スーパーめんどりとは似ても似つかない——まるで地獄をくぐり抜けたような——姿だったからだ。九羽のうち、修羅場を生き残ったのは三羽だけ。あとの六羽は同じケージのめんどりに殺されてしまった。残った三羽も見るも無残な姿である。毛はほとんどむしり取られている。尾は毛が抜けて剝き出しになり、白い軸が扇を描いている。つつかれて皮膚が露出した翼部分は、あばただらけ。ケージは交戦地帯だった。とても卵を産むどころの話ではない。絶え間ない戦闘によって重傷を負い、ストレスにやられ、めんどりは卵を産まなくなっていた。

リーダーが多過ぎると、口論や足の引っ張り合いやいじめが横行して、鶏であろうと人間であろうと最も醜い部分を引き出す。その例を、人間社会で思い出すのはそう難しくない。一九八〇年代後半から九〇年代にかけて、ノースカロライナ州のデューク大学でも悪しき例があった[12]。同大学では世界最高の英文学科を目指して、スーパースター級の教授を集めまくった。もちろん、待っていたのは当初の考えとはかけ離れた結果だった。スーパースター教授がお互いの理論を酷評し合う。アプローチや考え方をめぐって衝突する。性格の違いから激しく対立する。そして、英文学科は崩壊した。

プロスポーツの世界で「スター選手が多過ぎる」場合の影響について分析した二〇一四年の論文では、サッカーとバスケットボールにおいて、一流選手がチームにもたらす利益には限界があることがわかった[13]。優れた選手がチームに加わると、試合に勝つ回数が増えるという結果には誰も驚かないだろう。ところが、ずば抜けた選手ばかりを集めるとチームに支障が出る。サッカーにしろバスケにしろ、選手はお互いを強く信頼して試合に臨む。スター選手ばかりのチームでは協力ができず、パフォーマンスも発揮できない。

めんどり、英文学科の教授、サッカー選手の話には共通点がある。才能ある人材を選ぶ際に、チーム全体の成果よりも個人の業績を重視すると、望む結果はまず手に入らない。実際、人間であろうと動物であろうと、そのアプローチは逆効果になる。権力闘争に明け暮れて、誰も目の前の仕事に集中できなくなるからだ。

バグローの研究が示すように、チームの成功に欠かせないのは、リーダーであり大部分の仕事をこなす者だ。そうかと言って、リーダーが多過ぎても致命的な影響を及ぼす。失敗の原因が目に見えている場合も多い。エゴがぶつかると、卵は生まれない。だが、それ以上に多い失敗の原因は、もっと目につきにくい微妙な要素だろう。たとえば、メンバーがひとつのチームとして知的に活動できるかどうか、などである。

個人のIQと集団的IQは異なる

いろいろな意見はあるものの、知能テストは学力と卒業後の成功を占う、最も信頼性の高い判断材料のひとつと考えられている。新しい情報を記憶し、それを一時的に保ち、処理する能力を測定するこれらのテストは「一般的な認知能力」、すなわちIQの高さを測るものだ。隣の席の人を肘で突いて答えを教えてもらう行為はもちろんカンニングだが、現代の職場で問題を解決する効果的な方法は実のところ、カンニングに近い。カーネギーメロン大学のアニタ・ウィリアムズ・ウーリー教授とMITの研究者は、「協力し合って働くチームの知性は測定できるか」という、シンプルな問いの答えを見つけ出そうとした。[14] つまり、チーム全体の作業遂行能力を表す「集団的知性」は果たして測定できるのか。

ウーリーたちは、お互いに面識のない三人の被験者に、次のような簡単な作業を試してもらった。一、レンガづくりに必要な材料のリストを作成する。二、食料雑貨店に行く計画を立てる。三、ビデオゲームで西洋将棋《チェッカー》をする。チームがそれぞれの作業を行なっているあいだ、研究者が各被験者の行動を記録したところ、予想を裏切る発見がたくさんあった。たとえば、チームメンバーのIQの高さは関係がなかった。それどころか、グループパフォーマンスという文脈において、個人の知性はあまり重要ではないように見えた。またチームメンバーのモチベーションの高さや個人の満足度といった要素も、さほど重要ではなかった。

重要なのは、被験者のコミュニケーションの取り方だった。第一に、感情のシグナルを読む個人の能力が平均よりも優れているチームは、作業をうまくこなした。第二に、少数のメンバーが会話を独占するチームよりも、メンバーが平等に会話するチームのほうが、集団的知性が高かった。つまり、優れたチームではみなが発言してお互いの意見を聞いていた。第三は、先のふたつから派生する興味深い要素である。すなわち、女性のメンバーがいるチームは、集団的知性が高かったのである。

ウーリーの実験が証明するのは、個々のメンバーの能力はチームパフォーマンスの決定的な要因ではない、ということだ。そして最近では、新製品の市場投入の是非にしろ、新しい法律の可決にしろ、重大な意思決定はチームで行なうため、集団的知性を有効に活用すれば大きな利益が望める。だがうまく活用できなければ、破滅的な結果を招きやすい。ケネディ政権は、ピッグス湾事件でひどい失態を演じた［訳注　社会主義改革を推進していたカストロ政権を転覆させるべく、一九六一年にアメリカがキューバに侵攻したが、撃退されて失敗に終わった］。二〇〇五年、ブッシュ政権はハリケーン・カトリーナへの対応が遅れ、被害の拡大につながった。二〇〇二年にスイス航空が経営破綻した原因は、経営陣が自社を〝空飛ぶ銀行〟と呼んで、財政的安定性を過信していたためだった。どれも私が呼ぶ「集団的愚かさ」の例だろう。私の同僚は「集団思考《グループシンク》」と呼ぶ。その呼び方ももっともであるうえ、語呂もいい。どう呼ぶかはともかく、集団思考に陥るのはチームが固い結束で結ばれて排他的になり、別の解決策を検討すべきところを、欠陥のある計画に固執して、その上にコンセンサスを築こうとする時だ。あとになって簡単に気づくような集団的愚かさに、その時には気づかない。[15] もっと効果的なのは、チームサイエンスを使って、共同作業に伴う落とし穴を避け、能力を充分に発揮できるチームづくりを目指すことだろう。

給湯室トークで年間一五〇〇万ドルの生産性アップに

これまでの考えを合わせると、効果的なチームづくりのためには、次のようなふたつの要素が明らかになる。「成功するチームにはバランスと多様性が必要だ」。「そのいっぽう、リーダーが欠けてもならない」。現代のようにチームがますます大きく、距離的に広がりのあるものになった時代に、チームサイエンスは、最大の成果をあげるための的確な助言を与えてくれる。すなわち「リーダーを信頼して、そのまわりに専門的で多様な支援体制を築く」ことだ。ビジョナリーのリーダーがいなくとも、チームは仕事をこなせるかもしれない。だが、画期的なイノベーションを生み出し、プロジェクトが永遠の名声を残すことは難しい。特にファンの反応や評判が重要な分野では、マイルス・デイヴィスやオプラ・ウィンフリー、ジェフ・ベゾスのようなリーダーの存在が欠かせない。

だが、リーダーの存在だけでは充分ではない。あるいはプロジェクトに多様な考えや経験や視点を持ち込む、適切な協力者の組み合わせだけでも充分ではない。その両方が必要なのだ。集団的知性はチームプレイヤーの上に成り立つ。彼らはビジョナリーとともに働き、意見を戦わせ、相手の考えに耳を傾け、多様な視点を提起する。データが繰り返し指摘するように、チームを集めてうまく運営することは、プロジェクトの成否を分ける難しい科学なのだ。

言い換えれば、チームを成功に導くためには〝ベストプレイヤー〟がいても充分ではない。すでに見たように、オールスターチームではプロジェクトはすぐに頓挫する。重要なのは、信頼関係を築き、みなが平等に貢献できる機会をメンバーに与えることだ。

そのことを明らかにしたのが、ＭＩＴメディアラボの私の同僚であるサンディ・ペントランド教授である。彼は六週間、ある銀行のコールセンターを実験室に換えた。[16]そしてそこのオペレーターに、普段のヘッドセットのほかにも、ペントランド特製のバッジをつけてもらい、声のトーンから彼らが話す頻度までの幅広い情報を拾い集めた。重要なのは会話の中身ではない。実際、中身は分析対象ではなかった。そのようなバッジでもつけなければ測定できなかった、隠れたコミュニケーションパターンだったのである。

分析の結果、メンバーが直接交わすコミュニケーションが、チームパフォーマンスに大きく貢献していることが明らかになった。視線を合わせ、生き生きと言葉を交わし、笑ったり質問したり相手の話を聞いたりする、昔ながらの気軽なお喋りである。シフトが始まる前の短い業務連絡やメールは要領を得ているかもしれないが、会話を交わしたり、噂話に花を咲かせたり、その場で問題を解決したりといった機会にはならない。実のところ、メールは最も価値の低いコミュニケーション形態であることがわかっている。つまり、効率がよすぎるのだ。重要なのは、いわゆる給湯室でのお喋りである。もちろん管理職にとっては、ただのサボりや時間の無駄にしか見えないだろうが、その一見、無駄と思しき時間が従業員にとっては重要な時間であり、彼らは気軽なコミュニケーションを通して、メンバーどうしの信頼関係を築いていたのである。中学校で教師が授業中のお喋りを厳しく禁止することを考えれば意外に思えるが、会議中の無駄話や脱線を、管理職は積極的に促すべきである。そうすれば和やかなムードが生まれ、問題点をすみやかに明らかにでき、創造力を発揮しやすくなる。

ここで留意したいのは、ペントランドが実験したのが、顧客が一刻も早い対応を期待して、イライラしながら電話をかけてくるコールセンターだったことである。もし電話一回につき三〇秒でも時間を短縮できたら、顧客も大いに感謝するだろう。時間の節約は、銀行にとっても大きな利益に違いない。というわけで、その銀行では効率アップを図るためにペントランドの提案に従った。そして、オペレーターの休憩時間をずらすという業界の慣例に逆らって、チーム全員で休憩を取ることにした。そうすれば、コーヒーを飲んでお喋りをしながら、チームメンバーとの交流が増え、言葉を交わす相手も広がり、エネルギーをもらったりお互いの経験を活かしたりできるからである。

ペントランドの提案は劇的な効果をもたらした。オペレーターどうしが直接顔を合わせて休憩を取るという、より〝人間味のある〟交流のおかげで、平均的な顧客対応時間をコールセンター全体で八パーセントも、効率の悪かったチームでは何と二〇パーセントも削減できたのだ。まさに常識破りのアプローチだったが、コールセンターに電話をかけてジリジリ待たされる顧客にとってても嬉しい変化だった。そのうえ、和気あいあいとした職場の雰囲気づくりにも一役買ったのである。

さらには、銀行の最終利益に驚くような違いをもたらした。このアプローチを全面的に採用したところ、生産性が年に約一五〇〇万ドルも向上したのだった。

バランスと多様性が重要なのは、コールセンターだけではない。ペントランドは続けて、手術後の患者に対応する病院スタッフ、銀行窓口、マーケティング部門、オフィスの裏方チームなどでも同じ力学を確認した。真のチームスピリットを発揮してコミュニケーションを図るチームは、たいてい生産性が高い。チーム内の活動とチーム外の相手との活動のバランスがうまく取れているチームは、より創造的だった。幅広い相手から新鮮な視点や考えを積極的に学ぼうとすると、チームパフォーマンスに大きな影響を与えるらしい。

もうひとつ意外な発見がある。効果的なチームづくりのためには、仕事帰りに一杯やるよりも、大きなランチテーブルを購入したほうがいいということだ。一日の途中で思わぬ人の隣に座ると、共通の課題を見つけたり、新鮮なものの見方に気づいたりできる。仕事が終わったあと、同僚とビールを飲む時にはそのような効果は得られない。街に繰り出す相手は、いつも同じメンバーばかりだからだ。

チームワークを最大化したい経営陣や管理職にとって最も重要で、研究者も繰り返し発見してきたのは、従業員が自分たちのコミュニケーション力学を知ると、大きな改善につながることである。交流のネットワークをマッピングして可視化すると、上司が会議で必要以上に影響力を行使していたり、内向的な従業員が安全地帯に引きこもっていたり、チームメンバーがお互いをうまく使いこなせていなかったりという事実に気づくかもしれない。従業員の多くが仕事に不満を抱く企業文化では、コミュニケーションの改善は誰にとってもプラスに働く。

禁じられた三者関係

マイルス・デイヴィスの紛れもない傑作『カインド・オブ・ブルー』のレコーディングに、マイルスとは初顔合わせとなる、優れたミュージシャンが参加していたことは偶然ではない。バラージ・ヴェデレシュは、彼らの関係をマッピングし、マイルスが単に非凡なトランペッターではなく、チームづくりの天才だったことを発見した。チームサイエンスが半世紀後に発見するチームづくりの秘訣を、当時のマイルスは直感的に知っていたのだ。それは、ミュージシャンのチームをつくる時には、絶妙なバランスが不可欠だということだ。メンバーどうしの関係が緊密過ぎても、共通点がなさ過ぎても、いいアルバムは生まれない。また、不朽の名作が誕生するためには多様な関係性が必要だった。実験的なサウンドを狙って、ただ意外なミュージシャンを寄せ集めても、成功の妨げになっただけだろう。『カインド・オブ・ブルー』の成功には、多様なコラボレーションが生む、スタイルの多様性が何よりも重要だったのだ。違いが違いを生んだのである。

メンバーを集めてプロジェクトを成功に導くためには、絶妙なバランスを取る必要があり、その難しい仕事をマイルスは見事にやり遂げた。彼が持ち込んだのは、ネットワークサイエンスでいう「禁じられた三者関係」である。これは、ふたりの人間があなたと強いつながりがあるが――たとえばあなたの妹とあなたの上司が、ともにあなたとは強く結びついているが――あなたの妹と上司とのあいだには直接的なつながりがない場合の、三者の関係を言い表す言葉である。マイルスが『カインド・オブ・ブルー』のなかの一曲「フレディ・フリーローダー」で、ウィントン・ケリーをピアニストに指名した時、彼とケリーとは初顔合わせだった。部外者を加えることは致命的だったかもしれない。だがケリーは、その時のレコーディングに参加していた、少なくともふたりのミュージシャンとすでに何度かセッションした経験があった。そのため、ケリー

の存在は「親しさ」と「新鮮さ」のふたつの要素を、マイルスのチームにもたらしたのである。[17・18]

『カインド・オブ・ブルー』とヴェデレシュの優れた分析からも明らかなように、チームが成功を掴むための〝スイートスポット〟というものがある。それは、多様な協力者の自発的な貢献と、ひとりのリーダーシップである。もしマイルスがメンバー全員に、リーダーシップを発揮する機会を平等に与えていたら、『カインド・オブ・ブルー』は世紀の名盤とはならなかった。からだが大きく、卵をたくさん産むめんどりだらけの鶏舎のように、才能あるジャズミュージシャンに好き勝手にさせておいたら、レコーディングスタジオの裏に、ずたずたに切り刻まれた死体が転がっていたに違いない。

だが、ここで疑問が湧く。世間が『カインド・オブ・ブルー』と聞いて、このアルバムのアーティストであり、偉大なミュージシャンとして真っ先に思いつくのは、マイルス・デイヴィスという傑出したトランペッターの名前だ。いいだろう。マイルスの非凡な才能があのアルバムを生んだ。だが、ちょっと変ではないだろうか。なぜなら、あとの五人も世界的なミュージシャンであり、その彼らが全身全霊で演奏したからこそ、あのアルバムはジャズの金字塔になったのだ。

あなたにも覚えがあるはずだ。いつも会議に遅れて出席していたのに、いつの間にか上司に昇進していた同僚を。そろそろ、その同僚と彼の運について考える時が来た。

9 見過ごされた科学者を見つけ出すアルゴリズム
――重要なのはパフォーマンスではなく、世間の捉え方

私がダグラス・プラシャーの名前を知ったのは、三年前のことだった。[1] 私たちの研究室が開発したばかりのアルゴリズムが驚くような予想をし、二〇〇八年のノーベル化学賞を受賞するはずだった人物として、プラシャーの名前を弾き出したのである。

ところが実際、二〇〇八年のノーベル化学賞に輝いたのは別の三人だった。それ以上に驚いたのは、プラシャーの消息がまったく摑めなかったことである。どこの大学を探しても見つからない。どこの企業の研究室にも登録がない。それどころか、さらに詳しく調べると、もう一〇年近く論文を書いた形跡がなかった。どうにも訳がわからない。私たちのアルゴリズムがノーベル賞に値すると判断したその研究者は、地球上から忽然と姿を消したとしか思えなかった。

研究とは一匹狼の天才の手によるものだと、世間では考える。[2] 深夜の研究室で孤独に実験に打ち込んだキュリー夫人しかり。林檎の木の下で、あるいは特許庁でひとり思索に耽ったニュートンやアインシュタインしかり。だが今日、研究はたいてい協力し合い、それぞれが独自の専門知

識を提供し合ってチームで進める。それゆえ、非凡な科学者に栄誉を授けるという慣習は時代遅れになる。ノーベル賞のような大きな賞は、個人の功績を称えるという二〇世紀のスタイルなのだ。もはやひとりで論文を書くことが珍しく、共同執筆の重要性が高まっているのにもかかわらず、ノーベル賞は各分野の受賞者を三人までと決めているため、その選考を非常に複雑なものにしている。前章でも述べたように、一九九〇年代以降、世界に大きな影響を与えた発見は、ひとりの天才の功績ではなく、大きなチームの功績だった。それならノーベル委員会は、たくさんの貢献者のなかからどうやって受賞者を選ぶのだろうか。

その問いは、もちろん科学分野だけにとどまらない。チームワークが絡む状況では、ボーナスを受け取る者や昇進したり昇給したりする者が現れるいっぽう、ほとんどのメンバーの功績は見過ごされる。特にみなが平等な立場でチームに参加する時には、そしてそのアプローチが増えているいまの時代には、メンバー一人ひとりの役割は曖昧になり、報酬の分配についても混乱が起きやすい。

ノーベル賞に値する学者を探し出すアルゴリズム

二〇一三年、優れた実績を持つ、北京出身のコンピュータサイエンティスト、ファー＝ウェイ・シェンが私の研究室に参加した。新人とはいえ、私の研究を熟知していた。すでに母国の大学でネットワークサイエンスの研究室を主宰していただけでなく、私の前作である『バースト！』を中国語に翻訳したのも彼だったからだ。そして、小さいが成長著しい私の「成功グループ」に意気込んで参加した。私の研究室では、新しいプロジェクトに取りかかるたびに〝科学雑誌クラブ〟を催す。最新の論文に目を通して、特定分野の新しい動向を把握するための読書会である。一人ひとりが最新論文を読んで、重要な発見を概要にまとめて、みなに報告する。毎年、発表される論文の数が百万本にものぼることを考えれば、膨大な量の知識を探る唯一の方法が、その読書会だというわけである。

こうした科学雑誌クラブでシェンはある時、研究分野の受賞者を選考する方法を分析した社会学の論文について報告した。そのテーマについて話し合ううちに、受賞者選考のプロセスは非常に奇妙だという話になった。内部事情に詳しくなければ、ぴんとこないかもしれない。少し具体的に説明しよう。W粒子とZ粒子の発見を報告する論文には、共著者として一三七人の名前が並んでいる。そのなかから、ノーベル物理学賞を手にしたのは誰か。リストの一〇五番目と一二六番目に名を連ねる、カルロ・ルビアとシモン・ファンデルメールである。ノーベル委員会は名前の記載順に関係なく、誰がどんな研究をして、誰が受賞者にふさわしいかを見極める。だが、いったいどうやって？

その時、私はこう言ってシェンをけしかけた。もし一〇〇人以上の共著者のなかから、最もふさわしい受賞者をノーベル委員会に選び出せるのなら、私たちにだってできるはずではないか。

するとシェンはそのテーマに飛びつき、ものの数週間でアルゴリズムを開発した。[3] そしてそれは、コンパスが常に北を指すように、長い共著者リストのなかから、まるで磁石に吸い寄せられるようにしてノーベル賞受賞者を割り出した。論文の共著者をアルファベット順に記載する物理学の分野であろうが、チームリーダーを最後に表記する生物学の分野であろうが関係ない。シェンのアルゴリズムが受賞者を正しく予測する正確さには、私たちも驚いた。アルゴリズムは極めて簡単に、ノーベル委員会の決定と一致して、一三七人の共著者のなかからルビアとファンデルメールを選び出したのだ。それどころか、過去三〇年間にノーベル賞を受賞した論文についても、どの論文も読むことなく、ごく簡単に受賞者を特定したのである。

ところがわずかながら、アルゴリズムの予測がノーベル委員会の決定と一致しない場合もあった。[4] どのケースについても、当時、強い関心を掻き立て、ノーベル委員会が受賞者の選考を間違えたとして大きな波紋を呼び、受賞者のあいだからも懸念の声が上がった。そのなかに、特に興味をそそる例があった。シェンのアルゴリズムはなぜか——道路が閉鎖されて役に立たなくなったGPSのように——二〇〇八年のノーベル化学賞の受賞者はダグラス・プラシャーだと示し続けたのである。問題は、当のプラシャーの行方がわからないことだった。

そしてついに……私たちは彼を発見した。いいや、政府の極秘施設に隔離されていたわけではない。秘密主義のハイテク企業のファイアウォールの向こうで、研究に没頭していたわけでもない。アラバマ州ハンツヴィルに住んで、トヨタの販売店で送迎バンを運転していたのだ。販売店に朝、車を預けた顧客を、職場まで送り届けるバンの運転手である。

だが、なぜそんなことに？　その答えを探るためには、多少の探偵仕事が必要だった。

ダグラス・プラシャーは、緑色蛍光タンパク質（GFP）のクローン化に初めて成功した分子生物学者である。GFPは、太陽光の届かない深い海中でクラゲを発光させる蛍光性の小さなタンパク質であり、どんなタンパク質にも組み込むことができる。そこでGFPの遺伝子を、別の生物の遺伝子に組み込んで緑色に発光させ、顕微鏡で覗くと、いつそのタンパク質が生成され、細胞内のどこを移動して、いつ、どのように消滅したかを正確に観察できる。ノーベル化学賞を発表するプレスリリースで、ノーベル財団はGFPを「生化学を導く星」と呼んだ。

GFPが持つ可能性に、いち早く気づいたのがプラシャーだった。まだ誰もその研究価値に気づかないうちに、若いプラシャーは、ぬめぬめするゼラチン質のクラゲの死骸に肘まで手を突っ込んでいた。汚れ仕事をやっただけではない。プールのゴミをすくう網を使って実際にクラゲを獲り、発光するタンパク質を大量にクラゲから取り出した。また、自分で獲ってきたクラゲを冷凍して、細胞組織から大量のDNAライブラリーもこしらえた。何より重要なことに、今日、医療研究で活用されている、緑色に光るタンパク質の遺伝子配列を初めて解明したのがプラシャーだったのである［訳注　GFPの「発見」自体は、この時にノーベル化学賞を受賞した下村脩氏］。自分が発見した蛍光遺伝子の莫大な可能性を熟知していた彼は、クラゲからその物質を取り出す方法も解明し、クローン化にも成功した。

今日、すべての分子生物学研究室は、プラシャーの発見を活用している。がん組織が発達するプロセスや、迷路を進むマウスの脳の働きを解明したければ、あるいは糖尿病の新薬を開発したければ、ＧＦＰがなければならない。今日の生物学と医学にこれほど大きな影響を与えたツールは、ほかに思いつかないほどだ。だからこそ、発光するタンパク質を発見した研究者を、ノーベル委員会が称えようとしたとしても驚かない。だが驚いたのは、受賞者のなかにプラシャーの名前がなかったことである。

私たちのアルゴリズムが、過去の受賞者を何十人も正しく予測したことからもわかるように、ノーベル委員会は滅多に間違いを起こさない。それなら、二〇〇八年の化学賞はどこでどう間違ったのだろうか。その答えを見つけるためには、まずはいろいろな場面で、チームメンバーに功績を与えるプロセスについて調べる必要があった。

見えないプレイヤーは何をしているのか

二年前のある日、ボストンの我が家の隣人であるアコス・エルデシュから、テキストメッセージが届いた。「日曜日に、好きな歌手のコンサートに行くつもりだったんだが、出張が入ってしまった」エルデシュはそう書いていた。「よかったら、僕の代わりに行かないか」日曜の夜はひとりで、特に予定も入っていなかったため、ありがたくチケットを受け取ることにした。エルデシュがそのジャズシンガーの名前を教えてくれた時、私はすっかり舞い上がってしまった。それは、ノラ・ジョーンズのチケットだったのだ。二〇〇二年のデビュー以来、彼女の熱狂的ファンである私は、新しいアルバムが発売されるたびにミュージックライブラリに加えてきた。穏やかな気持ちに浸りたい時や頭をすっきりさせたい時には、いつでもジョーンズの曲を聴く。それどころか、毎晩のように、彼女の歌声を聴きながら寝入ってしまうのだ。

四日後、私はボストンの繁華街にあるオルフィウム劇場で、あの心地よい歌声を初めて生で聴いていた。よく響く、自信に満ち溢れた、聴き慣れた歌声にもかかわらず、彼女が身にまとう控えめな雰囲気に驚いた。音楽はいつも通り、オーガニックで濃厚な味わいだったが、身長わずか一五五センチメートルというその姿は、観客のなかに埋もれてしまったように見えた。曲と曲とのあいだに、ジョーンズは大きな声で、ベース、ギタリスト、ドラマー、オルガン奏者の名前をひとりずつ叫んで、バックバンドのメンバーを紹介した。観客はもちろん礼儀正しく拍手したもののの、私は誰の名前も思い出せない。バックバンドの楽器すら覚えていなかった。覚えていたのは、ジョーンズ自身が時々、演奏したピアノだけである。そして週末に何をしたのかと訊かれるたびに、「ノラ・ジョーンズのコンサートに行った」と答えたが、決して「ノラ・ジョーンズとジェイソン・ロバーツとグレッグ・ワイゾレックのコンサート」に行ったとは言わなかった。とはいえ、グーグルで簡単に検索したところ、ジョーンズは彼らやほかのミュージシャンとも、よく一緒にステージに立っていた。ノラ・ジョーンズという名前を聞いて思い出すのは、あの有名な顔と聴き慣れた歌声である。みなすぐに、私が誰の話をしているかを理解した。もし私がジェイソン・ロバーツか、グレッグ・ワイゾレックのコンサートに行ったとか、ジョーンズが参加するガールズユニット、「プスンブーツ」を見に行ったと答えたら、みな誰のことかと思ったに違いない。

ジェイソン・ロバーツやグレッグ・ワイゾレックのような、〝見えない〟プレイヤーはどこにでもいる。二〇〇九年、『マネー・ボール』の著者マイケル・ルイスは、そのような〝見えない〟選手のひとりについて、『ニューヨーク・タイムズ・マガジン』誌に寄稿した。ヒューストン・ロケッツに所属する、バスケットボール選手のシェーン・バティエである。統計を見る限り、NBAの基準からすればバティエは平凡な選手だ。ドリブルは下手。シュートもほとんど打たない。リバウンドも取れない。「フラッシュ」と呼ばれる素早い動きも不得意だ。得点記録もぱっとしない。彼の試合や数字を見たNBAファンは、バティエはいまいちだと言う。攻撃的なディフェンスを仕掛けるが、仕掛けられたほうはバティエを脅威とみなすよりも、目障りな選手とでも思っているようだ。ひっきりなしに追い払う必要がある、身長二〇三センチメートルの巨大な蚊というわけである。

それにもかかわらず、バティエには独特な才能がある。[5] 彼が出た試合は勝ちやすい。相手チームの選手の弱点を研究し、その知識を活かして、絶妙な方法で相手の力を削ぐ。プレイスタイルは決して派手ではないが、コート中を走りまわって相手のレーダーをかいくぐり、あっという間にあちこちに出没して、思わぬ場所で相手選手の邪魔をする。あの赤と白の派手なユニフォームを着ていなければ、どこへ消えたのかと思うほどだ。ロサンゼルス・レイカーズのコービー・ブライアントは現役時代、ＮＢＡ一のスーパースターだった。そのブライアントをバティエがディフェンスすると、レイカーズの攻撃はブライアントが試合に出ていない時よりも冴えなかった。つまり、平凡な選手でしかないバティエのせいで、バスケの神様であるブライアントが〝チームのお荷物〟になってしまったのだ。バティエは二〇〇六年から一一年までロケッツの快進撃を支えたにもかかわらず、キャスター、ファン、よそのチームの選手はもちろんチームメイトからも、功績を認められたことがほとんどない。

第三三代アメリカ合衆国大統領ハリー・S・トルーマンは言った。「その功績が誰のものかを誰も気にしなければ、驚くほど大きなことが成し遂げられる」[6]。シェーン・バティエはまさにそのよき見本だ。コートのなかでどれほど無私になって、チームワークに徹することができるのか。だがトルーマンのこの有名な言葉は元々、カリフォルニア大学ロサンゼルス校（ＵＣＬＡ）バスケットボール部のジョン・ウッデン監督のものだという説もある。ウッデンはバティエよりもずっと前に、真のチームプレイヤーの重要性をよく理解していた。だがこの名言は、さらに一九世紀英国の小説家チャールズ・モンタギューの言葉かもしれない。「その功績が誰のものかをまったく気にしないならば、人間のできることに制限はない」。功績をチームで共有する重要性について述べたこの名言が、これほど多くの人の言葉だと考えられるとは、ちょっとした皮肉ではないだろうか。

だが私たちのまわりにたくさんいる、シェーン・バティエやジェイソン・ロバーツやグレッグ・ワイゾレックのような〝見えない〟存在は、重要な問いを提起する。もし彼らの誰も自分の功績を主張しないならば、いったい誰の功績になるのか。フェイスブックのコードを書くプログラマーであろうと、次の衛星を打ち上げるプロジェクトのエンジニアであろうと、肝臓移植手術中に執刀医の補佐につく医師であろうと、チームで働く者はみな、チームの功績を最終的にものにするのは誰だろうかと考えるに違いない。私なら考える。幸い、その答えを教えてくれたのが私たちの研究である。

実作業に汗を流した者と栄誉を授かる者とは別

シェンが開発したアルゴリズムのメカニズムは、実にシンプルだ。その論文だけでなく、共著者が書いたすべての論文の引用パターンは、影響の跡を残す。その跡をマッピングすれば、その発見の功績は誰のものだと、ほかの研究者が考えているかを判断できる。もしある研究者がその発見にとって重要な存在なら、その研究者の過去の論文も、同じ発見に関係がある可能性が高い。研究者が金の鉱脈となるアイデアを見つけたならば、その後も同じアイデアを研究しているはずだ。各共著者の研究履歴をたどれば、その発見が誰のものかを正確に突き止められる。たいていの場合、その〝所有者〟は、同じ分野で最も長く実績を上げてきた研究者にまず間違いない。

ここで、ちょっと変わった例をあげよう。もし私がローマ法王と論文を共同執筆したとする。その時、それはローマ法王か私のどちらの論文になるのだろうか。それは、場合によりけりだ。もし法王が神学上の深遠な問いを考察しており、私の役割がネットワークサイエンスのツールを使って、その問題に取り組む法王に協力することであれば——そしてそれ以外に、私が神学上の議論に貢献できる方法は思い浮かばないが——その場合には間違いなくローマ法王の論文である。神学者は法王の作である共同論文を引用することになり、私はただ貢献者リストに名前が載る研究者に過ぎない。いっぽう、論文のテーマがネットワークサイエンスとなると、話は変わってくる。その場合には——恐れ多いが——私の論文だ。ローマ法王が聖なる存在に接触して、特別なお考えを賜り、それが論文の重要なアイデアに結びついていたとしても、ネットワークサイエンスの分野では法王には実績がないために、論文の執筆者としてふさわしいのはこの私だ。第二六六代ローマ法王フランシスコとバラバシ、あるいはバラバシと第二六六代ローマ法王フランシスコ執筆の論文であっても、実際にはふたりの論文ではない。私ことバラバシの論文である。

私にとって、シェンのアルゴリズムから明らかになった最も意外なメッセージがあった。チームの特定のメンバーに栄誉を授ける時、栄誉を授かる者と、実際に作業をした者とのあいだには何の関係もないことだ。そもそも誰がそのアイデアを思いつき、昼夜を問わずに何週間も働いたかをもとに、栄誉を授けるわけではない。誰がコーヒーとドーナツ目当てで会議に参加し、誰が最後の段階で重要なヒントを与えたか、誰が決定的な発見をして、誰があれこれまくしたてたわりには何の役にも立たなかったかは、何の関係もない。シェンのアルゴリズムは、誰が何をしたかをもとに、ノーベル賞受賞者を正確に予測したわけではない。同じ研究分野の同僚が、ある共著者の研究にどのくらい注目し、ほかの共著者の研究には目もくれなかったかを分析したのである。彼のアルゴリズムの的中率の高さから、次のようなことが言える。「チームワークの功績を決めるのは、パフォーマンスではない。社会の捉え方である」。もしそうであるならば、「成功は集団的な現象だ」という、私たちの前提も完璧につじつまが合う。重要なのは、「あなたのパフォーマンスを、社会がどう捉えるか」なのだ。論文の読者や同じ分野の研究者は、関連する論文や共著者の論文を総合的に判断したうえで、誰の功績かを決める。その考えと、「チームの成功にはバランスと多様性が重要だ」という前章の発見とを組み合わせると、「成功の第四の法則」が見えてくる。

チームの成功にはバランスと多様性が不可欠だが、功績を認められるのはひとりだけだ。

この法則が成功にとって極めて重要だとわかれば、「成功の第四の法則」をツールとして、チームで最大の成果を上げるとともに、手に入れるべき功績も手に入れられる。

誰かの影に長く入り過ぎると、自分の貢献も覆い隠される

二〇一五年、シリア難民のよちよち歩きの男の子が、波打ち際でうつ伏せになって死んでいる一枚の写真が世界に衝撃を与えた。あの痛ましい写真を、私は決して忘れない。からだ半分が波に洗われたその姿は、一日中元気に遊びまわって疲れ果て、深い眠りに落ちた子どもの姿と何ら変わらない。だが、命を失ったそのからだが身を委ねているのは、親の優しい抱擁ではなく、波が打ち寄せる浜辺なのだ。冷え切ったからだを覆う、薄いTシャツの腹部はむき出しになっていた。

男児はその年、戦争で引き裂かれた母国を必死で脱出しようとして溺死した、数千人の犠牲者のひとりに過ぎない。だが、その写真は世界中の人びとの脳裏に焼きついた。移民危機の数字を聞いても、特に誰も気に留めない。数字だけでは本当の恐ろしさは伝わらないため、強く人の心を打たない。行動に駆り立てない。ところが、その数字に顔や人や写真が伴えば、状況の恐ろしさが一気に心に迫ってくる。あの小さな男の子はその後しばらく、悲惨なシリア内戦を何とかしなければならないという、世界中の人びとの行動を促した。難民支援にまつわる寄付が一〇〇倍に急増したのだ。[7]

私たちの祖先の脳は、生き残りをかけて膨大な量のデータを無視するように発達した。そして、

命を脅かす捕食者か、命をつなぐ食料にのみ焦点を合わせて生き延びてきた。私たちの祖先はまた、進化によって他者と絆を結ぶようになった。そしてその名残のおかげで、現代人は普段、ほとんど意識もしない方法で意思決定を行なっている。たとえば、優れた仕事に対して誰に報酬を与えるかを決めるのも、そのひとつである。

チームで達成した成果よりも個人の業績に注目し、非凡な人物や英雄を高く評価する傾向は、私たちの言語にも深く刻み込まれている。だからこそ、優れた仕事にひとりの創造者の名前をつけて呼ぶ。ダーウィンの進化論。フロイトの精神分析。フランク・ゲーリーの建築デザイン。ジュリア・ロバーツの映画。デイヴィッド・リンチのTVシリーズ……。ひとりで論文を書くことがほぼ皆無だといういまの時代に、個人の功績をもとに雇用や昇進や終身在職権の決定を下す。

アンディ・ウォーホルの「キャンベルスープの缶」［訳注　一九六二年に発表した、キャンベルスープの缶を三二個並べたシルクスクリーンの作品］にしろ、イーロン・マスクの電気自動車にしろ、裏でせっせと仕事に励んだ人は世間に知られることもなく、成功物語の陰で忘れ去られる。メンバー全員の名前を明記する、映画のエンドクレジットや論文の共著者リストでさえ、ほとんど効果はない。リストに目を通して知らない名前を見ても、基本的に意味がないからだ。そのいっぽう、見覚えのある名前を見つけた時には、プラシャーのGFPによって緑色に発光するタンパク質のように、その名前だけが明るく浮かび上がる。このほとんど無意識の反応は、意味のない瑣末《さまつ》な情報を振るい落とす人間の脳の働きである。

誰の功績《クレジット》かを決めるのも、「金持ちはますます金持ちに」という現象だ。「成功の第三の法則」の裏に潜む優先的選択のメカニズムは、収入や知名度や論文の引用回数だけではなく、融資《クレジット》の場合にも当てはまる。ふらりと迷い込んだように銀行を訪れて、人生初のローンを申し込んだ客に、銀行員は申し訳なさそうに、だがきっぱりと答える。私どもは、ローンを組んだ経験をお持ちのお客さまだけにご融資を行なっております。

つまり、プロジェクトに参加する際にはリスクを伴う。私が自分の研究室のポスドクである、ダーシュン・ワンかブルジュ・ユジェソイの論文を手伝い、私の名前を共著者欄に載せることは理にかなっている。三〇年に及ぶ私の実績ゆえ、ワンやユジェソイよりも私の名前のほうが目立ちやすく、論文が外部の研究者から注目される可能性が高まるからだ。ところが、そこにはマイナス面もついてまわる。成功にまつわる論文を何年もかけて執筆したのはワンなのに、私の名前を載せたがために、世間がワンの発見を私の発見とみなしてしまうのだ。私の研究のほうが見慣れているという理由で、論文の最大の功労者を私だと思い込んでしまう。そのような問題は、論文だけにとどまらない。

その分野の権威と働ける機会がめぐってきた時、あなたは「ラッキーだ」と思うに違いない。著名人と親しくなるチャンスはもちろん、重要なプロジェクトに参加できれば経歴にも箔がつく。参加者は誰でも、最終的な成果に対して自分の貢献を主張できる。最高の才能から多くを学べるばかりか、トップへの階段を駆け上る可能性まで開ける。その実績を利用して、次のプロジェクトにありつけるかもしれない。著名人が推薦状を書いてくれ、あなたの能力を正式に証明してくれたらどうだろう。

かつて手に職をつけ、技能を磨くためには徒弟制度が一般的だった。祖父母の時代に高く評価されたその制度には、大きな利益がある。だが、長い目で見れば不利益に働く点も多い。iPhoneの〝開発者〟スティーブ・ジョブズの陰で、休みなく働き続けた数千人のエンジニアやデザイナーのことを考えてみればいい。あるいはニューヨークのブルックリン橋の下に人工滝を設置した、コンセプチュアルアーティストのオラファー・エリアソンの場合はどうだろう。そのプロジェクトを成功させるためには、五〇人のアーティストや職人、エンジニアの力が必要だった[8]。ノラ・ジョーンズのバックメンバーは華やかなステージで演奏するが、決してスーパースターよりも目立つことはない。もちろんどんなバンドにもベースは必要だ。新型のiPhoneを発売するたびに、無数のエンジニアの創造力も必要になる。だが、もしあなたがスティーブ・ジョブズやオラファー・エリアソンやノラ・ジョーンズなど、その分野のスーパースターになりたければ、いつまでもバックアップの地位に甘んじていてはいけない。あなたの優先的選択を始動させ、あなた自身の功績を築かなければならないのだ。

有名な教授の下で働くのは、この世界で評判を築く最善の方法には違いないが、その効果も最初のうちだけだと、私は学生に念を押す。いつかの時点で、独り立ちして自分の評判を築かなければならない。この助言は、研究者である私自身の経験をもとにしただけではない。ちゃんとした科学的根拠があるのだ。たとえば、一九九七年のノーベル物理学賞につながる論文が一九八五年に発表された時には、その論文の〝所有者〟は物理学者のアーサー・アシュキンだと、私たちのアルゴリズムは示していた。[9] 五人の共著者のうち、研究主幹を務めたのがアシュキンだった。当時はその分野でアシュキンのほうが、まだ若いスティーヴン・チューよりもずっと知名度が高かった。実際、アルゴリズムはアシュキンの功績を七九パーセントと測定した。というのも、その論文は、彼がすでに発表していた「光ピンセット」の論文とともに、頻繁に引用されていたからである。いっぽうのスティーヴン・チューの功績は、わずか五パーセントに過ぎなかった。ところがやがて、その論文の〝所有者〟がアシュキンからチューへと移った。なぜなら、チューはその後、同じテーマの優れた論文を続けて発表したが、アシュキンは発表しなかったからだ。世間は徐々に、その画期的な研究をチューと結びつけて考えるようになった。私たちのアルゴリズムはその変化を捉え、論文の功績をチューのものとした。そういうわけで一九九七年にノーベル委員会が物理学賞に選出したのは、アーサー・アシュキンではなく、スティーヴン・チューのほうだった「訳注　アーサー・アシュキンは二〇一八年、「光ピンセットの開発と生体システムへの応用」が認められて、九六歳にしてノーベル物理学賞を受賞した」。

言い換えれば、誰かの影に長く入り過ぎていると、あなたの貢献を覆い尽くしてしまう。あちこちのプロジェクトに断片的に参加し、研究テーマを次々と変えるような研究者は、周縁に追いやられる。重要なのは、未知の領域で自分の存在を主張することだ。私の研究室にいた元ポスドクのマルタ・ゴンザレスがそうだった。ゴンザレスは人間の移動性を研究テーマに選んだ。彼女と初めての共著論文を発表した時、そのほとんどが私の功績だった。ところがあれから一〇年が経ち、ゴンザレスはそのテーマの専門家になり、完全に私と立場が逆転した。今日、人間の移動性について議論する時には、必ず彼女の名前が浮上する。彼女の最初の論文を共同執筆することで、私はゴンザレスの〝アンバサダー役〟を務めたのかもしれない。だが、彼女はその研究テーマを自分のものとし、その分野で自分の名前を確立したのである。

率直に言って、ゴンザレスと同じ道を歩むのは必ずしも簡単ではない。だがもちろんほかにも、影の存在からスポットライトのなかへと出て行く方法を学んだ者はいる。次に紹介するのは、自分の功績を自分のものとし、正当な評価をついにその手に摑んだ女性の物語である。

成功の法則にも差別は入り込む

ダーレン・ラヴが四つん這いになってバスルームを掃除していた時、ラジオから流れてきたのはクリスマスソングを歌う自分自身の声だった。「クリスマス（ベイビー・プリーズ・カム・ホーム）」というその曲は、音楽プロデューサーのフィル・スペクターが、一九六三年にプロデュースしたクリスマスアルバムに収められている。コール・アンド・レスポンス〔訳注　掛け合い。メインボーカルとコーラスの歌詞とが応答する形式〕の軽快なその曲の歌詞を耳にした時、ラヴの胸はほろ苦い思いでいっぱいだった。引き裂かれた恋人たちのせいではない。引き裂かれた自分の人生を思ってのことである。一九八〇年代初めのその日、ラヴが四つん這いになって掃除していた、贅を凝らしたバスルームは彼女の自宅の一室ではなかった。有名なレコードのために歌い、数々のヒット曲を飛ばしてきたというのに、ダーレン・ラヴはその時、生活費を稼ぐために金持ちのお屋敷のトイレを磨いていたのである。

生まれた時から歌っていたようなラヴは、まずは父の教会の聖歌隊に入った。プロとして歌いはじめたのは一六歳の時。「ブロッサムズ」という女性三人組のグループでデビューした。一九五〇年代と六〇年代には、あちこちのバンドのバックコーラスで歌い、エルヴィス・プレスリーなどの白人歌手のレコードに、黒人のゴスペルサウンドを吹き込んだ。オールディーズの曲で「シューワップ」というコーラスが聞こえたら、それはダーレン・ラヴの甘い声かもしれない。女性ボーカルグループ「ザ・クリスタルズ」の大ヒット曲「ハイ・ロン・ロン」を知っているだろうか。ダ・ドゥ・ラン・ラン・ラン、ダ・ドゥ・ラン・ラン。それがダーレン・ラヴの声だ。渓流のように透き通った、溌剌《はつらつ》とした若い声である。

ラヴはリードボーカルとしても何曲か歌っていたが、白人男性が牛耳る音楽業界にあって、黒人女性のラヴに、曲の製作やアルバムの流通に及ぼせるだけの力はない。それどころか、彼女が結んだ契約はまさにラヴを搾取の対象とし、フィル・スペクターはラヴを、ほかの歌手やグループのために都合よく使える〝ただの声〟として扱った。その最悪の例が、大ヒット曲の「ヒーズ・ア・レベル」である。スペクターはその曲をラヴに歌わせておきながら、当時、彼がマネジメントしていたザ・クリスタルズの曲として売り出した。本当の歌手が誰かを知らない、全米中のティーンエイジャーがテレビで見ていたのは、熱心に口パクするザ・クリスタルズの姿だった。

一九八〇年代初め、ラヴはもはや諦めていた。大物ミュージシャンのためにバックコーラスを務め、レコーディングスタジオに足を運び、ステージに上がることもあったにしろ、生活費を稼ぐために清掃の仕事もしなければならなかった。そしてその日、バスルーム中に自分の声が響いた時、ラヴのなかで何かが弾けた。「私は顔を上げて、こう自分に言ったんです。『いい？ ダーレン。あなたはこんなところにいる人間じゃない』って」。二〇一三年に公開されたドキュメンタリー映画『バックコーラスの歌姫たち』のなかで、ダーレンは当時をそう振り返った。「あなたは歌っていなくちゃいけない。全世界がその歌声を聴きたがってるんだから」[10]

だが、その世界へと続く壁を打ち破るのは、並大抵のことではなかった。チームプレイヤーに徹してきたラヴは、スターを世に出してくれる業界のネットワークを築いてこなかった。ましてや当時、成功した黒人の女性ソロシンガーは皆無に近かった。しかし、ダーレンは固い決意で、徐々に表舞台に姿を現しはじめた。まずは深夜のトーク・バラエティ番組「レイト・ショー・ウィズ・デイヴィッド・レターマン」に毎年一度出演して、「クリスマス（ベイビー・プリーズ・カム・ホーム）」を歌う契約を勝ち取った。そして古い歌に新たな命を吹き込んで、リバイバルヒットさせた。次に、映画『リーサル・ウェポン』で、ロサンゼルス市警察の部長刑事の妻役を射止めた。顔と名前を売る努力を続けて、ベット・ミドラーとデュエットを歌い、ソロアルバムも何枚かリリースした。

そして、ついに七〇歳を目前に控えたある晩、ダーレン・ラヴはステージの中央に立っていた。赤褐色の髪はスポットライトを浴びて艶やかに輝き、顔は喜びに溢れていた。メイドとして働いた日々はとうに過ぎ去り、その歌声は大きな会場の隅々にまで響き渡って、ラヴは割れんばかりの拍手に包まれていた。

だが、その時のダーレン・ラヴはバックコーラスのひとりではなかった。それどころか、彼女のバックバンドを務めていたのは、にこやかな笑顔でギターを掻き鳴らすブルース・スプリングスティーンだったのである。高音から低音までを歌い上げるラヴの姿に、多くの者が涙を誘われた。ロックの殿堂の二五周年記念コンサートのステージで、ラヴは視線を一身に集め、音楽に身を捧げてきた人生を認められてその場に立っていた。

ラヴの人生は、大きな困難を乗り越えて勝利を摑んだ物語だ。彼女が成功を摑んだのは、若い時に不当に奪われた自分の功績を取り戻すべく、力強い声と固い決意を武器に戦ったからだ。だがここで重要なのは、彼女が取ったアプローチが、「成功の第四の法則」に照らし合わせて非常に理にかなっていたことである。すなわち、ラヴはある時点で、自分が名もなきチームメンバーのひとりで終わることを拒否した。スポットライトのなかへ踏み出し、音楽業界のつながりを積極的に使って、自分の功績をみなに知ってもらおうとした。私はただのバックコーラスとして、たくさんのスターの〝ために〟歌ってきたのではない。スターと〝ともに〟仕事をしてきたのだ、と。

残念ながら、ラヴと同時代の人間がみな、彼女と同じような考え方や不屈の精神の持ち主ではなかった。「功績を認められるのはひとりだけだ」という「成功の第四の法則」は、「誰の功績かを決めるのは、誰が何をしたかではなく、世間がどう捉えるか」だという成功の基本前提を裏づける。そして、それは性差別や人種差別と無縁ではない。アメリカのような先進国でさえ賃金格差があり、女性は男性の七〇パーセントしか稼げない。その事実は、「成功の第四の法則」が孕む不当性を物語る。なぜなら、収入とはその人間の功績に対して、社会が報酬を割り当てる最も端的な方法のひとつだからだ。本来ならそれぞれの貢献に応じて支払われるべきだが、その原則は守られていない。

性差別によって正当に評価されない例は、男女の賃金格差だけではない。どこの国でも、どんな業界でも、同じような例はいたるところにある。最近、知った例に私は衝撃を受けた。女性の経済学者が終身在職権を却下されるケースは、男性の二倍にも及ぶというのだ。その話はある程度、予想がついた。なぜなら、終身在職権は研究職に就く女性が直面する、たくさんの障害のひとつだからだ。とはいえ、予想外だったのは、終身在職権が却下される理由だった。世間でよく言われるような理由ではなかった。男性よりも女性のほうが生産性や資質、信頼性や競争力の点で劣るとか、出産や育児休暇のせいでもない——もっとも、女性の場合、家庭を優先したという理由によって、終身在職権付与を審査する時期は先延ばしされやすい。[11] それなら、その不可解な格差を生む理由とはいったい何だろうか。

データによれば、ひとりで論文を書く女性経済学者が終身在職権を獲得する確率は、男性の経済学者と変わらない。性別に関係なく、ひとりで論文を執筆するたびに、終身在職権が認められる可能性が八〜九パーセント上昇する。ところが、女性経済学者が論文を共同執筆すると、とつぜん性差が現れる。共同研究に参加するたびに、在職権を認められる確率が上がるのではなく、下がってしまうのだ。実際、その影響はあまりにもあからさまであり、いつも論文を共同執筆する女性経済学者の場合、その格差は広がるばかりだ。同じ調査によれば、共同執筆する女性経済学者が手にする利益は、本来手にするはずの利益の半分にも満たない。しかも複数の男性と共同執筆した場合には、女性の側の利益はないに等しい。言ってみれば、論文を共同執筆することによって、女性経済学者は大きなペナルティを科されるというわけだ。

ここで明確にしておくと、男性経済学者がそのような不利益を被ることはない。ひとりで論文を書こうと何人で書こうと、在職権付与の審査には何の影響も与えない。[12] ところが女性経済学者の場合には、致命的な不利益を及ぼす。もしあなたが女性の経済学者で、男性の経済学者と共同で論文を執筆した場合――在職権について言えば――あなたは論文を発表しないほうがよかったことになってしまう。

愕然とするような事実ではないか。しかも、女性がいるチームのほうがパフォーマンスが高いことを示す調査はたくさんあるのだ。それでなくても男性優位の世界で可能性が限られているというのに、研究熱心な女性経済学者は大学の支援もろくに受けられず、学内での出世の機会も限られ、学界で認められるチャンスも少ない。それもこれも基本的に、女性がチームプレイヤーだからだというのだ。

経済学者だけの問題ではないにしろ、この例はとりわけ性差別と人種差別によってすでに不利な立場にある集団に、「成功の第四の法則」が定着してしまっているという事実をよく物語っている。なぜなら、パフォーマンスに上限がある世界では、あなたが考える以上に、バイアスが成功を決めてしまうからであり、「パフォーマンスには上限があるが、成功には上限がない」という「成功の第二の法則」と、「功績を認められるのはひとりだけだ」という「第四の法則」とが組み合わさって、すでに実績のある人の功績が認められやすいからである。となると、功績を認められたい者は、積極的に奪い取りに行かなければならない。だが、プロデューサーのフィル・スペクターが、ダーレン・ラヴの功績を奪い取ったような、不当で身勝手な方法によってではない。スペクターに奪われた功績を見事に奪い返した、ダーレン・ラヴのような方法によって、である。

夢を打ち砕かれた科学者

いっぽうのダグラス・プラシャーは、ダーレン・ラヴに教えを乞うべきだった。もう充分不当な扱いを受け、これ以上、割を食わないためである。誰でもダーレン・ラヴから多くを学べたに違いないが、プラシャーが逃したのはただの機会ではなかった。よりにもよってノーベル化学賞だった。

若い頃のプラシャーは難解な分野に取り組み、彼もまた、優秀な研究者がキャリアの早い段階でたどる道を歩んでいた。素晴らしいアイデアを持ち、熱心に研究に打ち込んだ。自分の研究テーマが、あまり注目を浴びなくても気にしなかった。優れた論文を次々と書き上げた、特許庁時代のアインシュタインに注目した者もいなかった。プラシャーの場合にも、GFPの研究にまともに耳を傾ける同僚は皆無に等しかった。マサチューセッツ州にあるウッズホール海洋生物学研究所に勤めていた時、プラシャーは終身在職権付与審査の前にプレゼンテーションを行なった。ところが、ことはうまく運ばず、補助金申請を却下されてしまう。こうして資金調達に失敗したために、もはや研究を続けられなくなってしまった。その精神的ショックはあまりにも大きく、まだ三歳になったばかりの娘が母親にこう言ったほどである。「パパはもう笑わなくなった」。将来の夢を打ち砕かれて絶望し、プラシャーは在職権委員会に審査の取りやめを申し出た。そして職場を去った。だが、これまでの努力を無駄にしたくなかったプラシャーは、新たに農務省で働きはじめる前に異例の行動に出た。たったひとりでクローン化したＧＦＰ遺伝子を、ふたりの科学者に郵送したのである。純粋な友情から生じた、まったく利他的な行為だった。緩衝材付きの封筒には、当時、彼の研究に関心を示して唯一連絡を取ってきた、ふたりの研究者の名前を書いた。

一六年後、プラシャーの封筒を受け取ったマーティン・チャルフィーとロジャー・Ｙ・チエンは、ストックホルムでノーベル化学賞の授賞式に臨んでいた［訳注　受賞理由である「緑色蛍光タンパク質ＧＦＰの発見とその開発」のうち、下村脩氏については「発見」の、チャルフィーとチエンについては「開発」の功績が認められた］[13]。プラシャーがクローン化した遺伝子を使って、チャルフィーは「ＧＦＰを生きた組織に活用できる」というプラシャーの考えの正しさを医学界に証明した。ある線形動物にＧＦＰを組み込んで、その線形動物のタンパク質を光らせることに成功したのだ。今日、その技術を、数千人の生物学者が活用している。それこそがプラシャーが考えていた次の研究テーマだったが、資金が確保できずに、研究を続けられなくなってしまったのだ。いっぽうのチエンはプラシャーの遺伝子を突然変異させて、様々な色で鮮やかに発光するＧＦＰの変種をつくり出した。プラシャーの発見を画期的な方法で活用することで彼の遺伝子を受け継いだふたりが、ＧＦＰの「開発」について優れた論文を次々と発表し、やがて「発見者」の役割も担うようになった。プラシャーが去ったあと、チャルフィーとチエンがＧＦＰ分野を代表する科学者になったのである。

学問の世界を離れて十数年が経ったその日の朝、プラシャーはアラバマ州ハンツヴィルの自宅のキッチンで、ふたりのノーベル化学賞受賞をラジオのニュースで知った。[14] 心地よい南部訛りの地元のアナウンサーが、チエンの発音を間違えた。プラシャーはラジオ局に電話をかけた。自分の功績だと訴えるためではない。ふたりの受賞に自分が果たした役割については、何も言わなかった。細部にこだわるプラシャーらしく、わざわざ電話をかけて、チエンの正しい発音を伝えたのだ。そして朝食を済ませると、トヨタの販売店に出勤して、紺のポロシャツとチノパンツというべいつもの制服に着替えた。販売店の敷地に並ぶ、ぴかぴかの車の上に風船が浮かんでいた。さびれた事務所に座り、給料の少ない仕事をしながら、プラシャーは激しい落胆を味わっていた。ノーベル賞を逃したことに対してではない。いまの自分の境遇を自業自得だと感じたからだった。プラシャーはスポットライトを浴びたい性分ではなく、手を差し伸べてくれる人に働きかけることも良しとしなかった。彼の物語は、「成功の第四の法則」が運命を決するという教訓だろう。

共同作業の成果について考える時、誰が何をしたのかを正確に知る手だてはない。そこでメンバーのなかから、ひとりか数人を選んで栄誉を授けることになる。選ばれるのは、最も継続して実績があるか、既知の名前の場合が多い。この方法は、称えるべき相手を称える公正な方法であるいっぽう、プラシャーのように明らかな間違いも生じやすい。チームで取り組む時には驚くほど豊かな成果を生む。だがプラシャーも体験したように、手柄を横取りされるという、中学校時代に経験したグループプロジェクトの悪夢がよみがえる可能性もある——そして、きらびやかなパーティ会場のテーブルに着いて、同じプロジェクトの別の参加者が、あなたの功績を、あなたの代わりに認められてステージに上がるのを見ながら、呆然と拍手するはめになるのだ。

第四の法則は、社会への対処法を教えてくれる

「チームで成功を摑むためにはバランスと多様性が不可欠だが、功績を認められるのはひとりだけだ」という「成功の第四の法則」は、私にとって、逃した機会や栄誉について述べたものではない。社会が報酬を与える方法について、役立つ対処法を教えてくれるものだ。私はことあるごとに、学生に「第四の法則」の重要性を訴える。それぞれの分野に飛び出す研究者の卵は、自分がワクワクできるプロジェクトで「自分の名を成す」方法を戦略的に考え出さなければならない。私自身は「第四の法則」を使って、プロジェクトの協力体制を練ったり、新しい地位や責任について考えたりする。「功績を認められるのはひとりだけだ」という原則と人間の性質についてよく理解していないと、プロジェクトに注いだ労力がすべて無駄になってしまうかもしれない。この法則の裏にあるプロセスをよく理解していれば、不公正な扱いにも対抗できる。

「パフォーマンスが成功を促す。パフォーマンスが測定できない時には、ネットワークが成功を促す」という「成功の第一の法則」が述べるように、栄誉を授ける相手を決めるのは個人の考えではなく、見えないネットワークの場合が多い。あなたを取り巻く広大で流動的で複雑な関係こ

そが、あなたの成功を決めるのだ。プラシャーが作製したＧＦＰ遺伝子が、脳の神経細胞を明るく染め上げるように、「成功の法則」を知ったいまのあなたは、あなたの運命を決める見えない運命の糸を明るく照らし出せるのだ。

本書で紹介してきた「成功の法則」には、「成功は集団的な現象だ」という基本前提がある。その理解にもとづいて、ある成果や物語を社会がどう捉えるのかについて分析してきた。バイアスが報酬を決め、成功が成功を生み、適応度が重要なカギを握る。そしてまた、栄誉を授けるプロセスや、チームで成功を掴む方法についても考察してきた。功績を認められたい時には、これらの要素をうまく活用することだ。

さて、次章では最後の法則を紹介しよう。その法則は、ダーレン・ラヴが取ったアプローチの素晴らしさを証明し、プラシャーの物語との大きな違いも明らかにする。ラヴは「成功の第四の法則」を具現化しているだけではない。逆境に抗い続けた彼女の粘り強さは、才能から素晴らしいキャリアを生み出す方法をも教えてくれる。金持ちのお屋敷のバスルームでトイレ掃除をしていたラヴが啓示を受け、そこから成功が生まれ、ついには彼女をステージの中央に立たせたように、あなたも「成功の第五の法則」を、いますぐあなたの啓示にしてほしい。一夜にして次の成功を掴むのは、あなたかもしれない。棚上げしていた論文が、あなたにとって最も引用回数の多い論文になるかもしれないのだ。さあ、取りかかろう。いますぐに。「成功の第五の法則」をあなたのモチベーショナル・スピーカーにして。なぜなら、次章で述べるように「成功はいつでもやってくる」からだ。

成功の第五の法則

不屈の精神があれば、成功はいつでもやってくる。

この法則が教えてくれるのは、大学を定年退職するような年齢になっても、ノーベル賞の受賞につながる研究ができる理由や、イカサマ用のさいころを振っているかのように、次々と成功を掴む人がいる理由である。本章で紹介する「Qファクター」を使えば、イノベーションを方程式で表せる。成功が雪のように消えても、創造性には有効期限がないことも教えてくれる。

10 アインシュタインの間違い
――スキルが合わさると、なぜ最後には努力が実を結ぶのか

「成功の科学」に照らし合わせて、私もつい自分自身の成功と失敗について考えてみる。まだ暗いボストンの冬の朝、凍結して滑りやすくなった歩道の部分を避けて研究室に向かいながら、ふと気がつくと、自分の成功と失敗の数を数え、その確率を計算している。くねくねと曲がった、予想もしなかった旅を続け、二〇年という短いあいだに、物理学からネットワークへ、そして「成功の科学」へと研究テーマを変えて歩んできた。いっぽう、これから長い研究生活が始まる学生やポスドクは可能性に満ちている。彼らのような若い世代と一緒に研究に打ち込むと、この世界を選んだ時の初心を思い出して、私も勇気が湧いてくる。

しかしながら、私自身の運命について言えば、ボストンの冬の朝の寒さがいっそう身に沁みるような――そしてたくさんの研究もその正しさを証明してきた――事実がある。簡単に言えば、イノベーションや発見は若い世代の特権に思えるのだ。二六歳の若さで相対性理論を発見したアインシュタインの次の言葉には、何の遠慮もない。「三〇歳までに偉大な論文を発表しなかった

者は、生涯、偉大な論文を発表しない」

年月を経るごとに、そしてまた頭脳明晰な若い研究者が次々と現れるたびに、自分はもはや〝枯れ木〟だという感情に襲われ、私たちのような理系の人間もちょっぴり詩的な気分になる。アインシュタインと同じように、二〇代の発見によってノーベル物理学賞を受賞した論理物理学者のポール・ディラックは、こんな陰鬱な詩を書いている。

年齢とはもちろん、
物理学者がみな恐るるべき高熱の悪寒だ
三〇歳を過ぎてしまったら、
生き永らえるよりも死んだほうがましだ[1]

ディラック自身はその言葉に従うことなく、人生最後の論文を八二歳で発表して、その年に亡くなったが、彼の指摘の正しさは証明されている。[2] ディラックやアインシュタインの言う通り、データによれば、科学者や物理学者は若い頃に画期的な論文を発表する。著名な天才を対象にした分析結果もそう証明している。たとえば心理学者のディーン・キース・サイモントンが、ダ・ヴィンチからニュートンやエジソンまで、あらゆる時代の二〇〇〇人を超える科学者や発明家の経歴を分析したところ、ほとんどの天才は三九歳頃までに歴史に名を刻んでおり、創造性は若者、あるいは中年初期までの特権だという俗説を裏づけた。サイモントンの分析によると、芸術家や作家もやはり人生の前半に最盛期を迎えていた。毎朝、私がベッドから起き出し、研究室に向かう燃料であるイノベーションへの情熱は、分野やジャンルを問わず、本来ならばそれがいちばん必要となる、疲れ切ってガタのきた私のような年齢層には、あまり効果を発揮しないらしい。

年齢を重ねると、そのような〝魔力〟を失うことは避けられないのだろうか。[3]私は何度もその答えを探し出そうとした。一日仕事を休んで、何とかリラックスしようとする私を見れば、魔力を失うことを私が強く不安に思っている理由がわかるだろう。ところが、私にとって――そして、もし私が早期退職することにでもなれば、私のイライラを我慢しなくてはならなくなる家族や周囲の者にとって――幸いにも、強い希望が湧く重大なパラドックスが明らかになった。これで古い世代は、〝もはや自分は過去の人間〟だと自分を納得させずに済みそうだ。なぜなら、創造性に年齢はない。多くの発見は若い世代の産物だという、アインシュタインやディラックの言葉はまったくの間違いではないにしろ、いくつになっても人生最大の画期的な発見をすることは可能なのだ。

そう聞いて、にわかには信じられなくても心配はいらない。私も最初はそうだった。それどころか、イノベーションと年齢との関係にまつわる大きな謎を解くためには、五年もの歳月を要したのである。

私は無用の枯れ木なのか

サイモントンの調査には大いに興味を惹かれたものの、基本的な疑問が残った。彼の調査が対象にしているのは天才である。彼らは創造的な人間のなかでもごく一部であり、極めて稀な人種である。となると、サイモントンの発見は果たして、私や白髪の目立ちはじめた同僚や論文の共著者のような、天才のレベルを望むべくもない、ごく普通の研究者にも当てはまるのだろうか。私が日常的にやり取りする、知的職業に就く人たちにも、同じことが言えるのだろうか。知的能力のピークを過ぎたという理由で、私はかかりつけの医者をクビにするべきだろうか。既成概念を打ち破るような斬新なデザインを期待して、ベテランではなく若手の建築家に声をかけるべきだろうか。シリコンバレーのスタートアップは、百戦錬磨の年配を候補から外して、つい先日までティーンエイジャーだった若者を雇うという、暗黙のルールを死守すべきだろうか。つまり、天才を対象とした大がかりな調査の結果は、私たち凡人にも当てはまるのだろうか。

その疑問は、ロベルタ・シナトラと私の心を捉えた。シチリア島出身の若きポスドクのシナトラは、物理学者として研究生活に入り、紆余曲折を経てネットワークサイエンスの世界にたどり着いた。そして二〇一二年に私の研究室に入ると、パフォーマンスから成功を生み出すために必要な資質を存分に発揮した。その情熱は研究室中に伝染し、メンバーの意欲を掻き立て、難問を解決に導いた。料理の腕も素晴らしいうえ、生まれついてのネットワーカーでもあり、おおぜいが彼女のディナーテーブルを囲んだ。会議室で小難しい顔をしている時よりも、祖母直伝のレシピでつくったスパゲッティを食べながらのほうが、複雑なネットワーク理論について議論しやすい。キッチンだろうが研究室だろうが、彼女が加わると、複雑な問題が嘘のように簡単に思えるのだった。

シナトラと私は、凡人の創造性に年齢が及ぼす影響に興味を抱いた。天才は若い頃に偉大な発見をするが、小さいが重要な発見をする凡人の研究者の場合はどうなのだろうか。生物学からコンピュータサイエンスまでの幅広い分野で、イノベーションを生み出す人生の時期を予測できるのだろうか。まずは単純な問いから取り組んだ。凡人の研究者が、最も引用回数の多い論文を書くのは、研究生活のいったいいつの時期だろうか。

単純な問いの答えが得てして最も難しい。この問いもそうだった。何万人もの研究者の経歴を正確に分析しなければならず、私たちはおよそ四〇〇万本もの論文のなかから、どの論文がどの研究者のいつのものかを特定した。我がチームのコンピュータサイエンティストのピエール・デヴィルに大いに助けられ、その作業に約二年を費やし、一人ひとりの経歴を分析したところ、あるパターンが浮かび上がった。

引用回数の多い論文が発表されたのは、研究者が研究生活に入って最初の二〇年以内という比較的早い時期だったのだ。具体的に言えば、最も引用回数の多い論文が最初の三年間に発表される可能性は、およそ一三パーセント。次の三年間の可能性も同じく一三パーセント。実際、研究者が〝一山当てる〟可能性は、最初の二〇年間は毎年同じように高かった。ところが二〇年を過ぎると状況は一変し、その可能性はがくんと下がる。二五年後の可能性は五パーセント。それ以降も自由落下状態で下がり続ける。それでは、研究生活に入って三〇年になろうかという私が、これまでの〝成功〟を超える論文を発表する可能性は？　そのグラフによれば、一パーセント以下。そんなことなら、もう論文の発表を諦めたほうがよさそうだ。データを見る限り、私は無用の枯れ木というわけである。終身在職権よ、さようなら。学長は私を黄昏のかなたへと送り出したほうがいい。

サイモントンは正しかった。彼の発見が当てはまるのは天才だけではなかった。強い情熱に導かれて昼も夜もせっせと研究に勤しみ、栄誉も期待しない、私たち平凡な研究者にも当てはまるのだ。私たちが発見したのは、単純な結果だった。創造性のパターンについて言えば、天才も凡人も変わらない。私たちも凡人もまた、研究生活の早い時期にピークを迎える。そして、創造性が衰えると諦めがちになる。天才であろうとなかろうと、みな同じ基本パターンに従うのである。

生産性こそがものをいう

だが、その結論はデータの読みが不充分ゆえの結果とわかり、ほっと安堵した——そうでもなければ、アロハシャツを買い込んで、さっさとフロリダに移住してゴルフでも始めているところだった。若い時期に創造的な論文が集中する理由について調べるうちに、意外な事実が判明した。確かに、画期的な論文を発表する可能性は二〇年後にはがくんと落ちる。だがここで重要なのは、生産性もまたがくんと落ち込んでいたことである。研究者が発表する論文の数を調べると、研究生活の初期が圧倒的に多く、生産的だった。そして、研究者が最も引用回数の多い論文を発表する可能性を表すグラフと、研究者が論文を発表する可能性を表すグラフとが酷似していたのである。実際、どちらがどちらか見分けがつかないほどそっくりだった。これが偶然のはずがない。何か重大な理由があるはずであり、それを読み解かなければならない。

それからの数カ月というもの、「研究者が画期的な論文を発表する時期」と「生産性」との関係の謎を解くために、私たちは頭を悩ませていた。早起きで朝の時間によく頭が働く私は、夜明けとともに起き出して、目の前の問題を熟考し、新しい質問リストをシナトラとそのチームに送信する。午後に顔を合わせてデータについて話し合い、何度も繰り返しこう自問することになる。「私にとってこれはどういう意味があるのか。私の頭はやはり枯れ木なのか」と。いっぽう夜型のシナトラは、グーグルスカラー［訳注　論文、学術雑誌、出版物などの検索エンジン］を利用して、尊敬する研究者の論文が引用された記録をたどっていく。ノーベル賞受賞者から、まだあまり知られていないが個人的に面識のある科学者まで、シナトラが調べた研究者には共通点があった。年月とともに研究者の影響力が高まっていたのだ。すなわち、年を経るごとに、どの研究者についても論文の引用回数が増えていた。

考えてみれば、ニュートン、キュリー夫人、アインシュタイン、ディラックはみな故人である。それにもかかわらず、彼らの論文は、いまなお現役で研究しているかのように引用され続けている。その時、シナトラの頭のなかでこんな問いがひらめいた。存命中の研究者の成功と、すでに亡くなった研究者の成功とのあいだには、どんな違いがあるのだろうか。

その答えは、存命中の研究者が生産的であり続けることだ。ニュートンやキュリー夫人は、あの世から新しい論文を投稿できない。もう何十年か何世紀も、新たなアイデアを発表していない。それでも、その研究成果はいまだに引用され続けている。彼らの死とともに生産性も終わりを告げたにもかかわらず、引用回数を測定基準とする影響力は、日に日に強まっていく。「成功」と「生産性」との相互作用を明らかにしたいのなら、りんごとりんごを比べなければならない。生きたりんごの木と枯れたりんごの木とを比べてもダメなのだ――シナトラはそう気づいた。そこで、分析対象を引退した研究者に絞った。そうすれば、研究生活の初期だけでなく、キャリア全体を通した分析が可能になるからだ。

シナトラの深夜のアハ体験によって、データ解釈の新しい視点が開けた。「成功」と「生産性」との関係の謎を解く方法が見つかったのだ。[4] まずは、各研究者の論文を発表順に並べ直す。それぞれの論文に執筆時の年齢をタグ付けするのではなく、単純に一番目、二番目……二〇番目と番号を振っていく。そうすることでそれぞれを、画期的な論文を目指す一連の論文のひとつとして捉えたのである。

私たちは、研究者にとって最も引用回数の多い論文が、研究生活の初期に発表されているものと予想していた。天才を対象とした何十年もの研究も、そう示唆していたからである。ところが、結果は予想外のものだった。その論文が研究者にとって最も引用回数の多い論文になる可能性は、一番目であろうと、二番目であろうと、人生最後の論文であろうと、まったく同じだったからである。そうやって並べ直したデータを見た時には、私たちも呆然とした。つまり、年齢は関係ないということか……。

ここで、新たな疑問が生じた。私の創造性が年齢とは関係がなく、どの論文にも画期的な論文になる可能性が同じだけあるのならば、天才か凡才かを問わず、誰もが研究生活の初期にピークを迎え、その後は減少に転じるのはどういうわけだろうか。

そこで登場するのが、生産性である。

一見、矛盾する事実は単純な喩えで説明できるだろう。あなたが三〇年間、毎年自分の誕生日に宝くじを一枚買い続けたとする。あなたが歳を取ったからといって、宝くじに当たるチャンスが増えることはない。減ることもない。五年前も一〇年後も同じだ。だが、もし三〇年目の誕生日に一枚ではなく、三〇枚の宝くじを購入したとしたらどうだろう?　もしあなたが宝くじに当たるとしたら、三〇年目の誕生日の可能性が高いはずだ。私たちの測定によれば、論文は研究者にとって宝くじのようなものである。画期的な論文になる可能性は、どの論文もまったく同じである。そこで、その研究者が立て続けに論文を発表するあいだは、大きな成功を摑みやすい。論文を矢継ぎ早に発表するその時期に、研究者がより創造的だからではない。より集中的に発表するからである。

ほとんどの研究者にとって、ほとばしるような生産性は最初の二〇年間に表れやすい。博士課程を終えたばかりの意欲に燃える若い研究者は、最初の数年間に論文を立て続けに発表する。一〇年か二〇年が経つと、そのペースも徐々に衰えていく。どんな創造的な分野でもそれは変わらない。新たな可能性が開けて、研究室や事務所やスタジオをあとにする。中年の危機もやってくる。思春期の我が子はトラブルに巻き込まれ、体の弱った両親の心配もしなければならない。燃え尽き症候群の可能性もある。いろいろと邪魔が入れば、優先順位も変わり、研究ペースも落ちる。言ってみれば、研究生活も後半に入ると宝くじの購入枚数は減り、当せん確率も下がってしまう。

というわけで、改めてデータを分析した結果、次のようなことが判明した。まだ経験の浅い研究者が画期的な論文を発表するのは、若さと創造力のためではなく、全体的に生産性が高いからである。注目度が低かろうが失敗しようが、若い研究者は何度でも挑戦する。だからこそ、物理学者は三〇代で画期的な論文を発表し、画家は二〇代で傑作を描き上げ、作曲家や映画監督やイノベーターやファッションデザイナーは、若くして一流の仲間入りをする。

にわかに信じられないかもしれないが、その発見はすでにシワのある者もこれからシワのできる者にとっても嬉しいニュースだ。宝くじを買い続け、その成果を発表し続ける限り、イノベーションそのものに年齢制限はない。「成功の第五の法則」となるメッセージはシンプルだ。

不屈の精神があれば、成功はいつでもやってくる。

そうと知って、私は喜びを抑えることができなかった。成功と生産性との関係がわかり始めた時、研究室から歩いて家へ帰るあいだに、いろいろなアイデアが浮かび、エネルギーが湧いた。太陽が沈むことがないように思える人生の初夏に、誰もが大きく前進する。そしてついに日没を迎えると、悠々と広がる地平線を太陽が赤く染め上げる。私の喜びには個人的な理由があった。生産性はいつも私の強みだったのだ。そして、生産性が私にとっていかに貴重な資産だったのかを改めて知った。「成功の第五の法則」を自分のマントラとして、今後は研究に二倍の努力を注ぎ、若い頃の勢いを凌ぐペースで論文を発表していくのだ。私が書くどの論文も新しい宝くじであり、どの宝くじも画期的な論文になる可能性を秘めている。そう理解するためには、数千人の経歴を分析しなければならなかった。だが、そのようにして発見した「成功の第五の法則」は実にシンプルなものだった。

八五歳のノーベル賞受賞者

分析化学者のジョン・フェンが五〇歳にしてイェール大学の教授になった時、すでにアカデミックな世界の基準からしても、彼は遅咲きだった。だが、フェンは〝大器晩成の常習犯〟だった。フェンが初めて論文を発表したのは三二歳の時。大学院を卒業してすでに一〇年が過ぎていた。アインシュタインの考えによれば、フェンのような稀な存在がスターの座に上り詰める望みはない。三五歳の時に初めてプリンストン大学から声がかかり、五〇歳でイェール大学に移るまで、原子線と分子線の難解な研究に打ち込んだ。勤勉で熱心な態度にもかかわらず、フェンの論文が大きな影響を与えることはなかった。そして七〇歳になった時には、ついにフェンを定年に追い込めると思い、イェール大学の学部長も胸をなでおろしたに違いない。二〇年間、研究を続けたわりには、たいした成果もあげてこなかったからだ。

ところが、当のフェンに引退するつもりはこれっぽっちもない。定年退職の前にはすでにイェール大学を非常勤となって、研究室も実験助手も取り上げられていたが、六七歳の時に、フェンみずから「エレクトロスプレーイオン化法」と名づけた新技術の論文を発表した。これは液滴を高速ビームに変えることで、巨大分子やタンパク質の質量を即座に、正確に測定できる技術である。フェンはこれを画期的な発見と捉え、ついに自分も幸運の波に乗ったと思った。その通りだった。細胞の分子成分に爆発的な関心が集まり、フェンの技術はたちまち世界中の研究室にとって、なくてはならないツールになったのだ。そこでイェール大学の名誉教授として嫌々時間を潰したあと、公立研究大学のヴァージニア・コモンウェルス大学に移った。彼の年齢を少しも気にしないいらしいその大学で、フェンは新たな研究室を持ち、誰にも邪魔されずに研究に打ち込んだ。

フェンは晩年に、まさに革命的な功績を残した。初期のアイデアを改良して、研究者がリボソームやウィルスの質量を、以前には考えられなかったほど正確に測定できる安全な方法を編み出したのだ。それによって明らかになった知識が、人間の細胞の働きにまつわる理解を大きく変えた。しかも、フェンの人生後半の努力は大きく報われた。論文発表から一八年後の二〇〇二年に、しわくちゃの八五歳になっていたジョン・フェンはノーベル化学賞に輝くのである〔訳注 この年、「生体高分子の同定及び構造解析のための手法の開発」によって、ノーベル化学賞をフェンと同時受賞したのが、四三歳の田中耕一氏〕。

フェンのハッピーエンドの物語が教えてくれるのは、「成功の第五の法則」が、粘り強く努力し続ける人の有利に働くことだ。[5] 彼に師事し、友人でもある化学者のキャロル・ロビンソンは、九三歳でこの世を去ったフェンを偲んで、彼は決して情熱を失わなかったと書いている。「フェンが信じていたのは、研究は何よりも楽しいものでなければならず、楽しくなくなった時はやめる時だということでした」。ロビンソンは続ける。「でも、フェンは決してやめたりしませんでした。研究に打ち込み、毎日のように研究室に顔を出し、それは亡くなるほんの二、三週間前まで続きました。エレクトロスプレーのメカニズムに関する最後の論文を発表したのは、フェンが九〇歳の時でした」。なかなか素晴らしい人生ではないか。

「成功の第五の法則」が伝えるシンプルなメッセージを、フェンは身をもって体現していた。

「成功の可能性は年齢とは関係がない。それを決めるのは、成功を掴み取ろうとして繰り返しトライするかどうかだ」。そうと知って、私は考え方を改めた。あちこちにフェンを見つけるようになった。俳優のアラン・リックマンが初めて映画に出演したのは四二歳の時。レイ・クロックがマクドナルドのフランチャイズ権を獲得して、最初の店を開いたのが五三歳の時。ネルソン・マンデラは二七年の獄中生活の末に釈放されたあとも、アパルトヘイト撤廃運動に熱心に取り組み、七六歳にして南アフリカ共和国の大統領に就任した。料理研究家のジュリア・チャイルド（216ページ参照）が、五〇歳で初めて自分のテレビ番組を持った時、その声は料理をする喜びに震えていた。[6]

「成功の第五の法則」の典型的な例である、人生後半に掴む成功には「粘り強さ」のほかにも、もうひとつ共通点がある。それは成功へと続く道を案内し、その人のキャリアを通して姿を表す隠れた要素である。私たちはその要素を「Qファクター」と名づけた。そしてその要素のおかげで、私たちは一〇〇万ドルの価値を持つ問い——適応度の高いアイデアや製品はどこから生まれるのか——の答えを、ついに見つけ出したのである。

不変のQファクター＝アイデアをかたちにする能力

新しいプロジェクトは常にアイデアとともに始まる。どんな創造的分野であろうと、それは変わらない。まずはアイデアがひらめく。そして、その優れた思いつきを世に送り出す方法について頭を絞る。だが、そのアイデアの重要性や斬新さは、いつも前もってわかるわけではない。そこで、そのアイデアを、「ランダム・アイデア」の頭文字を取って「r」と呼ぼう。rはその価値を表す数字である。すでに五店がしのぎを削っている小さなショッピングセンターに、六店目のファストフード店を出すというアイデアは？　その場合、rは限りなくゼロに近い。あるいは、瞬間移動できる転送装置をつくるというアイデアは？　その場合には——もしそんなことが可能ならば——とてつもなく大きい。もちろんアイデアが優れていればいるほど、つまりrの値が大きければ大きいほど、そのアイデアが社会に与える影響も大きい。

だがこの時、重要な要素は優れたアイデアだけではない。ベンチャーキャピタリストの決まり文句ではないが、「アイデアは二束三文だ」。投資家が切る小切手の数字の大きさを決めるのは、アイデアをかたちにして、役立つ製品を生み出す能力である。どんな職業であれ、それは同じだ。どれほどアイデアが優れていても、アイデアをかたちにする能力に欠けていれば、重要な成果は生まれない。科学者であれば「アイデアを発見に転換する能力」は、優れたアイデアと同じくらい重要であり、その能力は人それぞれ大きく違う。

その能力を、その人の「Qファクター」と呼ぼう。これで、イノベーションのプロセスを方程式に表すふたつの要素が揃った。人はそれぞれ「ランダムなアイデア」rを持ち、それぞれのスキルを使って、アイデアから「成功」すなわち「S」を生み出す。Sは世界に与える影響力の大きさを表す。その影響力を予測したい時には、ふたつの要素――アイデアの未知の値 rとその人のQファクター――が一緒に働いて、プロジェクトの最終的な成功Sを生み出せるかどうかを見極めなければならない。最もシンプルなモデルが、結局は最も正確とわかった。あなたのQファクターと、アイデアの値 rとを掛け合わせると、成功を占う次のような公式ができあがる。

$$S=Qr$$

言い換えれば、製品の売れ行きや取引の成功、科学者の発見が世間に及ぼす影響は、個人のQファクターとアイデアの値 rとの掛け合わせから生まれる。

アイデアが素晴らしく、 rの値が大きいにもかかわらず、個人のQファクターが低い場合には、社会に及ぼす影響は残念ながら平凡なものに終わってしまう。Qファクターが低いせいで、最終的な成果であるQrが低減してしまうからだ。つまり、アイデアは素晴らしいが、アイデアをかたちにする能力はお粗末である。アップルが発売した、世界初の個人用携帯情報端末ニュートンがいい例だろう。手書き認識機能のあまりのお粗末ぶりに、スティーブ・ジョブズもニュートンの製造中止に追い込まれた。あるいは、その反対も起こりうる。つまり個人のＱファクターが高いにもかかわらず、二流品や欠陥品を生み出すパターンだ。アップルリサ、ＮｅＸＴ、Ｇ４キューブ、モバイルミーが絶好の例だろう。そんな名前は聞いたこともないかもしれないが、どれもスティーブ・ジョブズの失敗作の墓場で眠っている。[7] どれほどＱファクターが高くても、ｒの値が低ければ、製品の評価は低くなってしまう。アイデアをかたちにする能力は素晴らしいが、アイデアがお粗末というわけだ。そして第三に、アイデアと創造者の両方が輝く「千載一遇の機会《パーフェクト・ストーム》」の例がある。ｒもＱファクターも高く、相乗効果が期待できる時には、人生最高の画期的な製品が生まれやすい。まさしくｉＰｈｏｎｅがそうだろう。非凡なアイデアと、アイデアをかたちにする素晴らしい能力とが組み合わさって誕生したｉＰｈｏｎｅは、ジョブズの名声を刻む傑作となった。

ところが、創造的な仕事に就く人に対する私の考えを、根本的に覆す発見があった。アイデアを製品化することにせよ、直感に従って素晴らしい契約を結ぶことにせよ、頭に浮かんだメロディーで曲をつくることにせよ、午後の揺らめく光をカンバスに描き取ることにせよ、同じ仕事を長く続けていると、アイデアから影響力の強い成果を生み出すことが誰でもうまくなるものだと、私は信じていたのだ。言い換えれば、キャリアを積むにつれ、Ｑファクターは増大する、と。ところが、そこで驚くような発見があった。科学者のＱファクターを測定する方法を見つけ出したところ、長い研究生活を通して、科学者のＱファクターにはまったく変化が見られなかったのである。データは明確に告げていた。高かろうが低かろうが、ともかくも科学者は与えられたQファクターとともに研究生活に入り、退職する時までQファクターは変わらない。[8]

この結果に、私はとても納得がいかなかった。初めて論文を書いたものの、引用される可能性が間違いなくゼロだった二二歳の時の自分といまの自分とが、科学者として同じくらい優れているとはとても思えない。あなたも同感ではないだろうか。教師、作家、医師、あるいは営業職として、二〇代の頃の自分が――それが数年前にしろ、数十年前にしろ――いまの自分と同じくらい優れていたとはとても思えないだろう。博士課程に進む二二歳の息子のダニエルに向かって、彼がすでに優れた研究者かそうでないか、どうやって告げられると言うのか。研究を続けるうちに成長し、多くを学ぶはずであり、本人の努力もあるはずだ。

「創造的な仕事に就く人のQファクターは、時を経ても変化しない」という考えに、私は釈然としなかった。その分析結果をまとめた論文を送ったところ、一流学術雑誌の編集者も合点がいかないという。学術雑誌に意見を求められた、八名の審査員もやはり納得がいかない。誰もが頭を抱えた。そして私たちに分析結果をもう一度見直して、あらゆる研究分野でその妥当性を実証するように促した。そこで半年かけて見直したものの、結果はやはり同じだった。そうであるならば、私も科学者である限り、その結果を受け入れるほかない。それでも納得はいかず、成功や才能、能力について、分析結果が伝えようとしているところを、何とか理解しようとした。

これは科学者以外の分野にも当てはまるのだろうか。その答えが見つかったのはつい最近、コミュニケーションの分野で、Qファクターを測定する方法を見つけ出した時だった。私の研究室に新しく加わったオヌル・ヴァロルが、ツイッターユーザーのコミュニケーション方法を調べ、彼らがユーザーの心に響くツイートを発信する能力について分析したのだ[9]。もちろんフォロワーが何百万人もいる場合は、数千人のリツイートが期待できる。彼らと、フォロワーが数十人どまりのユーザーとを比べても意味はない。

そこでフォロワー数が同じユーザーどうしを比較すると、大きな違いが浮かび上がった。フォロワーとの関係を築くのが非常にうまいユーザーがいたのだ。しかも、そのコミュニケーションスキルは、時間とともに増加したり減衰したりしないようだった。Qファクターの高い人は高いまま、低い人も低いままだった。ツイッターを始めたその時から、Qファクターは固定したまま、何カ月経とうが何年経とうが、ほとんど同じだったのである。

私はその分析結果に対する悶々とした思いを、実業家として成功した隣人に打ち明けた。そして長く仕事を続けてきて、自分が優れた実業家に成長したと感じるかと訊ねた。次から次へと成功を収めるまで、どのくらいかかったのか。リスクの高い取引を見極める優れた能力は、事業を始めてかなり経ってから身につけたものではないのか。

それは完全な勘違いですね、と彼は答えた。

彼の経歴もまた、ランダムな失敗とたまの大成功とのまだら模様だったのだ。スティーブ・ジョブズの失敗だらけの記録と何ら変わらない。その並外れたQファクターのおかげで、ジョブズの超弩級《どきゅう》の失敗の数々は、超弩級の成功の陰にすっかり隠れていたのである。

何度やっても成功しないなら、職業を間違えているかもしれない

どんな分野でも、成功というゲームにイカサマ用のさいころを振って参加しているように見える人がいたとしたなら……まさにその通りである。だがその時、彼らの有利に働いているのがQファクター、すなわち持って生まれた才能や知力である。どんな創造的な分野にも必ず、ジョン・レノンやスティーヴン・スピルバーグ、キュリー夫人、トニ・モリスン〔訳注 アメリカの作家。全米批評家協会賞、ピュリッツァー賞、ノーベル文学賞など数多くの賞を受賞した〕はいる。彼らは非凡なQファクターの持ち主であるため、rがさほど優れていない場合にも大きな影響力を生み出す。成功の見込みが薄いプロジェクトの場合にも、それなりの影響力を及ぼす。Qファクターが高いからこそ、失敗を免れる。どんな職業においても、強い影響力を生み出すプロジェクトもあれば、お粗末なアイデアが原因の明らかな失敗も多い。それでも私たちのモデルは、Qファクターの高い人は次から次へと成功し続けると予測する。

それなら、Qファクターが低い人の場合は？　Qファクターが並外れて高い人がすぐに思い浮かぶように、低い人もすぐに思い浮かぶ。科学者であれツイッターユーザーであれ、私たちのデータでも、Qファクターの低い人は必ずいた。そしてQファクターが低いにもかかわらず、そ

の仕事や活動を続けていた。Qファクターは時間を経ても変わらないため、私にできるのは厳しいアドバイスをすることだろう——もしあなたが何度やっても成功できないのなら、職業の選択を間違えている可能性がある。私もそうだった。高校時代、私は彫刻家を目指していた。ところが、正直言ってそれだけの才能はなかった。そのいっぽう、当時から物理学の成績は良かった。そこで私は自分のQファクターに従い、アトリエを去って研究室を選んだ。あるいは、あなたが何度やっても成功できない理由は、研究者の少ない分野に取り残されているからかもしれない。私にも経験がある。最大級の発見をしたところで、ほとんど注目も浴びない量子ドットという目立たない分野で、何年も研究を続けていたのだ。そして最終的に、たくさんの人に関心を持ってもらえそうなネットワークの分野を選んだ。Qファクターと仕事とがうまく響き合わないのなら、職業の選択を間違えている可能性を疑ってみるべきだろう。

だが、Qファクターが輝くような職業や分野を選んだ時には、必要なのはあとひとつだけ——決して諦めないこと。運が成功を運んでくると思って頼るな。Qファクターとあなたの夢とがぴったり合う職業を見つけよう。そうすれば、成功の可能性が大きく広がる。

成功の有効期限

ここまで読んで、「創造性には有効期限がない」ことがおわかりいただけたのではないだろうか。

だが、成功には有効期限がある。いや、それは変だと思うだろう。「成功が成功を生む」ことを考えれば、矛盾して聞こえるはずだ。優先的選択に従えば、いったんプロジェクトが成功すると、成功は無限に拡大して、前回とは比べものにならないほど大きく成長するはずだ。とはいえ、ちょっと冷静に考えてほしい。ここで、常識を働かせるのだ。もし本当にそんな調子なら、誰でもとどまるところを知らない成功の波に乗るはずだ。必要なのは、たった一回、功績が認められて注目を浴びることだけ。そうすれば、あとは優先的選択が働いて、一生楽な暮らしができるはずだ。ベストセラーが一冊出れば、名声と印税の日々が待っている。特許で一山当てれば、おとぎ話で読んだような裕福な暮らしが続く。一本の論文が何百万回も引用される。もちろん、そんなことも起こりうる。たった一回の成功で、作家や科学者が生涯にわたって上昇気流に乗ることはある。だが優先的選択が、どんな場合にも、何の制限もなしに確実に働くというのなら、持てる者と持たざる者との格差はいま以上に大きいはずだ。

「成功の第二の法則」が謳うように成功に上限はない。だが、制限はある。人生の多くのことがそうであるように、成功も時間という制限を受ける。

何と言っても、死すべき運命は免れないのだ。

「アテンション・エコノミー」［訳注　情報過多のなかで、消費者の「注目や関心」を奪い合う経済］の犠牲になって、あらゆるものは古びる。だから、成功も徐々に衰える。いま現在、どれほどキラキラと輝く魅力的なものが鼻先にぶら下がっていようと、人はそのうち、さらに魅力的なものを求めて地平線を見渡す。〝ティーンエイジャー向け〟の製品もそうだ。大発見であれ、面白い動画であれ、iPhoneであれ、発表と同時に大きな注目や関心を集めたとしても、やがて一斉に冷めてしまう。そして、成功も雪のように溶けてしまう。

だが朗報もある。「才能があって粘り強ければ、あなたは運がいい」とQファクターが教えてくれることだ。どんなプロジェクトにも有効期限があるいっぽう、創造性には有効期限がない。だから創造的な人にとって、長続きする成功の秘訣はシンプルだ。Qファクターを構成する特質にせっせと働いてもらうために、成功を生むチャンスを何度でもつくることだ。成功を摑む人は、繰り返しプロジェクトに挑戦する。彼らはただ成功を積み重ねているのではない。宝くじをたくさん買っているのだ。J・K・ローリングのようにシリーズ作を発表すれば、作家にできる唯一の方法で「成功の第五の法則」をうまく活用できる。ローリングが新作を発表するたびに、新たなファンが前作を読んでくれる。新しい作品は、ローリングの経歴に息吹を吹き込み、シリーズ全体がよみがえって新たな命を持つ。

成功が時とともに色褪せても、Qファクターは色褪せない。常に変わらないため、本当に成功する人は、新しい r を何度でも選んで、適応度の高い成果を絶えず生み出す。高いQファクターに、ジョン・フェンのような不屈の精神が合わされば、「成功の第五の法則」が原動力となって、

生涯にわたる成功が摑める。シェイクスピアやジェイン・オースティン〔訳注　一八世紀の英国の作

家。代表作に『高慢と偏見』など〕、イーロン・マスクやエジソン、キュリー夫人やアインシュタイン

は、ひとつの作品やひとつの発見で名前を知られているわけではない。彼らが高く聳え立つのは、

非凡なQファクターのおかげであり、自分の運を何度でも積極的に試そうとしたからである。

Qファクターをうまく利用するお勧めの方法が、もうひとつある。

協力するのだ。

ネットワークを活かして、プロジェクトに参加してもらう。そうすれば、少なくともプロジェ

クトは続けられ、Qファクターにも引き続き働いてもらえる。チームワークは刺激を与えてくれ

る。私だって、たくさんのプロジェクトに一緒に取り組む学生やポスドクの熱意に促されて、否

が応でも生産的にならざるを得ない。

「成功は集団的な現象」であるため、その人の運命を決めるのは、質の高い仕事や才能ある人た

ちに対する社会の反応である。そのため成功を、人知を超えた力のように感じるかもしれない。

だが「成功の第五の法則」から何か学べるものがあるとするならば、それは、あなたにもコント

ロールできることがたくさんあるという事実だ。揺るぎない創造力に、ジョン・フェンのような

不屈の精神が加われば、人生に重要な意味を与えてくれ、長く続く成功の秘訣も手に入れられる。

「自分の仕事は何か」と「自分は誰か」とをうまく結びつけてくれるだけでなく、大きな敬意を

集める人たちが――人生には限りがあるにせよ――年齢とは親しい友人と祝う機会の数に過ぎない、と考えている理由も教えてくれるのだ。

その絶好の見本と言えるのが、浮世絵師の葛飾北斎だろう。[10]「七〇歳になる前に描いた絵は取るに足らないものだった。七三歳にして、動物や草木の姿が少しはわかるようになった」。七五歳の時、北斎はそう綴った〔訳注『富嶽百景』初編の跋文《ばつぶん》〕。続く一文に、私はとてつもなく嬉しくなってしまった。「八〇歳でさらに成長し、九〇歳で絵の奥義《おうぎ》を会得して、一〇〇歳で神妙の域に達し、一〇〇歳をかなり超えたところで一点一格が生きているようになるだろう」

北斎は八九歳まで生きた。晩年の二〇年間に最も素晴らしい作品を残し、『富嶽三十六景』の一図「神奈川沖浪裏」もそのひとつである。おそらく目にしたことがあるのではないだろうか。高く激しくうねる白波と、波に揉まれていまにも呑み込まれそうな三隻の舟。その遥か彼方には富士の山が小さく見える。この絵はまた、生涯を通して成功には盛衰があることも描き出している。それは波のごとく、とつぜん大きな勢いを得てうねったかと思うと、一瞬にして砕け散り、その動きをまた一から繰り返すのだ。

結論

ぼさぼさ頭の愛すべき天才になる前、たいていのアメリカ人はアルベルト・アインシュタインを、傲慢なエリート主義者とみなしていた。彼がニュースで取り上げられるようになるのは一九一九年、相対性理論について初めての論文を書き上げてから一四年が過ぎた時だった。太陽の周辺では光は直進せずに曲がることを、英国の研究者が発見したのである。アインシュタインの理論の正しさを裏づけるこの輝かしい勝利に、英国の報道機関は沸き立った。ところがアメリカでは違った。『ニューヨーク・タイムズ』紙は相対性理論について六つの社説で取り上げ、称賛に疑念と、さらには敵意までも織り交ぜた。辛辣な論調が生まれた原因についてはいささか不可解だが、自分の理論を本当に理解しているのは「世界でせいぜい一二人しかいない」と、アインシュタインが発言したという話のせいかもしれない。この発言をアメリカ人が不快に思い、非民主主義的と感じたのではないだろうか。ある社説は書いている。「地球上、あるいはこの恒星間空間において、自分の理論は選ばれたごく一部の者にしか理解できないという言葉には、アメリカ独立宣言も憤慨する」。アインシュタインは欧州の世間離れした知識人だったうえに、第一次世界大戦で破滅的な役割を果たしたドイツの国民だった。さらに複雑なことにユダヤ人でもあり、当時のアメリカでは激しい反ユダヤ主義と外国人嫌悪が吹き荒れていた。一九一九年に、一時的に高まった相対性理論に対する関心もすぐに薄れた。ちょっとした運命のいたずらがなければ、アインシュタインの名声も一五分で終わり〔訳注 アンディ・ウォーホルの名言。「人は誰でも一生のあいだに一五分だけは有名になれる」〕、その名声は今日、物理学の世界だけにとどまっていたかもしれない。

それなら、アインシュタインが人類を代表する天才になったのはいつか。いまではその名声が、彼が初めてアメリカの地を踏んだ一九二一年四月三日に誕生したことがわかっている。『ニューヨーク・タイムズ』紙と『ワシントン・ポスト』紙は、この評価の分かれる物理学者を取材するために、マンハッタン最南端のバッテリーにわざわざ記者を派遣した。ところが、到着する汽船をイーストリバー沿いで待ち受けていたのは自分たちだけではない、と知って記者は仰天した。二万人近い市民が「声を涸らして叫んでいた」のである。色褪せたグレイのレインコートを着て、木製のパイプを咥え、バイオリンケースを提げて船を降りたアインシュタインは、仲間と一緒にオープンカーに乗ってロウアー・イーストサイドをパレードした。後ろに警察車両を従え、「二番街に入ると、アッパー・マンハッタンまでの歩道には数千人もの市民がぎっしりと並び、手やハンカチを振って車列を熱烈に歓迎した」。

この熱狂ぶりに報道陣は度肝を抜かれた。[1] いつもならば、物理学者のアメリカ訪問は些細なニュースのひとつに過ぎず、せいぜい有力紙の裏面を飾る程度でしかない。ところが、おおぜいの群衆が詰めかけ、アインシュタインを英雄として受け入れている光景は、記者の予想を裏切った。これはただごとではない。アインシュタインは重要人物に違いない。

実際にインタビューして、記者はまたもや驚いた。傲慢なインテリか恐ろしい「アインシュタイン博士」を思い描いていた――何と言っても彼の理論は「時空を破壊した」のだから――記者の前に現れたのは、普段着のようなみすぼらしい服を着て、子どものように夢中になってバイオリンを弾く姿だった。恐る恐る記者に挨拶をして、時に戸惑ったような笑みを浮かべながら質問に答えた。そして、相対性理論についてできるだけシンプルに説明したあと、決まり悪そうにこうつけ加えた。「ええっと、試験に合格したのだといいのですが……」。堅苦しさがなく、話が面白く、控えめで写真嫌いでもあった。しかも、つい引用したくなるような発言が多く、つまりは格好の新聞ネタだった。

そして翌日、アインシュタインは『ワシントン・ポスト』紙の第一面を飾った。『ニューヨーク・タイムズ』紙も第一面で、「アインシュタイン博士が訪米、相対性理論を説明」と報じ、こうつけ加えた。「数千人が何時間も待ちわび、物理学者とその一行を歓迎した」。記事の論調は一変し、明らかに歓迎モードの言葉が並んだ。アインシュタインは、もはや傲慢な物理学者ではなかった。夢想家であり、芸術家であり、「直感的な物理学者」であり、ウィットに富んだ、ちょっと変わった会話の楽しめる相手だった。好感の持てる人物だった。しかも熱烈な歓迎ぶりである。そしてその日から、アインシュタインは行く先々で、映画スターのような扱いを受けた。その名声の本質を最も的確に言い表したのは、チャーリー・チャップリンだろう。一〇年後に、チャップリンはアインシュタインをハリウッドの自邸に招待した。街をドライブしていた時に、ふたりは歩道から大きな歓声を浴びた。「あの歓声はあなたと私の両方に対してですが」チャップリンが言った。「あなたの場合は、誰もあなたのことを理解していないからで、私の場合は、誰もが私のことを理解しているからですよ」

ニューヨークに到着する前、アインシュタインは物理学者だった。彼にまつわるニュースはすべて、相対性理論とその業績についてだった。ところが、あの華やかなパレードの日を境に一面トップの見出しを飾るようになったのは、アインシュタイン自身についてだった。

だが、その黄ばんだ紙面の記事を読んだ時、私には大きな謎があった。なぜ二万人ものニューヨーク市民が、得体の知れない物理学者を「暴動一歩手前の状態」で歓迎したのだろうか。なぜ、わざわざ仕事を休んで、必ずしも評判がいいわけでもない物理学者を出迎えたのだろうか。

実のところ、彼らが待っていたのはアインシュタインではなかった。ハンカチを振っていた群衆のうち、あのドイツ人物理学者が誰かを知っていた者はほとんどいなかった。アインシュタインのとてつもない名声は実際、まったくの誤解の上に成り立っていたのである。彼らが集まったのは、別の人間を歓迎するためだったのだ。

私が引っ込み思案を克服するまで

二五年前、私は自分の経歴が大きく変わる体験をした。准教授の職に就いて初めての物理学会に出席するために車を運転していた時、私の頭は不安でいっぱいだった。もちろん、運転のことではなく会議のことである。

当時の私は二七歳。ノートルダム大学の准教授になったばかりだった。大学院に通っていた頃、私は強い決意を持ち、博士課程を三年以内に終えた。私が准教授の地位を射とめられたのもそのおかげだろう。ところが、やがてそれが高くつくことになる。准教授という地位が、私にとって最善の資産だったからではない。それ以外には、何の資産もなかったからである。早い出世には当然、代償が伴った。肩書きは准教授であっても、私はまだ若く、不安で引っ込み思案でもあった。すでに四〇本の論文を発表していたにせよ、見知らぬ相手に道を訊く方法もろくに知らなかった。准教授になったからには、研究室の鍵をつくってもらい、講義のために講堂を予約する必要があったが、私は構内の管理棟には行かずにこれらの要件を済ませる方法を見つけ出した。道を訊くおどおどした私の態度を見たら、きっと迷子になった大学院生に間違われると思ったからである。私は強い訛りが残る英語で、大学の事務局に恐る恐る電話をかけ、要件が終わるといつもそそくさと電話を切った。

その年、アメリカ物理学会が開かれるミズーリ州セントルイスに近づくと、巨大なゲートウェイ・アーチがハイウェイから見えてきた。絵葉書でお馴染みのセントルイスのシンボルが視界に入ってきた時には、小さな希望の光が射し込んだ。自分で書き留めた道順通りに、何とか走って来られたのだ。セントルイスは初めてだったが、GPSがなかった時代にもかかわらず、会場にたどり着くことはさほど心配してはなかった。私が心配だったのは、会場に入ったら、いったい誰と話し、昼食は誰と食べたらいいのかということだった。少なくとも、遠くから見た街はこぢんまりして見えた。整然と並ぶビルや道路や歩道。緑も多く、公園も居心地がよさそうだ。そう思うと、とつぜん自信が湧いてきた。とうとう准教授の職に就いたのだ。今後、学生を教えるのであれば、一人前の大人としてふるまわなければならない。

私は無事にホテルにたどり着き、物理学会が開かれる会場も見つけ出した。そして昼食を前に、普段の自分からは想像もつかないような大胆な決心をした。誰か見知らぬ教授とサンドイッチをつままなければならないという、考えただけでも卒倒しそうな窮地を乗り切らなければならないのなら、いっそのこと、私の英雄である教授に声をかけてみたらどうだろうか。この会場を訪れている、私が尊敬してやまない物理学者に……。激しい鼓動を抑えて、私はその教授に自己紹介をして、昼食の予定はおありですかと訊ねた。

「残念ながら、先約がありまして」という返事に、この高名な物理学者が、私のような面識もない若造とお喋りをしてくれるかもしれないと愚かにも期待した、自分の頬をひっぱたきたい気分だった。

ところがかの教授が優しい微笑みを浮かべ、何気ない口調で、夕食なら空いていますよ、と教えてくれたのである。

それからの五日間は、私にとって驚きの連続だった。みな話したがっていただけではない。熱心に聞きたがってもいた。みな好奇心が強くオープンだった。私と同じ疑問やテーマに関心を持っていた。みなで考えや提案や電話番号を交換した。この時の体験は、私にとってネットワークを築く初めての実践的なレッスンとなった。そして、それは生涯をかけた私の研究テーマになるのである。

重要なつながりを築く、持って生まれた才能の持ち主もいるが、私はそうではない。だから、ネットワーキングというスキルを身につけなければならなかった。その課題に懸命に取り組まなければならず、その努力を意識的に始めたのがセントルイスだった。いまにして思えば、あの旅は、成功を促すメカニズムを築く初めての応用レッスンだったのだ。成功を摑むためには、パフォーマンスだけでは充分でない。自分の研究の影響力を高めたいのなら、研究成果を認めてくれる人たちを避けるわけにはいかない。そしてまた、ほかの研究者の成功を促したい時には、彼らの業績もオープンに称賛しなければならない。私は個人として、集団のひとりとして、「成功の法則」の両サイドに参加していた。そのギブ＆テイクこそが、成功を支え、最終的な運命を決めるのだ。

それは「ネットワーキング」を皮肉に捉え、その効果を浅薄で安易な意味で認めることではない。あなたの成功を決めるのは個人ではなく集団だというならば、パフォーマンスや才能や情熱は関係がないと考えがちだ。しかるべき人を見つけ出して、彼らの聞きたいことを語れば、あとは雪だるま式に成功が膨らんでいく、と。だが、「過去の成功×適応度＝将来の成功」という「成功の第三の法則」を考えれば、そのアプローチもそこまでだ。長く続く成功を摑み取るためには、高いパフォーマンスが必要である。あなたの製品や発見や作品は、高い適応度と競争力とを備えていなければならない。

マーケティングを駆使すれば、競合を出し抜けるかもしれない。華やかな交際のおかげで、周囲はあなたの本当の実力を見抜けないかもしれない。だが、成功を生み出す本当の原動力は「成功の第三の法則」にある通り、「適応度×優先的選択」なのだ。この掛け算は、両方が揃って初めて有効になる。どちらかひとつの要素で成功を願うのは、ある数字にゼロを掛けるようなものだ。その通り……答えはゼロでしかない。

セントルイスで開かれた物理学会に出席する前、ポスドクの私は一年間、ＩＢＭで働いていた。その時、隣のオフィスでは、有名な研究室の優れた専任研究員が働いていた。私はその男性をメンターのように思い、ある時、その男性に、これまでに関わった研究のなかで最も重要なプロジェクトは何かと訊ねた。彼には、すぐに自分のものと言える輝かしい業績がいくつもあったのだ。だが彼が、「いま取り組んでいるプロジェクトだ」と答えた時、私はその意外な答えに驚き、またがっかりもした。「私のいちばん重要なプロジェクトはいつだって、その時に取り組んでいる研究だね」

その時の私には彼の答えの意味が理解できず、その男性が私に取り合わず、質問の答えをうまくはぐらかされたように感じた。それでも、その答えは何年も私の心に残った。そして私も五〇歳になり、ようやく彼の意味するところを理解した。私にとって、本書がいちばん大切なプロジェクトであり、いま書いている「脳の配線」の論文が私の研究生活を大きく飛躍させるプロジェクトである。ちょうど始まったばかりの、個々の栄養素のパターンを明らかにする「フードーム・プロジェクト」は、世界を変えるに違いない。現在進行中のそれぞれのプロジェクトについて、私は本気でそう思っている。あなたが望むなら、どのプロジェクトであろうと、二時間でも三時間でも（お気の毒に！）喜んで説明するだけでなく、その一つひとつに社会を変えてしまう力があると説得したいところだ。来年も同じ質問をしてみればいい。間違いなく、私は――いまはまだ思いついてもいないプロジェクトについて――同じように答えるに違いない。

「不屈の精神があれば、成功はいつでもやってくる」という「成功の第五の法則」を心に留めておけば、私が思い違いすることもない。引用回数の多い論文が生まれる正確な時期を、予測できるパターンはないのだ。どれが最も画期的なプロジェクトになるかは、完全にランダムである。「運」「生産性」「Qファクター」が一緒になって成功を決める。私が頼りにできる数少ない確実性のひとつは、論文を発表すればするほど、Qファクターが輝く機会も増えるということだ。

仕事の虫や私にとっては、まだまだ可能性が残っていると思えて大いに勇気が湧く。私が好きなのは、あの遅咲きのジョン・フェンが、スウェーデン国王からノーベル賞のメダルを授与された場面を思い描くことだ。黒い燕尾服に赤いボウタイを締め、シワだらけのフェンは晴れやかな笑みを浮かべている。生涯をかけた弛《たゆ》みない努力の末、ついに八五歳にして手に入れるべき栄誉を手に入れたのだ。

もうひとつ私が思い出すのが、アインシュタインが一九三五年に発表した論文である。すでに五六歳になっていたアインシュタインは、彼自身が〝創造性の黄昏〟と考えた年齢をとうに過ぎていた。その論文のメッセージは明白だった——量子力学は、すなわち当時、有力だった物理学の理論は不完全だというのだ。アインシュタインの論文は、「量子もつれ」と呼ぶ奇妙な現象を予言していた。その超光速の「幽霊による遠隔作用」は、彼自身の特殊相対性理論に反するというのである。その後数十年にわたって、おおぜいの物理学者が、一九三五年のアインシュタインの論文は年老いた天才の取りとめのない誤りだと一蹴していた。ところが一九九〇年代に入り、「もつれ」こそが量子力学の重要な特徴であることに物理学者たちが気づくと、状況は一変した。アインシュタインの論文は再評価され、現在ではその考えをもとに、量子コンピュータの研究が進んでいる。今日、その論文は物理学に大きく貢献し、相対性理論の論文をも上まわる頻度で引用されている。

その論文のことを思い出しながら、私はいそいそと研究室に入り、カプチーノを飲むと、今日も仕事に取りかかるのである。

アインシュタインの物語は、成功の複雑な要因を表すわかりやすい例でもある。その顔は長期にわたって世界でも最も知名度の高い顔のひとつであり、文化的な意識のなかでも特別な存在感を占めている。『タイム』誌もアインシュタインを「二〇世紀の顔」に選んだ。それも当然だと思うだろう。あれだけ非凡な業績を残したのだから、その利益を受け取って当然だ、と。ところが、ことはそう単純ではない。確かに、アインシュタインの非凡な業績を疑う者はいない。だからこそ、一九二一年四月三日の朝、イーストリバー沿いで汽船の到着を待っていた記者も、あの群衆はアインシュタインの素晴らしさを称えるために集まった市民に違いない、と思い込んだのだ。

だが実際、アインシュタインは物理学者としてニューヨークを訪れていたのではない。しかも、世界シオニスト機構の総裁を務めていた、ハイム・ヴァイツマン率いる代表団のひとりでしかなかった。ヴァイツマンら一行が訪米した目的は、当時はまだパレスチナだった土地に、新たなユダヤ人国家の建設を目指すシオニズム運動の推進であり、それはニューヨーク在住のユダヤ人の悲願でもあった。それでは、汽船の到着を熱狂的に出迎えたあの二万人の群衆は？　誰ひとりとして相対性理論に関心はなかった。それどころか、彼らが熱狂的に支持していたのはシオニズム運動のほうだった。ユダヤ人社会のリーダーたちは彼らに、歩道に出て一行を歓迎するように促した。のちにイスラエルの初代大統領に就任するヴァイツマンは、この時、ニューヨーク市長に歓迎され、名誉賞（キー・トゥ・ザ・シティ）を贈られることになる。そのような名誉にあずかるユダヤ人は彼が初めてであり、迫害の歴史を生き延びてきた宗教的マイノリティの彼らにとって、まさに重大なできごとだった。人びとは大挙して街に繰り出し、シオニズムの英雄を出迎えた。ヴァイツマンに同行していた物理学者のことを、気に留める者は誰もいなかった。

そうとわかるのは、その日のできごとを、やはり一面で報じたユダヤ系新聞のおかげである。『フォワード』紙にはこんな見出しが躍っている。「ニューヨークを訪れたシオニスト代表団が大規模パレード」。そして『ニューヨーク・タイムズ』紙や『ワシントン・ポスト』紙のトップ記事と同じく、パレードについて報じた。ただし、『フォワード』紙をはじめとするユダヤ系新聞は、群衆が殺到した理由を正確に理解していた。見出しにアインシュタインの名前がなかったのはもちろん、記事のなかでもヴァイツマンの同行者のひとりとして言及するにとどまったからだ。

いっぽうの『ワシントン・ポスト』紙の記事は、次のような一文で始まっていた。「著名な物理学者であり、相対性理論の生みの親であるアルベルト・アインシュタイン教授を出迎えるために、今日、数千人が波止場に押し寄せた」。記事は続けて、アインシュタインが「高名なユダヤ人の一行のひとりとして訪米した」と紹介したあと、ほかのメンバーに割くのと同じくらい、相対性理論に対するアインシュタイン夫人の受け答えにも紙面を割いた。そして、「夫は何度も理論について説明してくれましたが、もうすっかり忘れてしまいましたわ」というくだりのあとで記事は初めて、シオニストの代表団を率いていたのがヴァイツマンだと、おざなりにつけ加えている。

記者の勘違いがもとになって、アインシュタインの名前が第一面の見出しを飾ったことで、ユダヤ系以外の新聞はアインシュタインに――実験社会学者のファン・デ・リートが、キックスターターのプロジェクトやウィキペディアの編集者に与えたような――大きな〝ひと蹴り《キック》〟を与え、彼を成功の軌道に乗せたのである。その日を境に、アインシュタインは有名人となり、行く先々で群衆に取り囲まれた。あとにも先にも例のないその名声は、物理学者としてのパフォーマンスとはまったく関係のない偶然の産物だった。彼はたまたま、成功を掴むタイミングで、成功を掴む汽船に乗り合わせたのである。

アインシュタインと「成功の法則」

アインシュタインの逸話と本書で論じた「成功の法則」とは、気味悪く感じるほど一致している。まずは「成功で重要なのはあなたではない。社会なのだ」という「成功の定義」についてはどうだろうか。この大前提は、間違いなくアインシュタインにも当てはまる。物理学の世界を超えたその桁外れの名声は、アインシュタインのパフォーマンスよりも、社会の思いがけない反応から生まれたものだった。

次に「パフォーマンスが成功を促す。パフォーマンスが測定できない時には、ネットワークが成功を促す」という、「成功の第一の法則」について見てみよう。アインシュタインはすでに非凡な物理学者として名を上げていた。だからこそ、記者も彼にインタビューしようとした。だが、そもそも彼をあの汽船に乗せたのは、アインシュタインのネットワークだった。それはシオニズム運動とのつながりであり、物理学の世界を超えた重要なハブとのつながりである。アインシュタインの成功物語において、このネットワークは見えない役割を果たした。

それでは、「パフォーマンスには上限があるが、成功には上限がない」という「成功の第二の法則」はどうだろうか。アインシュタインはずいぶんな特別扱いだが、アイザック・ニュートン、ニールス・ボーア、マックス・プランク、ヴェルナー・ハイゼンベルクなど、アインシュタインにも負けないほど、物理学に大きな影響を与えた物理学者も少なくない。それにもかかわらず、アインシュタインが絶大な知名度を誇る理由は、パフォーマンスだけでは説明できない。だが、アインシュタインが上限のない成功を収めたことは間違いない。街行く人に彼の顔写真を見せれば、誰でも知っているだろう。

「成功の第三の法則」である「過去の成功×適応度＝将来の成功」についてはどうか。アインシュタインの逸話において、「過去の成功」も「適応度」も重要な役割を果たした。第一面の見出しにアインシュタインの名前を挙げたことで、記者は彼に〝ひと押し《ナッジ》〟を与えた。そしてそれによって、成功は雪だるま式に膨らみ、物理学の世界を超えて大きく広がった。だが、それも物理学者としての優れた功績があっての話である。

「成功の第四の法則」の前半部分である「チームの成功にはバランスと多様性が不可欠だ」について言えば、アインシュタインは当てはまらない。彼のほとんどの論文はひとりで執筆したものだからだ。ただし、後半部分の「功績を認められるのはひとりだけだ」と、「誰の功績かを決めるのはパフォーマンスではない。社会がどう評価するかだ」については当てはまる。アインシュタインの成功物語は、記者の間違った思い込みの上に成り立っていた。群衆が押し寄せたのはアインシュタインを称えるためだと記者が勘違いしたのは、彼がその運動の最も重要な擁護者だったからではない。アインシュタインはせいぜい脇役に過ぎなかった。ところが、アインシュタインが第一面の見出しを飾ったのは、非ユダヤ系の新聞にとって、彼があの一行のなかで最も知名度が高かったためである。

最後に「成功の第五の法則」である「不屈の精神があれば、成功はいつでもやってくる」についてはどうだろうか。アインシュタインが「量子もつれ」の論文を発表したのは、研究生活も後半になった五六歳の時であり、結局、それが物理学に最も貢献した論文となった。二六歳のアインシュタインが「特殊相対性理論」や「光量子仮説」に関する優れた論文を発表した一九〇五年は、「奇跡の年」と呼ばれるが、その頃に発表した重要な五本の論文の引用回数を凌ぐ頻度で、「量子もつれ」の論文は引用された。しかも、それで最後ではなかった。その後も亡くなる直前まで、新しいアイデアを次々と発表し、論文を量産し続けたのである。高いQファクターと不屈の精神とが合わさった時、どれほど多くのことが成し遂げられるかを、アインシュタインは教えてくれる。

「成功の法則」のシンプルな法則が、世界で最も有名な物理学者の成功物語にぴたりと当てはまるとは驚きである。だが、アインシュタインだけではない。パリス・ヒルトンからミック・ジャガーやネルソン・マンデラまで、あなたが思いつく人物の成功への道のりは、「成功の法則」の上に成り立っている。それは「成功の法則」が普遍的だからだ。そして、もしあなたが成功を生み出し、育てようとするならば、あなたにも当てはまる。

「成功の法則」を知ったあなたにできること

私は本書の冒頭で、万有引力の法則や運動の法則は不変のものであり、自分の目的にかなうように書き換えることはできないと述べた。それよりも、その法則をよく理解してうまく活用したほうが、将来の選択に役立ち、世界の利益にもなる。それは「成功の法則」についても同じである。法則を書き換えることはできない。だが、うまく活用することによって、成功を摑むためのパフォーマンスが充分かどうかを判断できる。「成功の法則」の教訓はバランスを取るために役立ち、スキルを磨くかネットワークを築くか、そのどちらに努力を注ぐのかを決めたり、プロジェクトが誰の功績になりそうかを判断したり、協力者を戦略的に選んで創造力を強化したりするために活用できる。「成功の法則」という科学的なツールを使って成功を分析し、解き明かす時、自分にコントロールできる要素とできない要素とが明らかになる。さらに重要なことに、いろいろな法則を組み合わせて活用することで、最善の結果も生み出せる。いろいろな成功物語を分析して、敬意を抱く人物の成功のメカニズムを解明すれば、英雄の〝人間らしい成功の秘密〟も見えてくるだろう。

アインシュタインがそうであるように、成功が偶然の上に成り立っているように見える場合も多い。ハリウッドセレブはよく、自分が売れた理由を思い出して、運のいい出会いがあったとか、有力者の引き立てがあったなどと言う。運の要素が働いたことは間違いない。そして、たいていその運が最初の〝ひと押し〟となって優先的選択が働いた。だがQファクターも教えてくれるように、好機がめぐってきた時には、その好機を繰り返し活用しなければ、運も味方につけることができない。

本書を読んだあなたはいま、どんな成功物語の根底にも「成功の法則」があり、一見ランダムに思える現象を、その法則が見えない方法で動かしていることを知った。こうして自分が何を知っているのかを知ったあなたは、成功に向き合える素晴らしい機会を手に入れた。ただひたすらパフォーマンスを強化しようと呼びかける、自己啓発のレトリックに惑わされることなく、目的とニーズに合った戦略を使って未来にアプローチできるのだ。運動の法則を活用すれば、エンジニアがより優れた航空機をつくり出せるように、「成功の法則」を活用すれば、あなたもよりよい成果を生み出せるのである。

そのいっぽう、「成功の法則」は不平等をも生む。だがそのことを知り、成功の裏に潜むメカニズムを理解すれば、もっと平等な社会を築いていける。そのためにはどうすればいいだろうか。第一に、あなたの周りにいる、成功に値する人たちの成功に弾みをつける。第二に、ネットワークの目立たないノードが、重要なつながりを生み出せるよう手助けする。第三に、環境のせいでチャンスを摑めない子どもたちを〝ひと押し〟する。第四に、成功とは単純にパフォーマンスだけではないことを理解し、前途有望な若者を実践的戦略で支援する。

あなたは、もはや棚ぼたを期待する必要もない。なぜなら、個人と社会の目標を達成する基本的な科学を手に入れたからだ。その科学はまだ新しいにしろ、「成功の法則」は新しいわけではない。あらゆる科学の法則がそうであるように、「成功の法則」も普遍的であり不滅である。膨大な数の成功と失敗の物語の裏には「成功の法則」があり、どの物語もその新しいレンズを使って分析でき、理解できる。マーチン・ルーサー・キングJr.やビートルズ、アインシュタインは非凡な才能の持ち主だったにしろ、自分たちを成功の高みへと押し上げた「成功の法則」を知らなかった。天才たちも知らなかったその法則をいま、あなたは手に入れたのだ。その法則を使えば、あなたも彼らのような聳え立つ高みに加われるかもしれない。

謝辞

私はよく、学生や論文の共著者からだけでなく我が子からも、成功を摑むためのアドバイスを求められる。ところが、なかなか納得のいくアドバイスができない。データが少な過ぎるのだ。実際、かつては私自身の経験という、たったひとつのケーススタディしかなかった。ところが「成功の科学」のおかげで、科学者の成功と失敗について数千から、時には数百万ものデータが手に入るようになった。そのデータの跡をたどって、成功という話題が興味深い研究テーマに変わると、研究室のたくさんのメンバーが夢中になって研究に取り組んだ。本書はその軌跡の記録である。

独りきりの旅ではなかった。おおぜいが情熱と専門知識とを共有し、成功の本質と法則とを明らかにするために協力してくれた。最初は、もう何年も前に「ネットワークサイエンス研究所」で、それぞれ単独のプロジェクトとして始まった。やがて、「成功の科学」を専門に探求する「成功グループ」ができ、公式なプロジェクトに発展した。本文のなかで紹介したメンバーもいれば、原注で紹介するにとどまったメンバーもいる。次のようなメンバーである。ダーシュン・ワン、ロベルタ・シナトラ、チャオミン・ソン、ピエール・デヴィル、マイケル・セル、グラブ・ゴーシャル、ジェイムズ・バグロー、ブルジュ・ユジェソイ、アレクサンダー・ゲイツ、ジャンミン・ファン、シンディ・ワン、ヤスミン・ホッラムザデー、オヌル・ヴァロル、マキシミリアン・シンチ、チン・ジン、ウェイ・リ、イファン・マ、ニック・ブルーム、ルカ・パッパラルド、パオロ・シンティア、フォスチャ・ジアノッティ、ディーノ・ペドレスキ、佐山弘樹。

成功の分析がアート分野に広がった時には、サム・フライバーガー、クリストフ・リードル、マグナス・レッシュの世話になった。アートと成功については、ピーター・クロイ、アン・チダマン、アッティラ・リダンイ、アッティラ・ポッツェとの議論から多くを学んだ。オルソヤ・ヴァーシャーヘイとミラン・ヤノソフにも礼を述べたい。ふたりは、ブダペストにある中央ヨーロッパ大学で、私が初めて「成功の科学」を教えた時に手伝ってくれた。また、成功の物語の解説にあたっては、マウロ・マルティノ、キム・アルブレヒト、アリス・グリシェンコ、ガブリエル・ムセーラなどのデータアーティストやグラフィックデザイナーの助けを借りた。

「我々は巨人の肩の上に乗っている」というニュートンの言葉は、本書を支える調査の重要性を言い当てている。実際、おおぜいの優れた研究者仲間がいなければ、素晴らしい発見を共有できなかった。彼らは分析結果の解釈を手伝ってくれたばかりか、時には未発表のデータまで提供してくれた。次の方たちに礼を述べたい。アーノウト・ファン・デ・リート、ブライアン・ウジー、バラージ・ヴェデレシュ、フィリッポ・ラディッキ、マヌエル・セブリアン、アンドレス・アビリウク、エステバン・マロ、アラン・T・ソレンセン、サンディ・ペントランド、アレックス・ピーターセン、ベンジャミン・ジョーンズ、ブルース・I・サッチェルドーテ、カルロス・ゲルシェンソン、ニコラス・クリスタキス、ピーター・チャールメリー、デイヴィッド・ガレンソン、ディーン・キース・サイモントン、ダーク・ブロックマン、ダンカン・ワッツ、エリク・ブリンジョフソン、ファビオ・パモッリ、フランク・シュバイツァー、ガボール・ケズディ、ガル・ウストライヒャー＝ジンガー、ジーン・スタンレー、キース・スタノヴィッチ、ダーク・ヘルビング、ジェイムズ・A・エヴァンズ、マシュー・J・サルガニク、マシュー・O・ジャクソン、ピエール・アズレイ、チャバ・プリー、ロバート・オラ＝ガル、ロナルド・ミニージズ、サント・フォルチュナート、シナン・アラル。ほかにも、友人や同僚のジョールジイ・ドラゴマン、ヴィクトール・シーガル、ゲルゲリー・ベッセルメニ、エステル・アンギアロシ、ティア・ジンガー。彼らのアイデアを本書のなかで紹介し、アドバイスも取り入れた。ジェイ・ザゴルスキー、ヨージェフ・バラニ、アコス・エルデシュ、ダニエル・バラバシ、ジャネット・K・ケリー、アダム・ハルモス、アーノウト・ファン・デ・リートは、草稿を読んで貴重な意見を聞かせてくれ、ピーター・ルパートは、成功の研究がビジネス分野にもたらす影響について考えるのを手伝ってくれた。ブルックラインの隣人であるアコス・エルデシュには特に礼を述べたい。ラン・ランとノラ・ジョーンズのコンサートチケットを譲ってくれたおかげで、本書でも紹介した素晴らしい体験ができた。ブダペストの隣人であり、プロテニスの世界について知るきっかけを与えてくれた、タマーシュ・ハモリにも礼を伝えたい。ラズロ・ヘルタイのおかげで、クラシック音楽の世界を知ることができた。ナシム・ニコラス・タレブ、ニコラス・クリスタキス、セザー・ヒダルゴ、アレックス・ペントランド、サント・フォルチュナート、ジェイムズ・A・エヴァンズ、ジーン・スタンレー、ジョゼフ・ロスカルツォは、このプロジェクトが立ち上ったばかりの時から積極的に応援してくれた。

本書に取り組んでいるあいだ、ジェイムズ・スタンフィル、ジャズ・ロバートソン、スザンヌ・アリーヴァ、ブレット・コモンが、長期にわたって研究室の管理業務を引き受けてくれたからこそ、執筆作業に集中できた。エニコ・ヤンコとサラ・モリソンは、執筆の各段階において編集作業を手伝ってくれた。

成功がテーマの本を成功させるためには、超一流の出版チームがなくてはならない。私のスーパースターエージェントであるダグ・エイブラムズには、特別な感謝の念を捧げたい。私のメッセージが読者に的確に伝わるように、電話の向こうから辛抱強く、時には三時間もかけてアドバイスしてくれた。彼の並外れた貢献がなければ、本書はまったく違ったものになっていただろう。アイデア・アーキテクトに所属するエイブラムズ・チームのジェス・クレイガー、ケルシー・シェロナス、ララ・ラヴはこのプロジェクトのために特に尽力してくれた。外国エージェントのカミーラ・フェリエラ、チャンドラー・クロフォード、ジョー・グロスマンにも礼を述べたい。

彼らのおかげで、本書があちこちの国で手に入るようになった。友人であり、ハンガリーの発行者でもあるアダム・ハルモスは、執筆中の私のチアリーダーになってくれた。

この二〇年以上にわたって編集を担当してくれ、日々、情報を提供してくれたキャリー・ブレイマンには、どれほど感謝してもしきれない。彼女は私の原稿に命を吹き込み、重要なアイデアの源泉となり、私には思いつかないような方法で科学や物理学を紹介するためのアドバイスを授けてくれた。彼女と一緒に働くことは、純粋な喜び以外の何ものでもない。キャサリン・ヴァスは重要なタイミングで編集チームに加わり、優れたアドバイスでプロジェクトをゴールへと後押ししてくれた。ジェイムズ・スタンフィルはカギとなるアイデアの源泉となり、出だしの数章に命を与えてくれた。リトルブラウンのジョン・パースリーは、最初から本書の可能性を認めてくれた。彼と、私の編集者であり、可能性の実現のために協力してくれたフィル・マリノには、大きな感謝の気持ちを伝えたい。彼の的を射たアドバイスのおかげで、本書がずっと楽しめるものに仕上がった。

ブダペストとボストンのあちこちのコーヒーハウスにも礼を述べたい。フィックス、マントラ、マダル、残念ながら閉店してしまったアリバイなど。素晴らしいバリスタはみな、時には毎日のように店を訪れては粘る私を我慢してくれ、おいしいコーヒーで執筆に勢いを与えてくれた。

そして最後に、妻のジャネットに感謝の気持ちを伝えたい。成功のためには、新しいアイデアを育む時間が必要であることを理解してくれた。そして我が子のダニエル、イザベラ、レナード。

本書に取り組んでいるあいだ、三人と過ごす時間が取れなかった。成功の研究から私が得たたくさんの考えや発見から、彼らが多くを学べることを願っている。

訳者あとがき

「ええっ？　また、成功法則本？」と思われたあなた。大切な点を見落としています。「成功本ならたくさん買ったけれど、少しも役に立たなかった」と思われたあなた。おめでとう！　あなたはとうとう運命の本にめぐり逢いました。なぜなら、いま、あなたが手にしているのは、そんじょそこらの成功本ではないからです（なおさら、胡散臭い？）。いいえ、どこが違うかといえば、本書が「膨大なデータをもとに、最先端の科学的手法を駆使して〝成功の普遍的法則〟をついに解き明かした一冊」だからです。ズバリ、決定版というわけです。著者は理論物理学者であり、世界的なネットワークサイエンティストとして、熱い注目を浴びるアルバート＝ラズロ・バラバシ。バラバシもイントロダクションで書いている通り、本書は「サイエンスヘルプ」本です。

本書では多彩な事例を紹介しながら、「成功の五つの法則」をとてもわかりやすく披露しています。著者は成功を「個人的な現象ではなく、集団的な現象だ」と定義します。「あなたが成功するうえで重要なのはあなたではなく、社会があなたのパフォーマンスをどう捉えるかだ」、と。そして、テニスのように個人のパフォーマンス（スキルや勝敗）が正確に測定できる分野では「パフォーマンス」が、アートのようにパフォーマンス（スキルや作品の素晴らしさ）の測定が不可能な分野では「ネットワーク」が、成功のカギを握ることを突き止めました。

もちろん、成功を約束する要因はそれだけではありません。「運」も必要（面接で憧れの職をゲットする秘訣も、有名なクラシック音楽コンクールで運の要素が強く働いている事実も教えてくれます）。そして、やっぱり「競争力」や「努力」も重要です。

そのほかにも、あなたやライバルのパフォーマンスには上限があるのに、成功には上限がない理由や、成功が成功を生む仕組み、成功が雪だるま式に膨らんでいくスイッチを入れる方法、あるいはライバルを萎縮させる、恐るべき「タイガー・ウッズ効果」と、その効果を無効にして、勝利をぐっと自分のほうに引き寄せる秘策など、あなたを成功へと導く法則を惜しげもなく披露してくれます。アインシュタインが「二〇世紀の顔」に選ばれるほどの成功を手に入れた理由が、本業の物理学とは何の関係もない、とても意外なできごとにあると知ったら、誰でもびっくりするに違いありません。

そのいっぽう、成功にはとても残酷な面があります。特に現代のようにチームでプロジェクトに取り組む場合には、功績が認められるのはひとりだけ。あとのメンバーは手柄を横取りされてしまうわけです。九章には、二〇〇八年のノーベル化学賞に値する業績の持ち主でありながら、なぜかその選考から漏れ、アラバマ州にあるトヨタの販売店で送迎バンの運転手をしていた男性が登場します。その男性のようにならないためには、どうすればいいでしょうか。そしてまた、名もなきチームメンバーのひとりであることを拒否し、影の存在という運命と戦い、不当に奪われた功績を取り戻して、ステージの中央に立った女性シンガーの物語も紹介します。

「そんなにすごい本なら、もっと早く出会いたかった。この年齢じゃ、もう遅いよ！」と諦めかけたあなた。本書はそんな方にこそ読んでほしいと思います。一〇章には、六七歳の時の研究が認められて八五歳でノーベル化学賞に輝いた、〝大器晩成の常習犯〟こと分析化学者のジョン・フェンが登場します（この時、同時受賞したのが四三歳の田中耕一氏。年齢に親子ほどの差がありますね）。フェンは、成功を摑むのに遅すぎることはない、という素晴らしいお手本です。でも、そのためには「粘り強さ」と、持って生まれた才能＝「Qファクター」を発揮する機会をできるだけたくさんつくることが必要です（宝くじも買わなければ当たりません）。綺羅星のごとき芸術家や科学者が若くして成功を摑むのは、失敗を恐れずに何度でも挑戦するから！　ものをいうのは年齢ではなく「生産性」のほうです。しかも創造性に有効期限はなく、歳を重ねても誰も〝無用の枯れ木〟ではありません。人生まさに一〇〇年時代！　「成功の第五の法則」が教えてくれる通り、「不屈の精神があれば、成功はいつでもやってくる」のです。

ここで著者のバラバシについて簡単にご紹介しましょう。ルーマニア生まれのハンガリー人であるバラバシは大学時代にハンガリーに亡命し、それがきっかけとなり、外部に閉ざされた共産主義国では望むべくもなかった、物理学者のネットワークにつながります。そしてそれが縁でボストン大学に進学し、まさに「成功のカギはネットワークにあり」という法則を身をもって体験します。二七歳で准教授の地位に就き、理論物理学からネットワークサイエンスへと研究分野を変え、最近では「成功の科学」に並々ならぬ情熱を注いでいます。バラバシは日本の文化や美術にとても関心が高いようです。松尾芭蕉や葛飾北斎の話題、日本人のノーベル賞受賞者とゆかりの深い方の事例も取り上げられていて、それも本書を読む楽しみのひとつになるかもしれません。

最後になりましたが、丁寧に訳稿を読んでアドバイスしてくださった、光文社翻訳編集部の小都一郎氏には大変お世話になりました。この場を借りてお礼申し上げます。

二〇一九年五月

Observations," *New York Times,* November 10, 1919.
"Don't Worry About New Light Theory: Physicists Agree It Can Be Disregarded for All Practical Purposes," *New York Times,* November 16, 1919.
"Einstein Expounds His New Theory," *New York Times,* December 3, 1919.
"How Tall Are You, Einstein Measure?," *New York Times,* December 4, 1919.
"Assaulting the Absolute," *New York Times,* December 7, 1919.
"Einstein's Thirteenth Man," O. W. Tefft, *New York Times,* December 10, 1919.
"A New Physics Based on Einstein: Sir Oliver Lodge Says It Will Prevail, and Mathematicians Will Have a Terrible Time," *New York Times,* September 6, 1920.
"Disturber ofMinds Unpopular," *New York Times,* September 6, 1920.
"Measurer of the Universe," *New York Times,* January 31, 1921.
"Poor Says Einstein Fails in Evidence," *New York Times,* February 8, 1921.
"Professor Einstein Here, Explains Relativity," *New York Times,* April 3, 1921.
"Thousands Greet Einstein at Pier: Mayor Hylan's Committee Welcomes Scientist and Party Down Bay," *Washington Post,* April 3, 1921.
"Einstein Sees End of Space and Time," *New York Times,* April 4, 1921.
"Psychopathic Relativity," *New York Times,* April 5, 1921.
"Holds Up Freedom of City to Einstein," *New York Times,* April 6, 1921.
"Relativity at the City Hall," *New York Times,* April 7, 1921.
"Einstein to Have Freedom of the State," *New York Times,* April 7, 1921.
"Falconer Is Denounced," *New York Times,* April 7, 1921.
"Freedom of City Given to Einstein," *New York Times,* April 9, 1921.
"The Skyscraper Built by Einstein," a review by Benjamin Harrow, *New York Times,* April 17, 1921.
"The Universe in a Nutshell: World Dimensions and World Distances and the Einstein Relativity Theory," Leo Gilbert, *New York Times,* April 17, 1921.
"Kindred Studies Up on Einstein Theory: Tells House It May Bear on Legislation as to Relations with the Cosmos," *New York Times,* May 17, 1921.
"Einstein Honored at Boston," *New York Times,* May 19, 1921.
"Rush to Greet Einstein: War Veterans Fight Off Great Crowd of Welcomers in Cleveland," *New York Times,* May 26, 1921.

300 (2011) に詳しい。フェンの人生はハッピーエンドの物語だと書いたが、晩年の成功については悲劇的なエピソードがあることも付け加えておくべきだろう。イェール大学はフェンを同校の教授とみなさず、彼の発見をイェール大学のものだと主張した。そして1993年にフェン相手に約50万ドルの訴訟を起こし、アイデアがイェール大学で生まれたものであるため、フェンの特許も同大学の知的財産だと主張した。ましてやイェール大学は、定年退職方針によってフェンを研究室から恭しく送り出したのではなかった。結局、イェール大学が勝訴し、裁判費用として50万ドルを、損害賠償として54万5,000ドルをフェンに要求した。詳しい経緯については、"Nobelist Loses to Yale in Lawsuit," Kate Moran's article in the May–June 2005 issue of the *Yale Alumni Magazine*.

6. ここで名前を挙げた人を含めて、いろいろな年齢で成功を摑んだ人については、http://brainprick.com/you-can-succeed-at-any-age-never-too-young-never-too-old/.
7. スティーブ・ジョブズの莫大な成功と数多くの失敗については、"Seven Steve Jobs Products That Failed," Chandra Steele, August 26, 2011, *PC Magazine*.
8. 私はまた、新しいアイデアを嗅ぎ分け、調査の第六感を磨く能力も、年齢とともに向上すると考えていた。異なる配分でアイデアを取り出すように、アイデアを生み出す能力にとりわけ優れた人もいるはずだと信じていたのだ。ところが私たちの発見は、それらについても間違いであると告げていた。乱数を取り出すプールは誰にとっても同じであり、時間が経過しても変わらない。誰でもみな、同じ配分でアイデアを取り出す。すなわち、より高い r に系統的に到達するのがうまい者はいない。イノベーションを最も正確に描写した私たちのモデルは、驚くほどシンプルだった。誰でもランダムなアイデアを選び、一生変わらない Q ファクターでそのアイデアを高める。つまり、挑戦すればするほど、魔法のように r の高いアイデアに遭遇する。探求すればするほど、持って生まれたQファクターが一緒になって働き、成功を増幅させる。
9. ツイッターの研究は現在進行中のプロジェクトであり、オヌル・ヴァロルとアレクサンダー・ゲイツが共同で研究にあたっている。
10. 北斎については、https://en.wikipedia.org/wiki/Hokusai.

結論

1. アインシュタインの訪米をめぐる勘違いと、その結果、彼が長期的な名声を手にした経緯については、ほとんど知られていない次の素晴らしい考察を参照のこと。"Why Einstein Became Famous in America," *Social Studies of Science* 15, no. 2 (1985): 267–91. また以下の記事を一次資料として当日のマスコミ報道をたどることで、アインシュタインの物語を明らかにした。一部については本章で引用している。

"Einstein's Discoveries: A Revolution in Physics, but Not Philosophy," by Eugene L. Fisk, *New York Times*, January 5, 1919.

"Eclipse Showed Gravity Variation," *New York Times*, November 9, 1919.

"Lights All Askew in the Heavens: Men of Science More or Less Agog over Eclipse

が平均して6歳高くなっていた。ジョーンズはその原因を、上級学位を取得する年齢が高くなったためとみなしている。だがそう説明できたとしても、受賞者の重要な研究は一般的に、研究者としての訓練が終わって、ようやくよろけずに歩けるようになった20代、30代になされている。画期的な研究と、その研究を終えた時の受賞者の年齢とのあいだには明らかな関係があるため、ジョーンズは予測可能な公式を開発して、研究者が画期的な論文を発表する時期を正確に予測することができた。私の運命にわずかにでも関係のある公式を手に入れたのだから、もちろん私も試してみたくなった。ジョーンズの公式はノーベル賞受賞者についてではなく、創造性のピークについてだったために、私にも適用できた。ジョーンズの公式によれば、私が最も引用回数の多い論文を発表する年齢は36歳だった。確かにかなり近い。私にとって今日まで最も引用回数の多い論文である、ネットワークの優先的選択についての研究を終えたのは31歳の時だった。

4. 「成功の第5の法則」とQファクターについての論文は、Roberta Sinatra, Dashun Wang, Pierre Deville, Chaoming Song, and Albert-László Barabási, "Quantifying the Evolution of Individual Scientific Impact," *Science* 354, no. 6312 (2016): 5239. 一部の分野については、創造性に年齢制限がない。1990年代、シカゴ大学の経済学者デイヴィッド・ガレンソンは、画家が最も高値のついた絵画を描いた時期について調査した。その結果、アメリカの画家の場合に大きな差が見られた。アンディ・ウォーホルやフランク・ステラ、ジャスパー・ジョーンズらは、アーティストとして活躍を始めてごく早い時期に、高額の作品を生み出していた。そのいっぽう、ウィレム・デ・クーニング、ジャクソン・ポラック、マーク・ロスコらは、最も高く売れた作品を遅い時期に描いていた。ガレンソンは「成功の第5の法則」以外のパターンを発見したのだ。大器晩成型には共通点がある。それは、彼らが試行錯誤を重ねてカンバスに向かったことだ。同じテーマに繰り返し取り組み、粘り強く技術に磨きをかけた。ガレンソンは彼らを「実験型アーティスト」と呼んだ。いっぽうのアンディ・ウォーホルやジャスパー・ジョーンズ、ピカソやゴッホは「コンセプト型アーティスト」であり、彼らは技術よりも画期的なアイデアを表現することに関心が高い。画家をどちらかのタイプに分類することで、ガレンソンは、オークションに出品された作品の価値をかなり正確に予測することができた。たとえばウォーホルの初期の作品は、後期の作品よりも数百万ドルもの高値がついた。大器晩成型のポラックの場合には、その逆だった。ガレンソンの研究について詳しくは、*Old Masters and Young Geniuses: The Two Life Cycles of Artistic Creativity* (Princeton, NJ: Princeton University Press, 2006). ガレンソンの発見と同じように、サイモントンは有名な作家の経歴を分析して、一般的な傾向を見つけ出した。詩人の場合、創造性はキャリアの比較的早い段階にピークに達する。いっぽうの小説家の場合には、才能が花開くまでにたいてい長くかかり、40代後半から50代前半にかけて重要な作品を発表する。詩人と小説家の差は、いろいろな文化において歴史的にも証明されており、その傾向は一致している。

5. ジョン・フェンの興味深い人生については、Carol Robinson, eulogy in *Nature* 469, no.

in Academia," *American Economic Review* 107, no. 5 (2017): 141–45.

13. チャルフィーとチエンはＧＦＰの最初の論文で、プラシャーを共同筆者と記載した。プラシャーはノーベル賞受賞の両方の発見に寄与した。プラシャーには単独で執筆した論文もあり、ウッズホールをやめる前に執筆した論文で、ＧＦＰのクローン化に成功したことを発表している。だからこそ、私たちのアルゴリズムもプラシャーをノーベル化学賞に価すると判断した。成功につながる最も一貫した研究を行なった研究者は、プラシャーひとりだけだからだ。チャルフィーは受賞後にこう発言した。「プラシャーとあとのふたり（下村脩とロジャー・チエン）が受賞して、私が選から漏れていてもおかしくはなかった」

14. 「成功の科学」がいつか、これらの甚だしい間違いを訂正するために役立つ日が来るかもしれない。このアルゴリズムによって私はプラシャーのことを知り、アルゴリズムは、ＧＦＰに対する彼の貢献をすぐに捉えた。プラシャーの重要な役割が、どの論文でも明らかではないことを考えると、アルゴリズムはノーベル委員会よりも優れた働きをした。プラシャーの重要な論文と、最終的にノーベル賞を手にした研究者の論文とを、たくさんの研究者が数千の論文に共引用したために、その秘密も広まった。ノーベル委員会のメンバーには、真の功績のありかを明らかにするアルゴリズムがないため、研究者や過去の受賞者の推薦状をもとに受賞者を選定した。会ったこともなく、15 年も論文を書いておらず、会議に出席した経歴もない研究者を、誰が推薦するだろうか。匿名の推薦者とノーベル委員会について言えば、プラシャーは受賞論文にある名前のひとつに過ぎず、ノーベル委員会の意図と目的にとっては存在しないも同然だった。

10　アインシュタインの間違い――スキルが合わさると、なぜ最後には努力が実を結ぶのか

1. アインシュタインの引用とディラックの詩については、*Greatness: Who Makes History and Why,* page186, by Dean Keith Simonton (New York: Guilford Press, 1994)

2. 詳しくは Dean Keith Simonton, "Creative Productivity: A Predictive and Explanatory Model of Career Trajectories and Landmarks," *Psychological Review* 104 (1997): 66–89 及び Dean Keith Simonton, "Age and Outstanding Achievement: What Do We Know After a Century of Research?," *Psychological Bulletin* 104, no. 2 (1988): 251–67.

3. サイモントンと同じように、1900 年から 2008 年までのノーベル賞受賞者について分析した経済学者のベンジャミン・ジョーンズも、同様の結論に達した。Benjamin Jones, "Age and Great Invention," National Bureau of Economic Research Working Paper No. 11359 (2005); and Benjamin F. Jones and Bruce A. Weinberg, "Age Dynamics in Scientific Creativity," *PNAS* 108, no. 47 (2011): 18910–14. だが、この数十年のあいだに系統的な変化があった。物理学と医学の分野において、1920 年代には 30 歳になる前に行なった研究が認められて、ノーベル賞を受賞する可能性が最も高かったが、その後、その傾向は減少した。言い方を換えれば、研究者が画期的な研究をする年齢が、わずかに高くなっていたのだ。20 世紀を通して、主要なイノベーターの年齢

おぜいのチームの発見や考えをすべて自分の手柄にしていた。S. Shapin ("The Invisible Technician," *American Scientist* 77, no. 6 [1989]: 554–63) によれば、17 世紀の著名な化学者であるロバート・ボイルの場合にも、無名の助手が実験を行ない、その手で実験ノートに重要な観察記録を記していたが、結局、その助手の存在は歴史のなかに葬られてしまった。17 世紀ロンドンのエッチングでは、凝った羽根飾りの帽子を被った科学者が研究室のいちばん前に堂々と立ち、その後ろには協力者のみならず、名もなきプット（裸体の小児像）が描かれている。物理的な錯覚によってのみ見えるとされたケルビム（智天使）のプットは、実際に科学器具を扱った研究室の助手の代わりとして描かれたものだ。彼らのような助手は、せいぜい名もない「ゴーストの著者」でしかない。助手を、文字通り見えない存在に描くことで、エッチングは彼らの匿名性をますます高めている。チームの成果ではなく個人の業績に注目する傾向は、優れた研究にひとりの理論家の名前をつけて呼ぶ、科学分野での命名法に深く刻み込まれている。ユークリッドの幾何学。メンデルの法則。ニュートンの運動法則。アインシュタインの相対性理論など。また現代では、論文をひとりで書くことが稀であるにもかかわらず、個人の研究を元に採用したり、昇進審査や終身在職権審査を行なったりする。

5. バティエの戦術について詳しく知りたい時には、マイケル・ルイスの素晴らしい記事を読んでほしい。Michael Lewis, "The No-Stats All-Star," February 13, 2009, *New York Times Magazine*. コービー・ブライアントについての引用も、この記事をもとにした。
6. ハリー・トルーマンの引用は次の論説から。*Nature* 535, no. 7612 (2016): 323. この名言が、ジョン・ウッデン監督と、英国の小説家チャールズ・モンタギューの言葉だとする説については、次を参照のこと。http://forum.quoteland.com/eve/forums/a/tpc/f/99191541/m/7123950067.
7. 亡くなった男児アラン・クディの写真が公になったあと、難民支援に対する寄付が急増した。Luke Mintz, July 12, 2017, "Photo of Syrian Toddler Boosted Fundraising for Refugees 100-Fold," in *Business Insider*.
8. エリアソンの「ニューヨーク市ウォーターフォールアートワーク」については、https://en.wikipedia.org/wiki/New_York_City_Waterfalls.
9. 1997 年のノーベル物理学賞については、本章注 3 の論文にて詳しく論じた。
10. モーガン・ネヴィル監督の『バックコーラスの歌姫たち』は、ダーレン・ラヴ（と、それに負けないくらい興味をそそる、多くのアフリカ系アメリカ人の女性バックコーラス）について語っている。ロックの殿堂の 25 周年記念コンサートで、ベット・ミドラーがダーレン・ラヴを紹介したスピーチは次の動画で。https://www.youtube.com/watch?v=Oo4gHVT82Uk.
11. 研究者の男女の賃金格差と終身在職権をめぐる格差は周知の事実であり、数多くの記事がある。私たちの研究室でも、ジュンミン・ホウン、ロベルタ・シナトラ、アレクサンダー・ゲイツが共同で研究を進めている。
12. 終身在職権をめぐる経済学者の男女格差について詳しく知りたい時には、次の優れた論文を参照のこと。Heather Sarsons, "Recognition for Group Work: Gender Differences

15. 集団思考及びその事例、ピッグス湾事件については、次に詳しい。J. Richard Hackman and Nancy Katz's "Group Behavior and Performance," in S. T. Fiske, D. T. Gilbert, and G. Lindzey, eds., *Handbook of Social Psychology,* 5th ed. (New York: Wiley, 2010).
16.. バッジを付けたサンディ・ペントランドの実験については、次の優れた記事を参照のこと。April 2012, *Harvard Business Review:* "The New Science of Building Great Teams: Analytics for Success," featuring Pentland and moderated by Angelia Herrin. もうひとつは、Pentland, "The New Science of Building Great Teams: The Chemistry of High-Performing Groups Is No Longer a Mystery."
17. 『カインド・オブ・ブルー』のチーム力学については、John Szwed, *So What: The Life of Miles Davis* (New York: Simon & Schuster, 2002)。特に同アルバムに対するデイヴィスの準備とアプローチについては、174 ～ 177 ページが参考になるだろう。ウィントン・ケリーの事例も論じている。
18. ウィントン・ケリーがもたらしたタイプの関係が、ジャズアルバムの成功には不可欠だったことを、ヴェデレシュは発見した。実際、どのジャズアルバムにおいても、「禁じられた三者関係」の濃度は成功に対して逆 U 字型の効果を描く。すなわち、三者関係の濃度が薄過ぎても濃過ぎても、うまく働かない。協力者が同数であるレコーディングがふたつあった場合、「オープン」か「クローズド」だけの三人組のチームよりも、禁じられた三者関係をメインにしたチームのほうが長期の成功を生みやすい。このアプローチこそ、マイルスの成功の最も重要な側面だろう。マイルスが天才的なトランペッターであったことは間違いない。だが、彼の音楽的才能は少なくとも一部には、キャスティングの決定の上に成り立っていた。ヴェデレシュによれば、マイルスのほかのアルバムと比べても、『カインド・オブ・ブルー』の並外れた成功は、禁じられた三者関係にあるという。禁じられた三者関係が多いレコーディングセッションほど、マイルスのアルバムは売れたのである。

9　見過ごされた科学者を見つけ出すアルゴリズム ——重要なのはパフォーマンスではなく、世間の捉え方

1. プラシャーについて詳しく知りたい時には、次の素晴らしい記事で。Yudhijit Bhattacharjee,July 18, 2011, *Discover Magazine,* "How Bad Luck and Bad Networking Cost Douglas Prasher a Nobel Prize." また "What Ever Happened to Douglas Prasher?," Bob Grant's February 26, 2013, op-ed *in The Scientist.*
2. チームで研究を進めることが圧倒的に増えた事情は、次の記事を参照のこと。Brian Uzzi, "The Increasing Dominance of Teams in the Production of Knowledge," 前章で述べた内容と引用は、この記事をもとにしている。
3. ファー＝ウェイ・シェンが私の研究室で開発したアルゴリズムについては、Hua-Wei Shen and Albert-László Barabási, "Collective Credit Allocation in Science," *PNAS* 111, no. 34 (2014): 12325–30.
4. 間違った相手に栄誉を授けることは、研究の歴史に多く刻み込まれている。かつては貴族階級の白人道楽科学者が、下位の研究者や助手を監督して研究を行ない、お

4. ここと本章の最後で論じた、ジャズの成功をテーマとする興味深く包括的な研究については、ブダペスト大学の私の同僚であるバラージ・ヴェデレシュの論文を参照されたい。特に次の記事が参考になるだろう。 "Forbidden Triads and Creative Success in Jazz: The Miles Davis Factor," *Applied Network Science* 2, no. 3 (2017). 彼の発見の概要については、http://blogs.springeropen.com/springeropen/2017/10/05/jazz-bands-succeed-by-missing-links-among-musicians/.
5. ビデオゲームの開発チームについては、Mathijs de Vaan, David Stark, and Balázs Vedres, "Game Changer: Structural Folds with Cognitive Distance in Video Game Development," *American Journal of Sociology* 120, no. 4 (2015): 1144–94.
6. 「ひとりの天才による研究か、チームによる研究か」の調査を行なったのは、私の研究室の元ポスドクであり、現在はブライアン・ウジーの研究室で働いているシュテファン・ブフティである。 S. Wuchty, B. F. Jones, and B. Uzzi, "The Increasing Dominance of Teams in the Production of Knowledge," *Science* 316, no. 5827 (2007): 1036–39.
7. 「ギットハブ」のリーダーシップに関するジェイムズ・バグローの研究についてもっと詳しく知りたい時には、Michael Klug and James P. Bagrow, "Understanding the Group Dynamics and Success of Teams," *Royal Society Open Science* 3, no. 160007 (2016).
8. ウィキペディアのページを編集するチームの貢献度については、Anniket Kittur and Robert E. Kraut, *Beyond Wikipedia: Coordination and Conflict in Online Production Groups* (New York: ACM Press, 2010).
9. iGEM（合成生物学の大会）の参加に取り組む高校生の協力パターンを捉えたチーム力学の研究は、マーク・サントリーニが率いる現在も進行中のプロジェクトである。
10. フィッツジェラルドの警句の全文は、「大いなる思考が会議で生まれたためしがない。だが、愚かな考えの多くもそこで死んだ」。手紙やエッセイ、メモ書きをまとめて、フィッツジェラルドの死後に発表された "Notebook E" in *The Crack-Up* (1945), Edmund Wilson から。
11. ウィリアム・ミュアの実験は次を参照のこと。W. M. Muir, "Group Selection for Adaptation to Multiple-Hen Cages: Selection Program and Direct Responses," *Poultry Science* 75, no. 4 (1996): 447–58. 進化研究所が行なったミュアのインタビューは、"When the Strong Outbreed the Weak," David Sloan Wilson, July 11, 2016, https://evolution-institute.org/when-the-strong-outbreed-the-weak-an-interview-with-william-muir/.
12. デューク大学英文学科のスーパースター教授効果については、次の記事を参照されたい。 "Discord Turns Academe's Hot Team Cold," Janny Scott, November 21, 1998, *New York Times*.
13. スーパースターチームが抱える問題については、Roderick I. Swaab et al., "The Too-Much-Talent Effect: Team Interdependence Determines When More Talent Is Too Much or Not Enough," *Psychological Science* 25, no. 1581 (2014).
14. 集団的知性については、Anita Williams Woolley et al., "Evidence for a Collective Intelligence Factor in the Performance of Human Groups," *Science* 330, no. 6004 (2010): 686–88.

the Herd Astray: An Experimental Study of Self-Fulfilling Prophecies in an Artificial Cultural Marketplace," *Social Psychology Quarterly* 71, no. 4 (2008): 338–55.

11. 評判シグナリングが著名な研究者の共著者に与える影響については、T. S. Simcoe and D. M. Waguespack, "Status, Quality, and Attention: What's in a (Missing) Name?," *Management Science* 57, no. 2 (2011): 274–90.
12. 適応度がライバルとの戦いを制する時に果たす役割については、A.-L. Barabási, R. Albert, H. Jeong, and G. Bianconi, "Power Law Distribution of the World Wide Web," *Science* 287, no. 5461 (2000): 2115; and G. Bianconi and A.-L. Barabási, "Competition and Multiscaling in Evolving Networks," *Europhysics Letters* 54, no. 4 (2001): 436–42.
13. 楽曲の適応度を測定するアルゴリズムを開発して、さらに磨きをかけたオーストラリアのチームについて詳しく知りたい時には、セブリアンが共同執筆した優れた論文を参照されたい。A. Abeliuk et al., "The Benefits of Social Influence in Optimized Cultural Markets," *PLOS ONE* 10, no. 4 (2015): 1–20。
14. アルゴリズムについて具体的に知りたい時には、次の論文を参照のこと。Ting Wang and Dashun Wang, "Why Amazon's Rankings Might Mislead You: The Story of Herding Effects," *Big Data Journal* 2, no. 4 (2014): 196–204.
15. J・K・ローリングとその成功に関するダンカン・ワッツの記事は、Duncan Watts, "J. K. Rowling and the Chamber of Literary Fame," *Bloomberg*, July 19, 2013.
16. ハリー・ポッターの出版と、売れ行きが徐々に伸びていった経緯については、https://en.wikipedia.org/wiki/Harry_Potter.
17. ベン & ジェリーズの成功物語の詳細は、*Entrepreneur*'s October 10, 2008, profile of the duo at https://www.entrepreneur.com/article/197626. 同社の立ち上げとマーケティング戦術について詳しく知りたい時には、*Peace, Love, and Branding,* a 2014 short film by Fast Company (https://www.youtube.com/watch?v=JNuDGsSdE0U).

8　カインド・オブ・ブルー――バランス、多様性、リーダーシップが重要

1. 『カインド・オブ・ブルー』のレコーディングセッションと、アルバムのとてつもない成功については、https://en.wikipedia.org/wiki/Kind_of_Blue. を参照。また、アルバム発売50周年を記念して再掲載されたアシュレー・カーンのライナーノーツの抜粋は、同アルバムのレコーディング全体の様子を教えてくれる。"Between Takes: The *Kind of Blue* Sessions," Ashley Kahn's liner notes, NPR *Morning Edition,* January 29, 2009.
2. 『カインド・オブ・ブルー』のレコーディングに関する参加ミュージシャンたちの考えについては、ビル・エヴァンスのライナーノーツを参照のこと。Bill Evans's liner notes, March 2, 2018, *SFJazz*, "Improvisation in Jazz."
3. ブライアン・ウジーの優れたブロードウェイミュージカルの研究については、B. Uzzi and J. Spiro, "Collaboration and Creativity: The Small World Problem," *American Journal of Sociology* 111, no. 2 (2005): 447–504. 本章で取り上げた『コーラスライン』『プロデューサーズ』『回転木馬』と、ロジャーズとハマースタイン二世の重要な関係について分析している。

2. ジェフリー・ワンセルの熱烈な書評をはじめ、『カッコウの呼び声』に対する初期の好意的なレビューについては、次の記事に詳しい。Joe Collins, July 15, 2013, *New Statesman,* "What Did Critics Really Think of *Cuckoo's Calling* (Before They Knew It Was by J. K. Rowling)?"
3. 偽名を使って複数の本を出版したスティーヴン・キングの興味深い体験については、https://en.wikipedia.org/wiki/Richard_Bachman. あるいは次の記事にも詳しい。Jake Rossen, July 10, 2017, *Mental Floss,* "Known Alias: How Stephen King Was Outed as Richard Bachman."
4. 『ハリー・ポッターと賢者の石』を執筆していた頃の暮らしぶりと、引用部分の文脈について知りたい時は、2008年にハーバード大学の卒業式で行なったスピーチを読んでほしい。https://news.harvard.edu/gazette/story/2008/06/text-of-j-k-rowling-speech/.
5. ミュージックラボの実験について詳しく知りたい時には、M. J. Salganik, P. Sheridan Dodds, and D. J. Watts, "Experimental Study of Inequality and Unpredictability in an Artificial Cultural Market," *Science* 311, no. 5762 (2006): 854–56. 論文の裏づけ資料はオンラインで手に入り、実験と発見について非常に詳しく教えてくれる。一般向けの概要を知りたい人には、次のブログ記事をお勧めしたい。Jesse Marczyk, September 3, 2013, "The Popularity of Popularity," in *Psychology Today.*
6. 群の効果によって、特定の楽曲のダウンロード回数に明らかなムラがあった。社会的影響のない対照グループでは、すべての曲に選ばれるチャンスがあった。対照グループの被験者は、自分の考えだけで気に入った曲を選んだ。ところが、被験者がいったん仲間のダウンロード回数を知ると、状況は一変する。あまり人気がないと思われる楽曲をダウンロードした被験者は200人ほどにとどまり、各グループの被験者のほぼ半数にあたる3000人以上が、仲間が素晴らしいとみなした楽曲をダウンロードした。つまり社会的影響が働くと、優先的選択の結果、「独り勝ち」の力学が表れる。
7. 自己実現的予言は次の優れた論文に詳しい。Robert Merton's seminal paper, "The Self-Fulfilling Prophecy," *Antioch Review* 8, no. 2 (1948): 193–210.
8. 自己実現的予言に当てはまる事例がたくさんあることに、マートンは気づいていた。金融恐慌もそのひとつである。市場が暴落すると聞くと、みな売りに走る。その結果、本当に暴落する。プラセボ効果もそうだ。何かの薬が体にいいと思うと、本当に効果が出る。プラセボ効果は取るに足らないことではない。それは実際、人間の遺伝子に、知覚の神経プロセスに組み込まれており、非常に強固であるために、医師も自分たちが研究しようとしている生物学的効果と、プラセボ効果との違いをしばしば見極められない。K. T. Hall, J. Loscalzo, and T. J. Kaptchuk, "Genetics and the Placebo affect: The Placebome," *Trends in Molecular Medicine* 21, no. 5 (2015): 285–94.
9. オークスクールの実験は、Robert Rosenthal and Lenore Jacobson's *Pygmalion in the Classroom: Teacher Expectation and Pupils' Intellectual Development* (New York: Holt and Winston, 1968).
10. ミュージックラボの2度目の実験は、Matthew Salganik and Duncan Watts, "Leading

料を高く払ってもらえる。ファン・デ・リートと彼のチームは、まだ何の評価もついていない新しいレビューを見つけ、彼ら自身が「役に立つ」と思ったレビューを305本選び出した。そしてそのうちの一部に「大変役に立った」のボタンを押して、残りのレビューについては対照グループとしてボタンを押さなかった。すると今回も、ボタンを押したグループと、対照グループとのあいだには歴然たる違いが表れたのである。ファン・デ・リートがもともと質の高いレビューを選んでいたせいか、実験開始から2週間後には、対照グループの77%が最低でもひとつは「大変役に立った」を獲得していた。ところがファン・デ・リートが最初にボタンを押したレビューについて言えば、90%が「大変役に立った」を獲得していたのだ。言い換えれば、最初に好意的な評価を与えると、その後、9割のレビューが好意的な評価を得ていたのである。

8. エリザベート王妃国際音楽コンクールによってクラシック音楽家が得る利益については、次の記事に詳しい。ギンズバーグが1996年に発表した論文（4章の注9）のフォローアップ研究である。Victor A. Ginsburgh and Jan C. van Ours "Expert Opinion and Compensation: Evidence from a Musical Competition," *American Economic Review* 93, no. 1 (2003): 289–98.
9. エロリーの話については次に詳しい。"R. J. Ellory's Secret Amazon Reviews Anger Rivals," Alison Flood, September 3, 2012, in the *Guardian*. 彼のふたつのレビューもここから引用した。自演の倫理と影響、及び自演が著者に及ぼす実際的な利益については、次の記事でよく論じられている。Alison Flood, September 4, 2012, *Guardian*, "Sock Puppetry and Fake Reviews: Published and Be Damned,". 次の記事は、エロリーの経歴と犯罪小説家としての成功について詳しい。*Guardian*, Alison Flood, July 23, 2010, "R. J. Ellory Wins Crime Novel of the Year Award,"
10.「賛成投票」と「反対投票」がその後の評価にどうつながるかについては、L. Muchnik, S. Aral, and S. J. Taylor, "Social Influence Bias: A Randomized Experiment," *Science* 341, no. 6146 (2013): 647–51.
11. キックスターターで支援ボタンを続けて押すと「限界利益が減少する」ことについては、ファン・デ・リートの2014年の論文（本章の注3）に詳しい。エピニオンズでも同じ現象が起きる。
12. コミック作家として成功した理由について、マシュー・インマンは自分の考えを「オートミール」で展開している。The Oatmeal at http://theoatmeal.com/misc/p/state.『こねこばくはつ』の成功でインマンが果たした役割については、次の記事を参照。Krisztina Holly, July 28, 2016, *Forbes*, "Elan Lee's Secrets Behind the Largest Kickstarter Campaign in History,"

7　好みは人それぞれ――質はどのようにして、社会に影響を与えるか

1. ケイト・ミルズの引用及びロバート・ガルブレイスについての詳細は、次の記事から。Sam Marsden, July 14, 2013, *Telegraph*, "The Cuckoo's Calling: Publishers' Embarrassment at Turning Down a J. K. Rowling Detective Novel."

考にした。次の記事も参照のこと。Jackie Bischof, February 2, 2015, *Newsweek,* "A Card Game About Exploding Kittens Broke a Kickstarter Record."

2. キックスターターで資金調達に成功する割合については、https://www.kickstarter.com/help/stats. クラウドソースの資金集めという全体像のなかでキックスターターを捉えたのが、次の記事である。Catherine Clifford, January 18, 2016, in *Entrepreneur,* "Less Than a Third of Crowdfunding Campaigns Reach Their Goal."
3. ファン・デ・リートがキックスターターで行なった実験は、次の共著論文に詳しい。Van de Rijt, S. Kang, M. Restivo, and A. Patil, "Field Experiments of Success-Breeds-Success Dynamics," *PNAS* 111, no. 19 (2014): 6934–39. M. Restivo and A. van de Rijt, "Experimental Study of Informal Rewards in Peer Production," *PLOS ONE* 7, no. 3 (2012): e34358.
4. 「金持ちはより金持ちに」というマタイの法則の事例については、次の素晴らしい論文を参照のこと。Robert K. Merton "The Matthew Effect in Science," *Science* 159, no. 3810 (1968): 56–63. 聖書の部分もマートンの論文から引用した。
5. WWW をネットワークとして分析した私たちの論文は、R. Albert, H. Jeong, and A.-L. Barabási, "Diameter of the World Wide Web," *Nature* 401, no. 9 (1999): 130–31. この研究について詳しく、あるいはネットワーク全般について知りたい時には、拙書を参考にされたい。*Linked: How Everything Is Connected to Everything Else and What It Means for Business, Science, and Everyday Life* (New York: Plume, 2003). 邦訳は『新ネットワーク思考——世界のしくみを読み解く』(NHK 出版)。
6. 子ども時代の読み書き能力において、成功が成功を生むという分析は、次の優れた論文に詳しい。Keith Stanovich "Matthew Effects in Reading: Some Consequences of Individual Differences in the Acquisition of Literacy," *Reading Research Quarterly* 21, no. 4 (1986): 360–407. 次のインタビューでは、著者の発見とその影響がよくわかるだろう。https://www.youtube.com/watchv=lF6VKmMVWEc
7. ここで紹介したウィキペディアの実験と、後述する「チェンジ・ドット・オーグ」(本文 160 ページ参照) の実験は、前述したファン・デ・リートの論文 "Field Experiments of Success-Breeds-Success Dynamics," に詳しい (本章の注 3)。論文はまた、第 4 のインターネットプラットフォームの実験も紹介している。Epinions.com (消費者レビューサイト。2018 年 5 月に閉鎖された) を使って、最初にポジティブな評価をつけると、その後もポジティブな評価が続くのかについての実験である。毎月約 100 万人の消費者がエピニオンズを活用し、ほぼありとあらゆる商品についてレビューを読むことができた。エピニオンズではレビュアーにお金を払って、それぞれの商品の質を確かめてもらっていた。そしてベビーカーからリモコンカー、ハンドミキサーまで、様々な商品についてレビューを書いてもらい、ユーザーが参考にできるようにしていた。エピニオンズはシンプルなシステムを使って、そのレビューがどのくらい役に立ったかを読者に評価してもらっていた。ある商品の質を判断するために、そのレビューが役に立ったと思う時には、読者は「大変役に立った」ボタンを押す。そのような好意的な評価はレビュアーの利益となり、レビューのディーラーでは従業員のほとんどがベテランだったが、そのなかにチームで働きはじめてまだ4年という若い男性が混じっており、その男性がいつも販売成績の1位だった。しかもほんの少しでない。ダントツの1位なのだ。1カ月の販売台数がひとりせいぜい5台というなかにあって、その若者は30台以上も売った。販売手数料とボーナスを合わせると、その若者の年俸は、6万ドルという年配の同僚の2倍にものぼった。もしその若者を雇ったのが私ならば、いい従業員を雇ったものだと自分で自分を褒めていたに違いない。だが、次々に車を売りさばく若者に対して、ベテラン従業員の声に諦めの響きがあることに嫌でも気づいたはずだ。その若者は明らかに年配の従業員を威圧し、まず間違いなくそれが原因で、チーム全体のパフォーマンスを下げていた。ディーラー全体の販売台数が減少していたのである。もしスーパースターがほかのメンバーを震え上がらせていたのなら、そもそもなぜその若者を雇う必要があるだろうか。詳しくは「エピソード129」で。Jason Mascia, episode 129 of *This American Life,* "Cars," available at https://www.thisamericanlife.org/513/129-cars.

25. スーパースターが同僚の生産性に与える利益については、次の報告書に詳しい。"Why Stars Matter," by A. Agrawal, J. McHale, and A. Oettl, published in March 2014 by the National Bureau of Economic Research.
26. スーパースター教授が亡くなったあと、共同研究者に及ぼす影響は、Pierre Azoulay, Joshua S. Graff-Zivin, and Jialan Wang, "Superstar Extinction," *Quarterly Journal of Economics* 125, no. 2 (2010).
27. アズレイがフォローアップのために行なった次の研究は、最初の発見をさらに発展させ、その考えに磨きをかけた。P. Azoulay, C. Fons-Rosen, and J. S. Graff-Zivin, "Does Science Advance One Funeral at a Time?," National Bureau of Economic Research Working Paper No. 21788 (2015) .「ゴリアテの影」という言葉はアズレイの論文から引用した。
28. 世間がスーパースターに科すペナルティについては、次を参照のこと。Azoulay, Alessando Bonatti and Joshua L. Krieger, "The Career Effects of Scandal: Evidence from Scientific Retractions," National Bureau of Economic Research Working Paper No. 21146 (2015).
29. アラン・シップナックの引用をより広い文脈で読み取りたい時には、また公開処刑のような扱いがウッズのパフォーマンスと私生活に与えた影響については、次の記事を参照されたい。February 13, 2015, in *Golf,* "Tiger's Woes Aren't Just About His Game — Everything Goes Back to His Sex Scandal,"

6　爆発する子猫と靴下人形――成功を〝キックスタート〟する方法

1. 『こねこばくはつ』の誕生について、またキックスターターのキャンペーンがウィルスのように広まった様子を目の当たりにするという、特異な経験について詳しく知りたい時には、アイデア公開から12日目について語る、エラン・リーの動画を見るといいだろう。Elan Lee's speech on the JoCo cruise: https://www.youtube.com/watch?v=tfB7IVTOkDk. 本章で紹介したキャンペーンのハイライト部分は、この動画を参

15. ロングホーンズ（テキサス大学アメフト部）の収入と、大学フットボール部の収入の一般的なデータについては、次を参照のこと。https://www.forbes.com/pictures/emdm45el/1-university-of-texas-longhorns/#7398032730ed.
16. ワインバーグの授業スケジュールは、テキサス大学のウェブサイトで確認した。Teaching schedule: https://liberalarts.utexas.edu/plan2/curriculum/faculty/vineyard #courses.
17. ワインバーグの論文の引用回数については、グーグルスカラーで検索のこと。
18. 1 回の引用にかかる研究費については、エステバン・モロの研究をもとにした。未発表の彼の分析によると、アメリカにおいて 1 回の引用にかかる貨幣価値は 10 万ドルを少し上まわる。グーグルスカラーによれば、引用回数が 1 万 4000 回を数えるワインバーグが、研究分野に与えた影響力は約 14 億ドルにのぼることになる。
19. ジャスティン・ティンバーレイクのランキングは、June 29, 2015, *Forbes* "Celebrity 100" list から。
20. コンサートチケット収入で、スーパースターの売上比率が増大している件は、次の記事に詳しい。December 25, 2010, *New York Times,* "How Superstars' Pay Stifles Everyone Else," by Eduardo Porter. この記事は、エドアルド・ポーターの次の著書を元にしている。*The Price of Everything: Solving the Mystery of Why We Pay What We Do.*
21. ウッズのパフォーマンス記録と「タイガー・ウッズ効果」については、次の素晴らしい論文を参考にした。Jennifer Brown, "Quitters Never Win: The (Adverse) Incentive Effects of Competing with Superstars," *Journal of Political Economy* 119, no. 5 (2011): 982–1013.
22. ジェニファー・ブラウンは、想像もつかないほど詳細な分析を行なった。その時の雰囲気から雨まで、選手のスコアに影響を与えそうな要因はたくさんあるからだ。だが、ウッズと競合選手のデータが毎年手に入るために、ブラウンはウッズが試合に及ぼす強力な影響を突き止めた。そのコースに特有の難しさを原因とする、パフォーマンスの違いを明らかにできた。ブラウンは毎年の試合データを分析して、各選手のパフォーマンスを、同じコースで長年にわたって調査した。試合結果に影響を与えそうなたくさんの要因についても説明できた。天候の違い、ギャラリーの多寡、マスコミ報道の激しさ、賞金金額、その大会の人気などである。そしてタイガー・ウッズ効果が、ほかのどんな要因よりも強く働いていることを繰り返し確認した。
23. ウッズがとつぜんツアーを欠場したことで、ブラウンは、ウッズが欠場中のほかの選手のスコアを分析できた。2 度目の膝の手術は予想外のできごとだったため、ブラウンはすでに膨大なデータで発見していた、スーパースター効果以外の要因を除外できた。ウッズは予想外の手術のせいで大会を欠場したのであって、自分が得意とするコースを選んだがために、その大会を欠場したわけではない。彼のとつぜんの欠場は、そのゴルフコースが難しいからでも、ライバルが得意とするコースだからでもなかった。まったくのランダムだったのだ。
24. ブラウンの調査から、私は次のようなエピソードを思い出した。ニュージャージー州のある車のディーラーショップでは、従業員に毎月販売ノルマを課していた。そ

Troubled Champion," a *New York Times* interactive feature from 2009 を見れば、プロになる前の素晴らしい成績の概要が摑める。

3. プロになったあとの素晴らしい記録については、Erik Matuszewski, December 30, 2016, *Forbes*, "41 Fantastic Facts and Figures for Tiger Woods' 41st Birthday."
4. ゴルフの様々なパフォーマンス基準が描くベル型曲線については、次を参照されたい。Charles Murray 2003 book *Human Accomplishment*, HarperCollins.
5. ウッズの 2013 年の「総合ショット貢献度」と「ドライバー飛距離」は、PGA ツアー公式サイトの「成績」を参照。ヘンリック・ステンソン、ジャスティン・ローズ、ルーク・リストの記録もこのサイトで見つけた。
6. アフリカ系アメリカ人の著名人と比べたウッズの成功について知りたい時には、次の記事を参照のこと。Matthew Miller, May 6, 2009, *Forbes*, "The Wealthiest Black Americans."「世界で最も稼ぐスポーツ選手」については、June 10, 2015, *Forbes* ("The World's Highest-Paid Athletes 2015")。
7. スポンサー契約については "Tiger Woods Sponsorship Deals and Endorsements," *Telegraph*, December 1, 2009. ウィキペディアによれば、ナイキとの独特の契約条件については次で論じられている。Brian Berger on *Sports Business Radio* in 2006.
8. 経済学者の視点からスーパースター現象について初めて論じ、大きな影響を与えたシャーウィン・ローゼンの次の論文を、本章では何度も取り上げた。"The Economics of Superstars," *American Economic Review* 71, no. 5 (1981): 845–58。ローゼンと別の見解を述べたのは、Moshe Adler "Stardom and Talent," *American Economic Review* 75, no. 1 (1985): 208–12。モシェ・アドラーは、競合選手のパフォーマンスに差がない時に、成功が生まれるプロセスについて分析した。アドラーのアプローチは、スーパースターに関する最近の考え方や私たちの見解と一致する。
9. 2009 年 10 月のダン・ブラウンとニコラス・スパークスの本の売上データは、『ニューヨーク・タイムズ』ベストセラー・リストによる。ニールセン・ブックスキャン調べ。
10.「べき乗則」と「ベル型曲線」の違いについては、自著で詳しく説明した。*Linked: How Everything Is Connected to Everything Else and What It Means for Business, Science, and Everyday Life* (New York: Plume, 2003)。邦訳は『新ネットワーク思考――世界のしくみを読み解く』(NHK 出版)。
11. 拡大する世界の所得格差については、次の記事に詳しい。Larry Elliot, January 15, 2017, *Guardian*, "World's Eight Richest People Have Same Wealth as Poorest 50%,"
12. ワインバーグについては、次の記事を読まれたい。Selena Roberts, November 9, 2005, *New York Times*, "Sports of the Times: An Awkward Coexistence on Campus."
13. CEO の報酬と従業員の年収の格差については、サンプルに誰を含めるかに応じて、多少の違いが出る。本文の数字は次の記事を参考にした。Jena McGregor, July 21, 2017, *Chicago Tribune*, "Major Company CEOs Made 271 Times the Typical U.S. Worker in 2016."
14. ローゼンの言葉は、前記 8 と同じ論文から引用した。"The Economics of Superstars,"

Journal of Economic Perspectives 17 (2003): 99–111. を参照のこと。

10. クラシック音楽やワインの審査といった高尚な分野において、バイアスがさらに強く働く理由については、次の記事がわかりやすい。September 11, 2013, *Atlantic,* Alex Mayyasi, "The Science of Snobbery: How We're Duped into Thinking Fancy Things Are Better,". 本文で紹介したワインを描写する言葉は、本章の注2で紹介した Will Storr, *Telegraph* の記事から引用した。どれも、BBC の *Food and Drink* show のワイン評論家ジリー・グールデンの実際のコメントである。
11. ユーロビジョン・ソング・コンテストの即時性バイアスについては、Wandi Bruine de Bruin, "Save the Last Dance for Me: Unwanted Serial Position Effects in Jury Evaluations," *Acta Psychologica* 118, no. 3 (2005): 245–60. 2005年発表のこの論文では、ユーロビジョン・ソング・コンテストやフィギュアスケートなどの4つの分野で、パフォーマンスを披露する順番が、最終的な結果に与える影響について分析している。著者によれば、即時性バイアスはフィギュアスケートの場合に、より顕著だという（1994年～2004年の試合結果の分析による）。当時は、フリープログラムの滑走順がショートプログラムの得点によって決まる、というルールを採用していた。もしショートで得点が低く意気消沈してロッカー室に戻れば、フリーの滑走順が最初のほうになってしまう。もしショートの滑走順が遅くて得点が高く、ガッツポーズで意気揚々とロッカー室に戻れば、フリーでも滑走順が後ろのほうになる。ショートの得点でフリーの滑走順が決まってしまうために、審査は二重に問題があることになる。ランダムな抽選がショートの滑走順を決め、最終的にショートとフリーの両方の得点を決めてしまう。フリーの滑走順を逆さまにすれば、バイアスは確実に減少する。つまり、滑走順が有利に働いてショートで高い得点が出た選手は、フリーでは滑走順を最初のほうにして、もう一度、自分の実力を発揮して、ショートの高い得点を証明しなければならない。ショートで滑走順が早く、得点が伸びなかった選手は、フリーではショートでの不利を帳消しにして、公平な条件で戦える。
12. 即時性バイアスがスペインの裁判官採用の面接試験に与える影響については、ノースイースタン大学のブライアン・ウジーのデータを活用した。データ収集はウジーの元学生 Guillermo Fernandez-Mazarambroz が担当した。
13. FDA の投票パターンと、その結果生じるバイアスについては以下を参照。D. Broniatowski and C. Magee, "Does Seating Location Impact Voting Behavior on Food and Drug Administration Advisory Committees?," *American Journal of Therapeutics* 20, no. 5 (2011): 502–6.

5　スーパースターと「べき乗則」——報酬に上限はない

1. タイガー・ウッズの少年時代の逸話は、*Tiger Woods: Prodigy* (Documentary Channel), https://www.youtube.com/watch?v=k-QSgd8bVI8. 父アール・ウッズのくだりはここから引用した。
2. 少年時代のゴルフの成績については、http://tigerwoods.com/timeline を参照。上記1のドキュメンタリーでも、ウッズの優れた成績について述べている。"Timeline: A

を参照。http://reszeghbotond.wordpress.com.

4　そのワインの価値はどのくらいか——決められない価値を、どうやって決めるのか

1. 冒頭にあるようなワインの品評会の雰囲気を摑むためには、International Wine Challenge の短い動画を見ると、審査の手順がわかりやすい。https://www.youtube.com/watch?v=-Nfnqhp5c0A.
2. ホジソンの詳しい物語と調査については、June 23, 2013,*Guardian*, David Derbyshire, “Wine Tasting — It's Junk Science,”「ワインが品評会で賞を獲るかどうかは大きく運に左右される」の引用もこの記事から取った。July 17, 2013,W. Blake Gray,Winesearcher.com のインタビューも参照されたい。April 29, 2014, Will Storr, *Telegraph*, “Is Everything We Know About Wine Wrong?,” も参照のこと。ホジソンの経歴や、彼が実験の実施を考えたジレンマについても詳しくわかる。
3. ボルトとブレイクの僅差については、男子 100 メートル走の記録や統計を記載した、どんなサイトでも確認できるはずだ。詳しく知りたければ、August 14, 2016, *Daily Telegraph*, Robert Sutherland “The Ten Fastest Men in 100m History,”
4. 有界の分布と非有界の分布の数学的な違いについて、もっと詳しく知りたい時には、私の著書 *Network Science* (Cambridge: Cambridge University Press, 2017) の chapter 4 及び section 4.9 を参照されたい。http://networksciencebook.com/.
5. フィリッポ・ラディッキが予測した将来のオリンピック記録については、以下を参照のこと。“Universality, Limits, and Predictability of Gold Medal Performances at the Olympic Games,” *PLOS ONE* 7, no. 7 (2012): e40335. ラディッキは親切にも、2016 年リオデジャネイロオリンピックの予測について、未発表のデータを教えてくれた。
6. 審査員が 1 日にどれだけのワインを試飲するのか、また審査についてのさらに詳しい情報は、June 26,2014,Wilford Wong, Wine.com “A Day in the Life of a Wine Judge,”
7. ホジソンの論文 “An Examination of Judge Reliability at a Major U.S. Wine Competition,” *Journal of Wine Economics* 3, no. 2. (2008): 105–13 を読むと、審査員どうしで、また同じ審査員でもその年によって審査の質が安定しないことがわかる。同じワインが違う品評会で賞を獲得する現象について分析した、次の追跡調査も興味深い。“An Analysis of the Concordance Among 13 Wine Competitions,” *Journal of Wine Economics* 4, no. 1 (2009): 1–9.
8. チア・ジョン・ツァイの実験の詳細は、“Sight over Sound in the Judgment of Music Performance,” *PNAS* 110, no. 36 (2013): 14580– 85.　また、Phillip Ball, *Nature* August 2013, “Musicians' Appearances Matter More Than Their Sound,” を読むと、ツァイの実験の意味がよくわかるだろう。
9. エリザベート王妃国際音楽コンクールに特有のパターンについては、Renato Flores and Victor Ginsburgh “The Queen Elisabeth Musical Competition: How Fair Is the Final Ranking?,” *Journal of the Royal Statistical Society* 45, no. 1 (1996): 97–104. に詳しい。より広い視点で見るならば、V. Ginsburgh, “Awards, Success and Aesthetic Quality in the Arts,”

Robin Pogrebin and Scott Reyburn"Leonardo da Vinci Sells for $450.3 million, Shattering Auction Highs,"

9. 『モナ・リザ』の興味深い盗難事件については、May 2009, *Vanity Fair,* Dorothy and Thomas Hoobler, "Stealing *Mona Lisa,*" を参照されたい。
10. 美術界の暗黙のしきたりを回避するとどうなるのかについて、マーク・グローティアンは興味をそそる実例である。ギャラリーや美術商との提携関係によって、画家はプレステージ性を獲得する。美術界で成功を摑む通常のルートを、グローティアンが拒否していることについて詳しく知りたい時は、次の記事を参照のこと。Robin Pogrebin, July 30, 2017, *New York Times* "When an Artist Calls the Shots: Mark Grotjahn's Soaring Prices."
11. 美術界を支配する依存関係については、Wouter de Nooy, "The Dynamics of Artistic Prestige," *Poetics* 30, no. 3 (2002): 147–67 を参照されたい。このなかで、デ・ヌーイはキャサリン・ジュフリーを引用する。ジュフリーは美術界の成功の梯子を、「アーティストがトップに上り詰めようとすると、そのかたちが変わってしまう砂山」に喩えた。美術界の成功を理解するうえでわかりやすい喩えであり、私たちの分析結果とも一致する。もし有名なアーティストが、ちょっと変わったギャラリーで個展を開いたら、そのギャラリーはプレステージ性が高くなる。プレステージ性の高いアーティストが争ってそのギャラリーを目指すようになり、成功への道筋が変わり、ネットワークのトポグラフィーが変化する。同じように、もし一流のギャラリーがまったく無名のアーティストの作品を展示すれば、ほかの画商はそのアーティストを新たな目で見るようになる。
12. アートとネットワークに関する次の論文が 2018 年 11 月、『サイエンス』誌に発表された。"Quantifying reputation and Success in Art," S. P. Fraiberger et al., http://barabasi.com/f/972.pdf.
13. ウォーホルの引用は、2015 年刊行の次の伝記による。Phoebe Hoban, *Basquiat: A Quick Killing in Art,* accessed via the *New York Times* website. 著者のホーバンは、ウォーホルがアート市場について鋭く見抜いていた点を描写し、次のように述べている。「ハイな気分のこのサイキックな男は、何もかも見通していた。ポップアートについて次世代に向けてこう言った。『アーティストとして成功するためには、作品をいいギャラリーに展示してもらわなければならない。ディオールも、オリジナルデザインの服をウールワースでは販売しなかった。とりわけ重要なのはマーケティングだ。もし絵に数千ドルを支払える人間がいるなら……そして、価値が上がり続ける絵を買いたがっているのなら、それが可能なのはいいギャラリーだけだ。いいギャラリーは、アーティストを探し出して、そのアーティストを売り込み、彼の作品が、適切なターゲットの目に適切な方法で触れるようにしてくれる。なぜなら、もしアーティストが消えてしまえば、買い手の投資も消えてしまうからだ……どれほど優れたアーティストであっても、ちゃんと売り込んでもらえなければ、名前を覚えてはもらえない』」
14. トランシルヴァニア地方出身の画家、ボトンド・レーセグと彼の作品については次マンスとは別の要素に左右されやすい。対戦相手のパフォーマンスにもかかってくる。もし、マリア・シャラポワがセリーナ・ウィリアムズと戦い、ウィリアムズが怪我をしているか頭痛に悩まされているか、ショットを連続してミスしたら、シャラポワの有利に働く。もしシャラポワがプライベートな問題を抱えているか、太陽が眩しいか、スランプに陥っていて試合に集中できなければ、ウィリアムズが勝つ可能性が高い。

13. サッカー選手を評価する専門家の能力について、私たちが書いた論文は、Luca Pappalardo, Paolo Cintia, Dino Pedreschi, Fosca Giannotti, and A.-L. Barabási "Human Perception of Performance,"https://arxiv.org/abs/1712.02224.

3 200万ドルの小便器——なぜ努力は成功に結びつかないのか

1. アル・ディアスとジャン＝ミシェル・バスキアの初期の物語については、優れた記事がたくさんある。私が特に気に入っているのは、*Huck Magazine,* October 2017, "The Strange Story of Jean Michel Basquiat's Original Partner in Crime,". ふたりがパートナーシップを組んでSAMOとして活躍しはじめた時の話を、ディアスの視点から詳しく描いた記事は、Ashleigh Kane, September 6, 2017, *Dazed Digital* "The Story of SAMO, Basquiat's First Art Project."
2. バスキアの『無題』が、アメリカ人アーティストの作品として史上最高額で落札された件は、May18, 2017 *New York Times* "Basquiat Sells for 'Mind-Blowing' $110 Million at Auction," Robin Pogrebin and Scott Reyburn。
3. バスキアはよく、自分のキャリアを自分の手で切り拓こうとしたと評される。ディアスをはじめとする多くの人が、バスキアがアートを積極的にビジネスにしたがっていることに気づいていた。May 21, 2017, *Huffington Post,* Katherine Brooks, "How Jean-Michel Basquiat Became the Ultimate American Artist."。バスキアの詳しい年表はhttp://www.basquiat.com。これを見れば、彼を成功へと押し上げたネットワークがわかるだろう。「パパ、やったよ！」の箇所もここから引用した。
4. February 2008, Martin Gayford, *Telegraph* "Duchamp's Fountain: The Practical Joke That Launched an Artistic Revolution," を読めば、『泉』が生まれた経緯が詳しくわかる。
5. ディミトリ・ダスカロポウロスの引用は、Jamuary 4, 2003, *Toutfait,* Frances Naumann "Marcel Duchamp: Money Is No Object: The Art of Defying the Art Market," から。美術界のデュシャンの重要性にも光を当てている。
6. ウィキペディアの「list of the most expensive painting（高額な絵画の一覧）」のページを見ると、1億ドルを超える額で落札される絵画の増加傾向がわかる。https://en.wikipedia.org/wiki/List_of_most_expensive_paintings.
7. 『黄金の兜の男』がレンブラントの作ではないとされ、一気に関心が薄れてしまった件については次を参照。"Credibility and Economic Value in the Visual Arts," H. Bonus and D. Ronte, *Journal of Cultural Economics* 21, no 2 (1997): 103–18. 本章の重要なテーマである、アートの価値を評価する難しさについても述べている。
8. 『救世主』の落札と来歴の詳しい情報については、November 15, 2017, *New York Times,*

月という交際期間で、タブロイド紙に結婚前提の付き合いをすっぱ抜かれたために、ふたりの婚約にはスキャンダルのイメージが強く、世間が「そのお相手は、いったいどんなヤツなんだ？」という興味を持ったせいだった。それがユジェソイのグラフに表れたのである。婚約がわかるとすぐに、スウィーティングのページは12万ビューに達した。クオコと結婚式を挙げた週、彼の知名度は最高を記録し、17万ビューに達した。あるいは、もうひとり例をあげるならジョコビッチ。いや、グランドスラムで15度［2019年5月現在］の優勝を飾り、ランキング1位のノバク・ジョコビッチではない。弟のマルコのほうである。マルコの知名度は、ランキング30位の選手なみだが、自己最高ランキングは581位でしかない。マルコの知名度が不当に高い理由は単純だ。王者である兄とよく混同されるためである。綴りの難しいジョコビッチの名前を何百万人もの人が検索し、そのうちの一部がマルコのページにたどり着いてしまう。それだけで充分、本来のパフォーマンスには見合わない知名度をマルコにもたらす。そして、信頼性が高く、正確なユジェソイの公式にも混乱をもたらすのだ。

7. アイビーリーグの年収は教育省の統計による。次の記事では、グラフを用いてデータと詳しい内容を説明している。Christopher Ingraham, September 14, 2015, *Washington Post.*
8. ボストン地区の統一試験のある高校と、著者の発見については、A. Abdulkadiroglu, J. Angrist, and P. Pathak, "The Elite Illusion: Achievement Effects at Boston and New York Exam Schools," *Econometrica* 82, no. 1 (2014): 137–96.
9. ルーマニアの同様の研究は次を参照のこと。Cristian Pop-Eleches and Miguel Urquiola, "Going to a Better School: Effects and Behavioral Responses," *American Economic Review* 103, no. 4 (2013): 1289–324. エリート校に通った生徒は、確かに最終的なバカロレア試験（ルーマニアのSAT［大学進学適性試験］）の評価が上がっていたが、微々たるものだった。わずかな向上しか確認できなかったため、最も重要なのは個人の成績だという考えを裏書きした。
10. 2011年に発表された、次の素晴らしい論文を参照のこと。Stacy Dale and Alan Krueger, "Estimating the Return to College Selectivity over the Career Using Administrative Earnings Data," the National Bureau of Economic Research (Working Paper No. 17159)。次の論文の追跡調査として発表された。"Estimating the Pay-off to Attending a More Selective College: An Application of Selection on Observables and Unobservables," *Quarterly Journal of Economics* 117, no. 4 (2002): 1491–1527. その発見を一般読者向けにわかりやすく説明し、意味するところを分析したのが、David Leonhardt, February 21, 2011, *New York Times* blog post, "Revisiting the Value of Elite Colleges,"
11. ステイシー・デイルとアラン・クルーガーは、アイビーリーグの大学に通うことには大きな恩恵があると考えている。アイビーリーグの大学は「第一世代」や低所得者層、マイノリティグループの志願者に、ネットワークへのアクセスを提供でき、実際に提供する。これらの学生はデイルたちの発見には当てはまらない。
12. テニスやフェンシングのような個人競技でさえ、勝敗はアスリート本人のパフォー

用いて、パフォーマンスと成功との関係を探った。

3. 『フォーブス』誌によれば、フェデラーは2014年に6700万ドルを手にし、「世界で最も稼ぐスポーツ選手」の5位にランキングされた。そのうちの900万ドルが試合の賞金であり、それ以外はすべてスポンサー契約である。スポンサー契約の多さはフェデラーが1位だった。どの分野のスポーツ選手であろうと、2014年、フェデラー以上にスポンサー契約で稼いだ選手はいない。
4. テニスとゴルフは、スポンサー契約の規模がとりわけ大きく、影響力の大きいスポーツである。いまの時代にも、このふたつは一般大衆にとって、プライベートクラブやプレステージ性の匂いがぷんぷん漂う。テニスはサッカーと比べても世界的にファンの数は少ないが、間違いなく富裕層に人気がある。2015年6月17日に、アシュリー・ヴァンスが寄稿したブルームバーグニュースの記事によれば、USオープンを視聴する世帯の平均所得は15万6000ドルだという。高級ブランドは人気のある選手に相当額のスポンサー料を支払って、富裕層の注目を集めようとする。試合に出場しても名前がわからないような知名度の低い選手の場合、その報酬額はずっと低い。2015年の「ヴィクトリア大学ニュース」の記事によれば、プロ選手が世界を転戦するためには年間約16万ドルが必要であり、試合の賞金だけで生活できるのはごく一部の選手だけだという。実際、オーストラリアテニス連盟が調査したところ、2013年の時点で、賞金だけで収支が成り立つプロテニス選手は150人だけだった。ランキング上位の選手であっても、スポンサー契約がなければ、コーチの旅費や指導料などを合わせたコーチ代を賄えない。というわけで、試合で優勝する選手は、たいてい2度報酬を受け取る。まずは試合の賞金。そして知名度。この知名度がカギとなってスポンサー契約に結びつき、最終的に富をもたらす。
5. B.Yucesoy and A.-L. Barabási,"Untangling Performance from Success," *EPJ Data Science* 5, no. 17 (2016) は、本プロジェクトのためにキム・アルブレヒトが立ちあげたサイトでアクセスできる。http://untangling-tennis.net/. 短い動画もあり、各選手の成功やパフォーマンスグラフを検索、分類、比較するためのデータや視覚化ツールについて説明している。
6. このパターンには多少の例外がある。本来そうあるべきではないのに、ウィキペディアの検索が例外的に集中したケースが十数件見つかったのだ。興味深いことに、その外れ値の存在は、試合の結果と名声とがマッチしていないベテラン選手ではなく、たいてい若い選手だった。たとえばライアン・スウィーティングは、自己最高ランキングが64位どまりという、あまりぱっとしない選手である。ところが、ユジェソイのグラフによれば、文字通り一夜にしてウィキペディアの検索回数が10倍に跳ね上がった。まるで50位もランキングが上がったのかと思うような上昇ぶりだったが、その理由がわかって、ユジェソイはクスクス笑い出した。世間が彼のウィキペディアのページを検索したのは、コートに膝をついて歓喜にむせび、ラケットにキスをするような、会心の勝利のせいではなかった。「ビッグバン★セオリー／ギークなボクらの恋愛法則」でペニー役を演じた人気女優、ケイリー・クオコとのとつぜんの婚約発表のせいだった。クオコとスウィーティングはわずか2カ

Colvin on *Democracy Now!*

6. エジソンとライト兄弟の功績とされた件については、次の記事を参照のこと。Eric Goldschein and Robert Johnson, 2011 article in *Business Insider:* "The Wright Brothers Didn't Invent the Airplane and Nine Other Inventors Who've Been Wrongly Credited."
7. MITメディアラボのセザー・ヒダルゴが設計したパンテオン・プロジェクトのガイドラインと、名声の定義及び捉え方のアプローチは、同プロジェクトサイト内 "Methods" を参照のこと。ほかにも、A. Z. Yu et al., "Pantheon 1.0, a Manually Verified Dataset of Globally Famous Biographies," *Scientific Data* 3, no. 2 (2016): 150075. 検索カテゴリーの楽しい概要と、本文で紹介した著名人については、"Who's More Famous Than Jesus?" March 14, 2014, *New York Times Magazine*。パンテオン・プロジェクトのリストには性差別の歴史が如実に表れている、と訴える2014年の意見記事もある。Mic.com, Julianne Ross, "The List of the 100 Most Famous People in History Only Has 8 Women on It,"
8. アリストテレスの引用には別バージョンもある。どれも原典はアリストテレス著『ニコマコス倫理学』であり、翻訳はテレンス・アーウィンによる。Aristotle *Nicomachean Ethics,* translated by Terence Irwin, (Indianapolis: Hackett Publishing, 1999, NE I.5, 1095b23–30)。「しかしながら、これ（名声）は、あまりに皮相的で、私たちが求めるものではないように思える。なぜなら名声とは、与えられる側よりも与える側次第のように思えるからだ。いっぽう、善とは私たち自身のことで、私たちから奪い取れないものだと、私たちは直感的に考えている。さらにその名声を、良識を持ち合わせた自分の知人から、自分の美徳に対して与えられたいと考えているように思える」

2　グランドスラムと大学の卒業証書――なぜ努力は（時には）成功を生むのか

1. 研究分野のパフォーマンスをどうやって測定するのか。かつて私の研究室のポスドクだったジェイムズ・バグローは、2008年の論文のなかで、大まかな測定基準として「生産性」を用いた。バグローと彼の同僚は、幅広い物理学者が発表した膨大な量の論文データを集めた。そして論文の数と、グーグル検索を使って割り出した物理学者の知名度とを比較したところ、生産性と知名度とのあいだに比例関係を、また成功の一面である名声とパフォーマンスとのあいだに、直接的な関係を見出した。J. P. Bagrow et al., "How Famous Is a Scientist?—Famous to Those Who Know Us," *Europhysics Letters* 67, no. 4 (2004): 511–16.
2. 男子プロテニス協会のポイントシステムを例に取ると、2015年9月時点でノバク・ジョコビッチが12,785ポイントで世界ランキング1位。ロジャー・フェデラーは6,725ポイントで2位。2003年当時、女子世界ランキング1位だったジュスティーヌ・エナンは6628ポイント。比較のために例にあげると、同じ年、アンナ・クルニコワは67ポイントであり、この2桁の数字のために彼女のランキングは世界305位だった。ポイントは各テニス選手のパフォーマンスを測定し、ほかの選手との比較になる。ユジェソイと私はそのポイントを、重要なパフォーマンス測定基準として

注

はじめに　成功で重要なのはあなたではない。社会なのだ。

1. 災害を研究テーマとしたダーシュン・ワンの最初の論文は、J. P. Bagrow, D. Wang, and A.-L. Barabási, "Collective Response of Human Populations to Large-Scale Emergencies," *PLOS ONE* 6, no. 3 (2011): 1–8. 成功がテーマの最初の論文はその2年後に発表した。D. Wang, C. Song, A.-L. Barabási, "Quantifying Long-Term Scientific Impact," *Science* 342 (2013): 127–31.
2. ハーバード大学で催した成功がテーマの最初のシンポジウムについては、私のウェブページを参照のこと。http://success.Barabásilab.com/2014/.

1　レッドバロンと忘れ去られたエースパイロット

1. フォン・リヒトホーフェンの生涯については https://en.wikipedia.org/wiki/Manfred_von_Richthofen. ほかにも "The 'Red Baron' Scores Two Victories," EyeWitness to History (2005), http://www.eyewitnesstohistory.com/richthofen.htm; "Mystery of Who Killed the Red Baron Manfred von Richthofen Finally Solved," *Daily Mail*, October 18, 2015; "Ace of Aces: How the Red Baron Became World War I's Most Legendary Fighter Pilot," *History Stories* (2016), https://www.history.com/news/ace-of-aces-how-the-red-baron-became-wwis-most-legendary-fighter-pilot. レッドバロンが戦った空中戦について視覚的に情報を得たい時には、Youtube に次のドキュメンタリーがある。*The Red Baron: The Most Feared Fighter Pilot of World War I.*
2. 現代のポップカルチャーに刻まれたフォン・リヒトホーフェンの存在感については、https://en.wikipedia.org/wiki/The_Red_Baron_in_popular_culture.
3. 撃墜した敵機の数とともに、ドイツの撃墜王の名声が指数関数的に拡大していく様子については、M. V. Simkin and V. P. Roychowdhury, "Theory of Aces: Fame by Chance or Merit," *Journal of Mathematical Sociology* 30, no. 1 (2003): 33–42。2009年に同じ共著者がノーベル物理学賞受賞者を追跡調査し、名声と実績との一致について分析した("Estimating Achievement from Fame," https://arxiv.org/abs/0906.3558)。
4. フォンクについては以下を参照されたい。https://en.wikipedia.org/wiki/Ren%C3%A9_Fonck. "Reńe Fonck—Top French Ace of WWI," by Stephen Sherman, http://acepilots.com/wwi/fr_fonck.html; ルネ・フォンクの生涯がわかる2017年のオンライン記事については、ThoughtCo.com, "World War I: Colonel Rene Fonck,", Kennedy Hickman, https://www.thoughtco.com/world-war-i-colonel-rene-fonck-2360477。彼の業績とパーソナリティに関する記事は、Aerodrome.com: http://www.theaerodrome.com/aces/france/fonck.php.
5. クラウデット・コルヴィンが人知れず公民権運動に果たした貢献については、次の興味深いインタビューがある。Amy Goodman March 29, 2013, interview with Claudette

ザ・フォーミュラ

科学《かがく》が解《と》き明《あ》かした「成功《せいこう》の普遍的法則《ふへんてきほうそく》」

2019年 6月30日　初版1刷発行

著者 ―――― アルバート=ラズロ・バラバシ
訳者 ―――― 江口泰子《えぐちたいこ》
カバーデザイン ―――― 華本達哉（aozora）
発行者 ―――― 田邉浩司
組版 ―――― 近代美術
印刷所 ―――― 近代美術
製本所 ―――― 国宝社
発行所 ―――― 株式会社光文社
〒112-8011　東京都文京区音羽1-16-6
電話 ―――― 翻訳編集部 03-5395-8162
書籍販売部 03-5395-8116
業務部 03-5395-8125

落丁本・乱丁本は業務部へご連絡くだされば、お取り替えいたします。

ISBN978-4-334-96229-6 Printed in Japan

■好評既刊

デイヴィッド・サンプター著　千葉敏生・橋本篤史訳

アルゴリズムはどれほど人を支配しているのか？

・あなたを分析し、操作するブラックボックスの真実

データの錬金術師たちに惑わされるな

検索サイト、ＳＮＳ、ネット通販を使うたび、私たちの行動と嗜好は、特定のアルゴリズムに分析され、リターゲティング広告やフェイクニュース含む情報配信、あるいは危険分子の監視に利用されている。だが実のところそれはどれほど正確で公正で効果的なのか。人気数学者がアルゴリズムとＡＩの現在の到達点、将来の可能性と限界を評価。ＡＩ脅威論の真実に迫る。

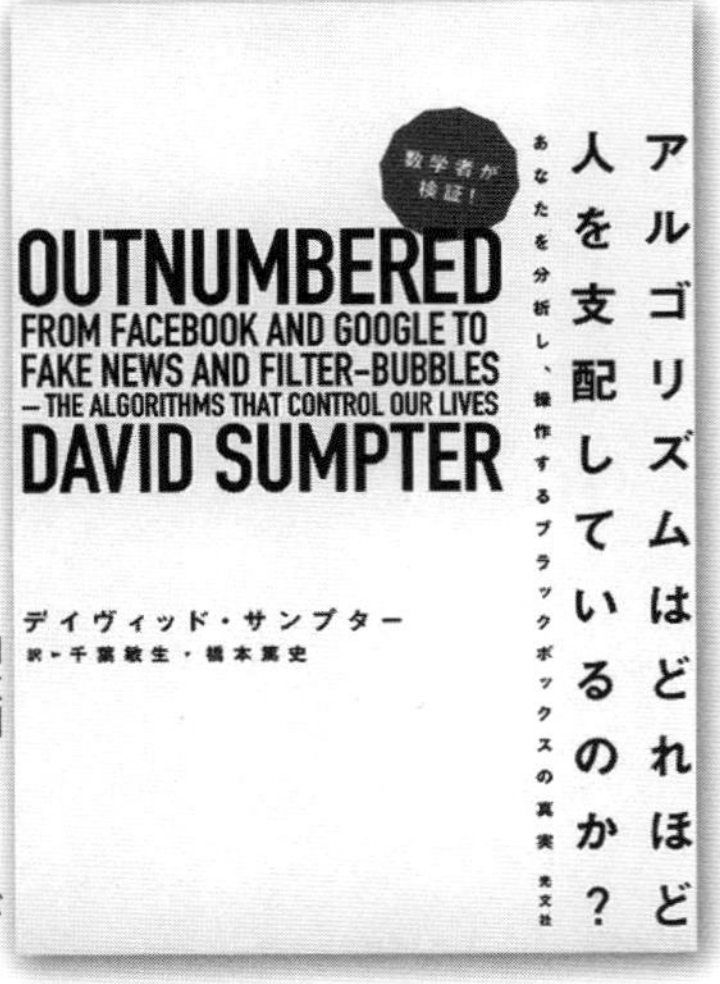

四六判・ソフトカバー